中学生古典诗歌分类鉴赏读本

王敬波　编著

北京师范大学出版集团
BEIJING NORMAL UNIVERSITY PUBLISHING GROUP
安徽大学出版社

图书在版编目(CIP)数据

中学生古典诗歌分类鉴赏读本 / 王敬波编著. —合肥:安徽大学出版社,2010.3

ISBN 978-7-81110-738-8

Ⅰ.中… Ⅱ.王… Ⅲ.古典诗歌—中国—中学—教学参考资料 Ⅳ.G634.303

中国版本图书馆 CIP 数据核字(2010)第 033103 号

中学生古典诗歌分类鉴赏读本

王敬波 编著

出版发行:北京师范大学出版集团
安 徽 大 学 出 版 社
(合肥市肥西路 3 号 邮编 230039)
www.bnupg.com.cn
www.ahupress.com.cn

印　　刷:中国科学技术大学印刷厂

经　　销:全国新华书店

开　　本:170mm×240mm

印　　张:17

字　　数:309 千字

版　　次:2010 年 5 月第 1 版

印　　次:2010 年 5 月第 1 次印刷

定　　价:28.00 元

ISBN 978-7-81110-738-8

责任编辑:钱来娥　　装帧设计:孟献辉

特约编辑:卢　坡　　责任印制:陈　如　韩　琳

序

中国是诗的国度，中国古典诗歌是中国主流文化的重要载体。诵读鉴赏中国古典诗歌，对于继承和弘扬优秀的传统文化，塑造青少年的灵魂，追求崇高的人格理想和人生境界，提升审美情趣和文化品位，都是不可或缺的。

孔子非常重视诗教，强调修身先学诗，多次教导他的儿子和学生，要他们学诗："小子何莫学夫诗？诗可以兴，可以观，可以群，可以怨。迩之事父，远之事君，多识于鸟兽草木之名。"(《阳货》)诗有修身感化的作用，有认识现实的作用，有相互沟通思想的作用，有批评讽刺的作用。他说，不认真读诗的人，好像是面对墙壁站着，眼界、心胸会十分狭小。"不学诗，无以言"(《季氏》)，无法在上流社会与他人交流。这是因为，在春秋战国时代，在礼仪交往中，尤其在外交场合，人们总是引用诗句来婉转地表达自己的意思；会见、宴饮时也演唱诗歌给客人欣赏。那时候，人们从诗歌中吸取各方面的知识，通过诗歌了解社会的现实状况，了解老百姓的心理状态，还可以获得关于自然和社会的许多知识。孔子还指点学生如何读诗，他认为学诗要联想、推想，由表及里，"告诸往而知来者"。

唐代大诗人白居易在读了李白、杜甫的诗集后，写了一首《读李杜诗集因题卷后》，末二句为"天意君须会，人间要好诗"。这是白居易读李、杜诗集得出的真切感受。好诗，可以陶冶人的情操；好诗，可以熔铸理想人格；好诗，可以提升人生境界；好诗，可以提升审美情趣；好诗，可以提升学养和文化品位。读诗时，我们可以超越时空，与先贤圣哲对话交流，触摸他们情感的脉搏，与他们同乐、同悲、同喜、同忧、同爱、同憎。"亦余心之所善兮，虽九死其犹未悔"，忠君爱国、自沉明志的屈原；"不肯为五斗米折腰"，猛志固常在的陶渊明；"不肯摧眉折腰事权贵"，逸兴壮思、青天揽月的李白；"穷年忧黎元，叹息肠内热"，忧国忧民的杜甫；"惟歌生民病，愿得天子知"，为民鼓与呼的白居易；"先天下之忧而忧，后天下之乐而乐"，心忧天下的范仲淹；"一蓑烟雨任平生"，屡遭排挤打压，仍能自我解脱，旷达、坦然的苏东坡；"位卑未敢忘忧国"，"但悲不见九州同"，至死不忘收复失地的陆游；"人生自古谁无死，留取丹心照汗青"，一身浩然正气的文天祥；"封侯非我意，但愿海波平"，立志卫国安民的一代御倭名将戚继光；"天下兴亡，匹夫有责"，行万里路、读万卷书的爱国学者顾炎武；"我自横刀向天笑，去留肝胆两昆仑"，以死殉变法事业的谭嗣同；"指点江山，激扬文字，粪土当年万户侯"，以天下为己任的毛泽东……这些仁人志士，圣哲先贤，他们诗篇的格调和神韵，他们的人格理想，他们的人生境界，他们的审美情趣和文化品位，熏陶着我们，感染着我们，不知不觉地融入我们的血脉和魂魄之中，人文素养逐渐提升，使我们逐渐成为既具有本土情怀，又有国际视野的高智商、高情感、高品位的现代人。

然而，传统教育模式下的中学生整天面对的是“做不完的题，考不完的试”，大量的、重复性的低水平训练，占据了课内课外的时间，他们失去了玩的权利，失去了童趣，没有时间思考，没有时间选择阅读经典。在中小学，中国传统文化尤其是中国古典诗歌的教育严重缺失。即使是为了应付高考所开设的“诗歌鉴赏”专题，也是急功近利，老师肢解灌输，学生生吞活剥，做题应试，与感悟鉴赏相距十万八千里！强化中学生中国古典诗歌教育刻不容缓。

如何强化中学生中国古典诗歌教育，发掘其所蕴含的中国优秀传统文化，在吸收中继承，在传承中创新，最行之有效的方法就是读诗、背诗。“熟读唐诗三百首，不会作诗也会吟”。记诵优秀的中国古典诗歌，既有利于“立人”，又有利于“学文”。程千帆先生说：“背诵名篇，非常重要，这种方法看似笨拙，实巧妙。它可以使古典作品中的形象、意境、风格、节奏等都铭刻在自己的脑海中，一辈子也磨洗不掉。因此才有可能由于对它们非常熟悉而懂得非常深透。”因此，要把中国古典诗歌教育落到实处，必须提供一些适合中学生阅读的经典性诗作，引导学生诵读、积累、感悟，同时还要授之以渔，引导学生与文本对话，与作者对话，与自己对话，感悟，品味。通过一定阅读量的积累，掌握方法，学会鉴赏，学会评析，构建古典诗歌鉴赏评析模式，进而创造性地解读诗歌意蕴。呈现在读者面前的这本《中学生古典诗歌分类鉴赏读本》，力求做一点有益的探索，抛砖引玉，以期后贤。

本书所选诗歌以唐诗宋词中的经典名篇为主，唐、宋之前古诗，元曲，明清诗词偶有涉及。有些诗作，对于中学生来说，理解起来有一定的难度，不过，这并不影响同学们对中国古典诗歌的浓厚兴趣，暂时理解不了，且放过它；今天读不懂，未必明天就不能理解。何况有些诗歌，如李商隐的“无题”诗，专家学者们目前仍然是见仁见智。林庚先生说过：“我幼年读‘羌笛何须怨杨柳，春风不度玉门关’时，对于前一句诗其实是不甚理解的，可是立刻就爱上了它。艺术语言的丰富感染性往往先于解释而已深入人心，它因此并无待于解释，也是解释不完的。”（《漫谈中国古典诗歌的艺术借鉴——诗的国度与诗的语言》）另一方面，“诗无达诂”，“一千个读者，就有一千个哈姆雷特”。由于认知结构、人生态度、性格爱好和阅读经验不同，读诗时所获得的感受和结论也就不会完全相同，对诗作文本的理解自然存在差异；由于时代的变迁，人们生存环境及观念形态的转变，又使得读者往往以现代人的观念去阅读诗作文本，必然会产生与作者不统一的理解，作品的意义与作者的个人体验之间没什么关联，而只能在读者与文本的“对话”中生成。

如同物理学中的测不准原理一样，对古典诗歌的个性化的多元解读不仅是允许的，而且是完全必要的。因此，书中对具体诗作的理解，只是著者根据自己的经验和审美情趣，从众多的解说中选择自以为是最好的一种，呈现给读者，未必正确，更不是“唯一的标准答案”。欢迎同学们结合已有的经验，探究思考，参与文本的意义重建，创造性地解读文本。

本书撰写过程中，参考和借鉴了前辈时贤的研究成果，书中所选用的诗词的释义，大都参照了现行诗词选本的一些解释，择善而从。之所以这样做，一是本人才疏学浅，尽管喜爱古典诗歌，但对它还谈不上系统地研究，没有独特的“情感体验”和“审美体验”；二是自我解嘲：创造不一定是从无到有，组合也是创新。由综合而创造，是日本技术腾飞的成功之路；阿波罗庞大计划中就没有一项新发明的自然科学理论和技术，都是现有理论和技术的综合运用。自己没有独特的见解，把大师们独特的“情感体验”和“审美体验”奉献给读者，未尝不是一种最佳的选择。书中对直接引用的引文都注明了作者(参考文献另列)，尽管如此，疏忽遗漏，仍在所难免，特此说明，并深表歉意和谢意！

书稿初定后，又欣喜地拜读了《莫砺锋说唐诗》，莫先生深入浅出地解说，举重若轻，提纲挈领。譬如对咏史怀古诗和山水田园诗的准确界定，对初盛唐边塞诗的时代背景及基调的精辟概括，对唐人送别之际行为艺术的列举等，令人耳目一新，茅塞顿开。反思拙著，其编写体例及选例尚合要求，又多了几分自信。出版前，本人对书稿再一次修改增删，特别吸取了莫先生的研究成果，使书稿更充实、科学。在此谨向莫先生表示诚挚的谢意！

囿于见闻，书中的缺陷、错误在所难免，诚挚地欢迎方家指正赐教，以便进一步修改完善。

王敬波

2009年10月19日

于梅城·三径斋

导　读

《中学生古典诗歌分类鉴赏读本》是《放飞想象——中学生古典诗歌鉴赏要略》(安徽教育出版社 2007 年版)的姊妹篇,也可以说前者是后者的进一步拓展和延伸。通过《放飞想象——中学生古典诗歌鉴赏要略》的学习,中学生可以运用知人论世、分类辨格、放飞想象等鉴赏方略,按照"明诗意、辨诗法、悟诗情、品诗味"的鉴赏流程去鉴赏中国古典诗歌的语言美、形象美、表达美和意蕴美;而《中学生古典诗歌分类鉴赏读本》则为中学生古典诗歌鉴赏评析模式的构建和赏析水平的进一步提升,提供了一个演练实践的范本。两本书配套使用,会收到事半功倍之效。

本书精选诗、词、曲共计 230 首,按山水田园、托物言志、边塞征战、咏史怀古、友情送别、羁旅行役等类别编为六章,根据每类诗的不同特点,各章编排的顺序也不一样。概而言之:

第一章　山水田园诗,选诗、词、曲 33 首,基本上是按照时间先后的顺序编排的,重点介绍以王、孟为代表的盛唐山水田园诗派,上承陶、谢开创的田园诗派和山水诗派,下启中晚唐山水田园诗乃至宋、元山水田园词、曲,重在从纵的方面彰显山水田园诗发展的脉络。

第二章　托物言志诗,选诗、词 44 首,按吟咏的不同对象分类编排:鹧鸪、鸳鸯、雁、燕、马、鼠、蝉、柳、梅、杨花、菊花、芭蕉、草、月等,同一个意象,不同的作者赋予的意蕴是不同的。

第三章　边塞征战诗,选诗、词、曲 32 首,根据边塞征战诗的思想内容,按照如下顺序编排:渴望建功立业、效命疆场、以身许国;塞外生活的艰辛,久戍边塞将士的怀乡思亲;连年征战的惨烈,反对不义战争,表达厌战情绪;边将疏于戒备,讽刺朝廷将非其人;希望化干戈为玉帛,表达各民族和睦相处的美好愿望。

第四章　咏史怀古诗,选诗、词、曲 49 首,按吟咏的不同对象分类编排:春秋吴国(吴王、西施、越王)、息夫人、王昭君(毛延寿)、项羽、贾谊、诸葛亮、赤壁、金陵、骊山、潼关等。同一对象,既选体现传统观点的诗作,更注重选那些标新立异的翻案之作。

第五章　友情送别诗,选诗、词、曲 31 首,其中的 25 首诗歌,是根据作者抒发的思想感情的不同,按凄清感伤之别、清新乐观之别和渗透身世际遇之别等逻辑顺序编排的。

第六章 羁旅行役诗，选诗、词、曲41首，先分两大类：游子羁愁归思和闺中思妇的幽怨之情。游子之思又有正面写羁愁归思和从对方落笔之分。从表达的情感来说，又有漂泊哀伤、思念故园亲人与表达自己旷达、豪放、孤傲不群乃至对人生、对宇宙的探究思考之别。

之所以这样安排，一是让同学们了解诗歌题材的多样性和丰富性；二是便于求同辨异，比较分析，举一反三，触类旁通。

每一章都安排如下四个板块：

[本章内容指要]：概述此类诗的思想内容、艺术特征及此鉴赏评析要点。

[鉴赏评析示例]：逐首赏析，先"明诗意"，再精选名家的赏析文字，或侧重于意蕴，或侧重于艺术手法的总结性点评。每首诗都有简要注释，便于自主鉴赏评析。

[鉴赏评析实践]：从近几年全国高考试题中精选典型题例（只有几道题不是高考题，但却是经典题例），把从"示例"中学到的方法运用于诗歌鉴赏实践，巩固提高，学以致用。既利于主体诗歌鉴赏评析模式的构建，提高诗歌赏析水平，又对高考应试大有裨益。

[露一手过把瘾]："下水"写诗，任务驱动"做中学"，强调实践对于诗歌鉴赏水平提高的必要性。因为阅读的资讯，我们能学到10%；听到的资讯，我们能学到15%；但所经验过的事，我们能学到80%。所以，"做中学"，体验式的学习，比单向灌输、被动接受和机械训练，效果要好得多。

此书也是一本面向广大中学生的"学材"，它可以作为高中选修（Ⅱ）的校本教材使用，也可以作为"高考诗歌鉴赏"专题的复习用书，对广大中学教师、学生家长及中等以上文化程度的诗歌爱好者也有一定的参考价值。

作为选修（Ⅱ）教材，每章安排6学时，修完36学时，背诵100首诗歌，按要求写作6首古诗，考查合格，可以认定2学分。作为"高考诗歌鉴赏"专题复习用书，本书是一本针对性、实战性、可操作性极强的教材，尤其是[鉴赏评析示例]和[鉴赏评析实践]两个板块更应该是针对性训练的重点内容。

目录

第一章

采菊东篱下，悠然见南山
——山水田园诗

田园诗和山水诗往往并称，都属于借景抒情或寓情于景的诗歌，但是这是两类不同题材的诗。田园诗的主要内容不是写山水风景，而是写田园里面的农家生活、农夫和农耕。其侧重点在于写这个环境中的人多么可亲，生活多么悠闲、安宁。田园是古代诗人的精神寄托。山水诗则主要写自然风景，写诗人主体对山水客体的审美，往往和行旅联系在一起。

山水田园诗源远流长，诗人众多，风格各异。田园诗的鼻祖陶渊明等诗人形成了我国东晋田园诗派；第一个专意描写山水的诗人谢灵运以及谢朓等诗人形成了我国南朝山水诗派。经唐初“贞观之治”，到开元、天宝时期，李唐王朝迎来了经济繁荣、国力强大的盛唐时期。上层统治者尊老子、倡佛教，也形成一种特殊的政治生活局面。同时，一些求仕困难的文人，走“终南捷径”，由隐而仕，即由隐居而得高名，终被皇帝重用；还有一些高官厚禄的文人（如王维），由仕而隐，既不影响生计，还可以边仕边隐。统治阶级内部矛盾的发展，也促成了隐逸思想的流行。综合这些原因，继承陶渊明、谢灵运传统的田园和山水诗开始合流，出现了一些写山水田园闲适生活的诗人，“山水田园诗派”因之得名。王维与孟浩然是这一诗派的代表作家。诗人们以山水田园为审美对象，把细腻的笔触投向静谧的山林和悠闲的田野，创造出一种田园牧歌式的生活，借以表达对现实的不满，对宁静平和生活的向往。山水田园诗，有对农村自然景物与田园生活图景的描绘；有对农忙欢歌、多彩乡村生活的描写；有对农民劳动艰辛、生活惨痛的反映和对官府剥削、赋税苛重的深刻揭露；也有对壮阔山川景色的描绘、山林隐逸者幽居情景的描写，以及旅途情景的叙述等。诗人往往从山水田园中体验人生的真谛或借山水田园来阐释其人生观、世界观；或表现古代士人的隐逸情怀，抒发自己恬适的生活情趣。

葛晓音先生在《唐诗宋词十五讲》中指出："盛唐山水田园诗继承了陶、谢山水田园诗的精神旨趣，在大自然中追求任情适意、快然自足的乐趣，领会老庄超然物外、与大化冥合为一的境界；从东晋以来形成的澄怀观道、静照忘求的审美观照方式，在盛唐进一步与仙境和禅境相融合，促使许多抒写方外之情的山水诗形成了优美空静的意境。因这一题材与封建士大夫逍遥世外的生活密切相关，有些诗歌难免流露慵懒孤冷的消极情绪，但与南朝山水诗相比，盛唐山水诗又增添了新的内容，不但境界阔大，情调也较为健康。祖国雄伟壮丽的名山大川开拓了诗人们的眼界和胸襟，鼓舞了他们奋发进取的热情，净化了他们崇高、真挚、淳朴的审美理想。因此，热爱祖国和热爱生活的思想感情，使盛唐山水田园诗呈现出不同于历代山水田园诗的崭新风貌。在艺术上，盛唐诗人继承了陶渊明重兴寄和的感受、谢灵运重观赏和刻画的传统，重视妙悟，直寻兴会，形成寄情兴于自然美之中的基本表现方式，同时力求以精练短小的篇幅表现出雄浑壮美的气象和开朗深远的意境，把六朝以来繁细的小景刻画变成简约的大景勾勒，把面面俱到的铺叙变成捕捉主要感受的构思，从单纯追求形似发展到表现山水景物的神韵，加上在意象的组织提炼和虚实关系的处理等方面的表现艺术也达到了完美纯熟的境地，从而使盛唐山水田园诗形成了清新闲雅、空灵淡泊、富有韵外之致的特色，而意境美也因此成为盛唐诗歌的重要特征之一。"这段精辟的论述，为我们准确地把握中国古代山水田园诗（不仅是盛唐）的意蕴和艺术特色提供了一把"金钥匙"。

山水田园诗的鉴赏评析应注意以下几点：

（1）把握形象的特征和寓意。古典诗歌中的意象往往寓繁于简、寓万于一，以高度浓缩的艺术形象诱发想象，产生奇特的审美效果。

（2）体味诗歌情景交融的意境。通过描写景物来抒发感情，自然景物一经诗人摄入笔端，就必然带上诗人的感情色彩，为表达诗人的特定情感服务。

（3）领会诗人写景所表现的情感。既要了解作者的身世，做到知人论世，准确地领会诗人写景所表达的情感，又要认真判断感情寄托的深浅，切忌随意拔高作品的思想内涵。

鉴赏评析示例

1.

观沧海①

曹　操

东临碣石②，以观沧海③，水何澹澹④，山岛竦峙⑤。树木丛生⑥，百草丰茂⑦。

秋风萧瑟[8]，洪波涌起[9]。日月之行[10]，若出其中[11]；星汉灿烂[12]，若出其里。幸甚至哉[13]，歌以咏志[14]。

【注释】

①观沧海：这是曹操乐府诗《步出夏门行》的第一章。全诗最前面是“艳”（前奏曲），以下是《观沧海》、《冬十月》、《土不同》、《龟虽寿》四章。沧海：大海。因大海水深呈青苍色，故称。②临：到。碣石：山名，全称“大碣石山”，位于今河北省乐亭县西南，后来此山沉陷海中。③以：用，用于。④澹澹（dàn）：水波动荡的样子。⑤竦（sǒng）：同“耸”，高。峙：立。上两句是俯瞰沧海，写其全貌。⑥丛生：聚集在一起生长。⑦丰茂：丰旺茂盛。⑧萧瑟：树木被风吹拂所发出的声音。⑨洪波：巨大的波涛。洪：大。⑩日月：太阳和月亮。行：运行。⑪若：像。其：代词，代沧海。⑫星汉：银河。灿烂：光彩鲜明的样子。⑬幸：吉庆，庆幸。甚：很。至：极。哉：语气词，表感叹。这句大意是“高兴极了啊”。⑭咏：一作“言”。“志”：意志。这两句是合乐时所加，与正文无关。

【赏析】

建安十二年（207），曹操北征乌桓，途经大碣石山而写下了这首诗，主要写他观海所见的情景及感受。首二句点题：诗人登上碣石山顶，居高临海，视野辽阔，大海壮阔的景象尽收眼底。三、四、五、六、七、八句正面写观沧海所见。三、四句写望海初得的大致印象：茫茫的大海碧波万顷，一望无垠，只有脚下的山岛高高地耸立在海心。五、六句具体写竦峙的山岛：虽然已到秋风萧瑟、草木摇落的季节，但岛上树木繁茂、百草丰美，生机盎然。七、八句写大海的变化：定神细看，秋风萧瑟的海面竟是洪波巨澜，汹涌起伏。九、十、十一、十二句极写沧海之大：太阳和月亮每天从东方升起来，绕天一周，又向西方落下去，好像从海里升起又落到海里一样；星光灿烂的银河，斜贯在天空，它那远远的一端垂向大海，就好像发源于沧海一样。十三、十四句是配乐时加上去的，和整首诗的内容没有关系。这首诗通篇写景，海水、山岛、草木、秋风，乃至日月星汉，全是眼前景物，但是我们可以从中感受和领略到诗人宏大的气魄、壮阔的胸襟和豪迈乐观进取的精神。“诗言志”在这里得到了生动的证明。《观沧海》是我国文学史上第一首写得完备和成功的山水诗，气韵沉雄，情调昂扬，给人以奋发和冲动的力量。清人张玉穀评曰：“此志在容纳，而以海自比也。首二，点题直起。‘水何’六句，铺写沧海正面，插入山木草风，便不枯寂。‘日月’四句，转就日月星汉凭空想其包含度量，写沧海，正自写也。末二，以志愿至此，醒出歌意，咏叹作收。”

2. **归园田居五首(其三)**

陶渊明

种豆南山下①,草盛豆苗稀。
晨兴理荒秽②,带月荷锄归③。
道狭草木长,夕露沾我衣④。
衣沾不足惜,但使愿无违⑤。

【注释】

①南山:指今江西省庐山。②兴:起身。理:整理,整顿。荒秽:指野草之类。③带:一作"戴",披。荷:肩扛,肩负。④夕露:黄昏时的露水。沾:湿。⑤但:只。愿无违:不违背自己的意愿。

【赏析】

这首诗写诗人晨出晚归的劳动生活及感受。首二句叙事:归隐后在南山新开垦的地上种了较耐贫瘠、容易生长的豆类,由于自己不善农活,地里野草长得繁茂,豆苗长得稀疏。三、四句写躬耕:早起去地里锄草,直到黄昏月出后才扛着锄头回家。五、六句以细节表现劳作的艰辛:狭窄的山路旁长满了高高的杂草,日暮时分,草叶上凝结的点点露珠,沾湿了我的衣裳。七、八句点明主旨:衣服湿了并不可惜,只要不违背归耕的意愿就好了。诗人热爱劳动,在劳动中求得乐趣,表达了他"复得返自然"以后所特有的感受。这首诗语言平淡而意蕴深厚,富于诗情画意。张玉榖评曰:"三章叙力田事,犹就豆说,隐用杨恽《拊缶歌》意。前四,蒙前章恐零落句,正说治豆,后四,则顶第四句,申写力田原有力田之苦,然愿欲无违,衣沾奚惜,仍是前萦后拂题面四字。前三章层递写来,已无余蕴。"

3. **饮酒二十首(其五)①**

陶渊明

结庐在人境②,而无车马喧③。
问君何能尔④,心远地自偏⑤。
采菊东篱下⑥,悠然见南山⑦。
山气日夕佳⑧,飞鸟相与还⑨。
此中有真意⑩,欲辨已忘言⑪。

【注释】

①饮酒:陶渊明的饮酒组诗共 20 首,不是一时所作,内容多借酒抒写情怀,

寄托感慨。②结庐：建造住宅。庐：本指乡村一户一家所占的房地，引申为村房或小屋的通称。人境：人间，世间。③喧：喧闹。④君：陶渊明自称。尔：如此。⑤心远：指心境远远摆脱世俗的束缚。自：自然地。偏：偏僻。⑥菊：菊花。篱：篱笆，用竹、木或芦苇等编成的围栏。⑦悠然：安泰自得的样子。⑧山气：山中的烟雾。日夕：傍晚。佳：美，好。⑨相与还：结伴归来。⑩此中：具有双关含义，小则指此时此地情境，大则指陶渊明的田园归隐生活。真意：指人生真正意义。⑪辨：一作“辩”，辨别。

【赏析】

这首诗描写悠闲自在的隐居生活，表达了安贫乐道的思想感情。前四句着重说明“心远地自偏”的道理。首二句写居住的草庐：自己的住所虽然建造在人来人往的环境中，但并没有车马喧闹的世俗交往。三、四句自问自答：请问你为什么能够做到这样呢？因为心情闲适，精神超脱世俗，心志高远，所以居所也显得偏僻安静，自然觉得像住在偏远的地方。后六句描述欣赏自然景色的悠然心情。五、六句是千古妙句：在自己的庭院中随意地采摘菊花，偶然间抬起头来，目光恰与静穆高远的南山相遇。七、八句写南山日夕的景色：日暮的岚气，若有若无，浮绕于峰际；成群的鸟儿，结伴而飞，归向山林。九、十句总结全诗：在这里可以领悟到生命的真谛，可是刚要把它说出来，却已经找不到合适的语言。全诗淡泊清新，用字简练，然意境全出。“菊”、“飞鸟”象征着诗人对高尚情操及自在人生的仰慕与追求，含蓄地寄托了与山林为伍的情意。张玉穀评曰：“此章传出安贫乐道真意，即饮酒之真意也。前四，就庐绝人喧，提清地偏由于心远。后六，即采菊见山，山佳鸟还，指点出心远真意，而以欲辨忘言收住，高绝。”余冠英、韦凤娟先生评曰：“诗歌的主旨是展示诗人运用魏晋玄学‘得意忘象’之说领悟‘真意’的思维过程，富于理趣。然而，它不是枯燥乏味的哲理演绎。诗中写了悠然自得的情，也写了幽美淡远的景，在情景交融的境界中，含蓄着万物各得其所、委运任化的哲理；这哲理又被诗人提炼、浓缩到‘心远地自偏’、‘此中有真意’等警句中，给读者以理性的启示，整首诗的韵调也更显得隽永深长。宋代朱熹说：‘晋宋人物虽曰尚清高，然个个要官职，这边一面清谈，那边一面招权纳货。陶渊明真个能不要，此所以高于晋宋人物。’这首诗正刻画了诗人不同流俗的精神风貌。他不像一般隐士那样标榜超尘出世，而是‘结庐在人境’；他置身‘人境’，却能做到‘无车马喧’，不染世俗之事。原因何在？诗人意味深长地说：‘心远地自偏。’心静，境自静。无求名求利之心，即使身居闹市，也宛如在山。这深刻的道理被诗人平淡说出，亲切感人。诗歌巧妙地运用了象征手法。‘鸟倦飞而知还’，那只在晚照中翩然归来的鸟和那个悠然见山的人，心神契合，仿佛都在这幽静的山林中找到了自己的归宿。”

4. 宿建德江[1]

孟浩然

移舟泊烟渚[2],日暮客愁新。
野旷天低树[3],江清月近人。

【注释】

①建德江:江名,指新安江注经建德(今属浙江)的一段江水。②烟渚(zhǔ):烟雾笼罩着的小洲。③野旷:辽阔的原野。

【赏析】

这首诗描绘夜宿建德江所见的景色,抒发了诗人的羁旅之思。起句点题:行船停靠在江中的一个烟雾朦胧的小洲边。二句承上启下:暮色苍茫,独宿他乡,旧愁未了,又添新愁。三句远眺:日暮时分,苍苍茫茫,旷野无垠,放眼望去,远处的天空显得比近处的树木还要低。四句俯瞰江面:夜已降临,高挂在天上的明月,映在澄清的江水中,和舟中的人显得那么近。刘永济先生评曰:"此诗首二句写宿建德江之时地。'客愁','旅愁'也。第三句写远景,野旷则似天低于树。第四句写近景,江清则觉月近于人。合观之有辽阔凄寂之感,所谓'客愁新'也。诗家有情在景中之说,此诗是也。不可但赏其写景之工,而不见其客愁何在。再者,此诗章法与转变在第三句者异,三、四句作对结束,其转变置于第二句末三字。明胡无瑞《诗薮》谓'对结者须意尽,如王之涣"欲穷千里目,更上一层楼",高达夫"故乡今夜思千里,霜发明朝又一年",添着一语不得乃可'。盖对结句如意犹未尽,则成律诗之前半首,故后人有半律之讥。"

5. 过故人庄[1]

孟浩然

故人具鸡黍[2],邀我至田家。
绿树村边合,青山郭外斜[3]。
开轩面场圃[4],把酒话桑麻[5]。
待到重阳日[6],还来就菊花[7]。

【注释】

①过:访问。故人:老朋友。②具:备办。鸡黍(shǔ):农家招待客人的丰盛饭菜。黍:小米。③"绿树"二句:村庄被绿树包围,故曰"合",此是近景;青山横亘郭外,故曰"斜",此是远景。郭:外城。④开轩:打开窗户。轩:窗。面:对着。

场圃：打谷的场地和菜园。⑤把酒：端着酒杯。桑麻：代指农事。⑥重阳日：农历九月九日。九为阳数，重了两个“九”，故曰“重阳”。⑦就菊花：犹言来吃菊花酒。古人在重阳有饮菊花酒的习俗。

【赏析】

这首诗描写了农村恬静秀美的风光和诗人与故人间淳朴诚挚的情谊。这是一幅田园风景画，也是一幅生活情趣图。首联写应邀作客：老朋友准备了丰盛的饭菜，我应邀到他庄上作客。颔联写庄园环境：村外，隐隐青山，横卧相伴；村边，葱茏绿树，环抱周遭。颈联写村宴情趣：打开窗子，主客面对着开阔的打谷场和绿茵茵的菜园子，频频举杯，交谈农事。尾联写访后相约：应邀而来的诗人，临别时不等主人邀请，自己主动又直截了当地与老朋友相约——来年重阳日，我再来和你一起吃菊花酒。“末句‘就’字妙，谓不邀自就，则主人情重，自在言外”（王文濡《历代诗评注读本》）。这首诗描写了老朋友山庄的优美环境和其富裕淳朴的田园生活，风格恬静淡远。霍松林先生评曰：“全诗任意挥洒，浑然天成，似乎未加炉锤，却把宁静优美的田园风光和纯真深厚的朋友情谊融为一体，诗意盎然，耐人寻味。从格律方面看，又是无懈可击的五律。只有艺术功力达到炉火纯青境界的诗人，才能做到这一点。”林东海先生评曰：“景物人情，皆纯真朴实，不假雕饰，真乃田园景色田家风味也。语亦平实，是锻炼至极而归于平淡者，深得陶潜韵致，似近体陶诗。唐汝洵《唐诗解》云：‘使靖节下为近体，亦不过此。’句非溢美。末句‘就’字最耐人寻味。杨慎《升庵诗话》谓孟集‘刻本脱一“就”字，有拟补者，或作“醉”，或作“赏”，或作“泛”，或作“对”，皆不同，后得善本，是“就”字，乃知其妙。’可知古之评点字，多留意于‘就’字，以为‘一诗借此一字生色’。”（钟惺《唐诗归》）

6. 终南山①

王　维

太乙近天都②，连山接海隅③。
白云回望合，青霭入看无④。
分野中峰变⑤，阴晴众壑殊⑥。
欲投人处宿，隔水问樵夫。

【注释】

①终南山：又名“中南山”或“南山”，在今陕西境内，绵延八百里，是渭水、汉水的分水岭。②太乙：山名，在今陕西省武功县，是终南山的主峰，也有人认为即终南山。天都：天帝所居之处。③连山：连绵不断的山峰。海隅：海边，海角。

④青霭：青色的雾气。⑤分野：古天文学名词。古人以天上的二十八个星宿的位置来区分中国境内的地域，称为“分野”。地上的每一个区域都对应星空的某一分野。⑥壑：山谷。

【赏析】

这首诗以精练的文字，生动地描绘了终南山的雄姿。首联写远景：终南山主峰高耸壁立，直逼天都；连绵不断的峰岭，延接东海之滨。颔联写近景：白云缭绕，回首遥望时便又连合成一片了；青雾迷蒙，进入其中之后反而看不见了。颈联写终南山之阔大、深远：终南山连绵延伸，占地很广，中峰两侧的分野都变了；众山谷的天气也阴晴变化，各不相同。尾联写问樵投宿：天黑时想找人家投宿，只好隔着溪水询问打柴的人。这首诗意境壮阔幽深，充溢着动人的诗情画意。全诗既有阔远雄浑的勾画，又有细腻生动的描写，雄奇与恬静、阳刚与阴柔兼备，清幽壮丽的景象中蕴涵着诗人厌恶喧嚣、爱好山水的流连忘返之情。沈德潜评曰：“‘近天都’言其高，‘接海隅’言其远，‘分野’二句言其大，四十字中无所不包，手笔不在杜陵之下。或谓末二句似与通体不配。今玩其语意，见山远而人寡也，非寻常写景可比。”（《唐诗别裁》）林东海先生评曰：“状终南山之广大幽深，积健为雄，非画笔所能穷极也。颔联之写登山体验，又极细腻微妙，真乃神来之笔。身之所历，目之所见，故能体察入微至此。末联是补笔，亦是诗语，以荒远人稀，益见山之广大幽深，仍归结于终南山题意。”

7. 汉江临泛[1]

王　维

楚塞三湘接，荆门九派通[2]。
江流天地外，山色有无中[3]。
郡邑浮前浦[4]，波澜动远空。
襄阳好风日，留醉与山翁[5]。

【注释】

①汉江：即汉水，源出今陕西宁强县，流经襄樊，至武汉入长江。临泛：水上泛舟称为“临泛”。临：登临。登山望远，曰“临眺”；冲锋陷阵，曰“临阵”，都是同样的用法。②楚塞：犹言楚地。塞：险要之地曰“塞”。三湘：湘水的总称。湘水合沅水称“沅湘”，合潇水称“潇湘”，合蒸水称“蒸湘”。荆门：长江南岸山名，在今湖北宜都县西北。九派：指长江。古代传说大禹治水，凿荆门，通九派。③江：指汉水。山：指荆门。江流望不到尽头，故曰“天地外”；山色若隐若现，故曰“有无中”。④郡邑：郡城，泛指湘水两岸城市和州县。言波澜远与天连，郡邑好像浮在

水面上。浦：水边之地。⑤襄阳：在汉水北岸，今湖北襄樊市。与：共。山翁：指晋代的山简。简字季伦，曾任镇南将军，镇守襄阳，常在习氏园池游赏，好饮酒，每饮必醉，因名其池为高阳池，盖以“高阳酒徒”自命。

【赏析】

王维的山水诗主要特点是平淡自然。而这首《汉江临泛》却以雄浑之笔，勾勒了泛舟江上、纵目远望所见的山川景色，飞动壮阔，豪放奇伟，代表了王诗风格的另一面。首联概写汉水形势：泛舟江上，极目远望，只见莽莽楚地和奔涌而来的“三湘”之水遥接，汹涌汉水经荆门与长江九派相通。中间二联写江上泛舟所见。颔联写远景：汉江滔滔远去，好像一直涌流到天地之外去了；两岸重重青山，迷迷蒙蒙，时隐时现，若有若无。颈联写近景：沿岸的郡邑仿佛漂浮于前浦；江中波涛冲天，远空也好像随之飘荡。尾联用典抒情：襄阳如此壮美的自然风光，使诗人流连忘返，愿意留下来与山简那样的友人欢聚，共谋一醉。这首诗气象宏大，画面开阔，取景状物，动静结合，意境优美，极具神韵。程千帆先生评曰：“可与《终南山》合读，那篇极写山之高大，这篇极写水之浩荡，而各极其妙。这次临眺，可能是陪同地方长官，所以用赞美襄阳风景之美好、长官之高雅作结。”（《古诗今选》）林东海先生评曰：“摩诘之写大景，多重气势，此诗亦然。首联虽如注《水径》，且‘楚塞’、‘荆门’意犯合掌，然却有包举江汉之势。起势足以震人心魄。颔联气象之大，亦为诗家所称道。其妙处要在‘山色有无中’五字，写远山若隐若现，若有若无，意微而景大，故足以与‘江流天地外’对举。且使出句相形见绌，其句‘张皇使大，反令落拓不亲’（王夫之《唐诗评选》）。颈联妙处尽在‘浮’、‘动’二字，身临其境者必见襄城之‘浮’、天空之‘动’，水势使然也。结联出‘泛’字，为虚拟之笔，以山翁醉酒作结，有头重脚轻之感，似难以镇住者，终不及《观猎》‘千里暮云平’之足以包举全篇也。”

8. 渭川田家[①]

王　维

斜光照墟落，穷巷牛羊归[②]。
野老念牧童，倚仗候荆扉[③]。
雉雊麦苗秀，蚕眠桑叶稀[④]。
田夫荷锄至，相见语依依[⑤]。
即此羡闲逸，怅然吟《式微》[⑥]。

【注释】

①渭川：渭水，在今陕西省境内。②斜光：斜阳。墟落：村落。穷巷：隐僻的

里巷。③野老：村野中的老人。荆扉：柴门。④雉(zhì)：野鸡。雊(gòu)：野鸡鸣叫。秀：谷类抽穗开花。蚕眠：蚕蜕皮时，不吃不动，像睡觉一样，称为“蚕眠”。⑤荷：扛着。依依：眷恋不舍的样子。⑥即此：就此，面对这种情景。式：发语词。微：幽暗。《诗经·邶风·式微》：“式微，式微，胡不归。”这里借“吟《式微》”表达想归隐田园的愿望。

【赏析】

这首诗写渭水之滨农家日暮时的闲逸安乐的景象，表达了诗人急欲归隐田园的心情。诗的核心是一个“归”字。首联写牛羊归：夕阳的余晖给渭水旁的村庄抹上了一片金黄，在隐僻的深巷里，羊群、牛群徐徐归来。二联写野老盼牧童归：一位慈祥忠厚的老人，手拄拐杖，站在柴门外，正凝神迎候着随牛羊而归的牧童。三联推想“雉”和“蚕”也在思归：在麦子开花的田地里，野鸡啼鸣求偶；原来茂盛的桑林里，桑树叶已稀稀朗朗，蚕儿就要吐丝作茧，它们似乎也正寻求着自己的归宿。四联写田夫荷锄归：一天的劳动结束了，农夫们肩扛锄头，从田间小道上归来了；他们相遇在归途中，絮语依依，简直有点儿乐而忘归呢。尾联抒写感慨：面对这种情景，诗人无比羡慕，向往农村生活的闲逸宁静；惆怅、苦闷之际低吟《式微》，赶快远离钩心斗角的官场，归隐田园吧。这首诗用白描手法，绘出一幅春末夏初的乡村景象图，表现出对田园闲逸的欣羡之情，也流露出诗人想退出宦途的心境。马茂元先生评曰：“最后两句是说，就这偶然看到的情景，已羡田家的安闲；想到自己生活的忙碌，不禁为之怅然兴感，因而吟诗寄意，作归隐之想。”

9. 积雨辋川庄作①

王　维

积雨空林烟火迟，蒸藜炊黍饷东菑②。
漠漠水田飞白鹭，阴阴夏木啭黄鹂③。
山中习静观朝槿，松下清斋折露葵④。
野老与人争席罢，海鸥何事更相疑⑤？

【注释】

①积雨：久雨不晴。辋川：地名，在今陕西省蓝田县辋川，是王维隐居之地。②藜：一年生的草本植物，新叶、嫩苗都可以吃。饷：进食于人，送饭。菑：已经开耕了一年的田地，泛指农田。③漠漠：广漠密布。阴阴：树木茂盛的样子。啭(zhuàn)：鸟鸣。④习静：习养静寂的心性。朝槿(jǐn)：即木槿，夏秋之交开花，朝开暮落，古人以之为人生无常的象征。清斋：吃素。葵：一种蔬菜，霜露之时，葵最美好，故称“露葵”。⑤野老：山野老人，这里是诗人自称。争席：争夺宴席上

的座次。《庄子·杂篇·寓言》载杨朱南行到沛地去，在梁地遇见老子，老子对他说："你神态傲慢，能和谁相处呢？最洁白的好像含垢的黑点，盛德的人好像有所不足。"杨朱愧然变色，说："敬听先生教诲。"杨朱来的时候，旅舍的人对他非常恭敬，纷纷避让。等他回来的时候，旅舍的人都不再拘束，开始和他争席位了。这里借用杨朱的典故表明诗人已得自然之道，于人无碍、与世无争了。"海鸥"句：《列子·黄帝篇》载有人常在海上和鸥鸟一起玩耍。后来他父亲要他把海鸥捉回去。第二天，他又到海边去，但是海鸥都怀疑他，不再和他一同玩耍了。这句是说不会再有人无端猜疑我了吧。

【赏析】

这首诗写诗人隐居辋川后的生活和情趣，通过习静和禅悟，将自身融化在纯真幽静的大自然中，曲折地表达了诗人厌倦宦海、向往林泉的心态。首联写田家生活：正是积雨时节，天阴地湿，空气潮润，静谧的丛林上空，炊烟缓缓升起来，山下农家正烧火做饭呢；女人们蒸藜炊黍，把饭菜准备好，便提携着送往东面田头，男人们一清早就去那里劳作了。颔联写自然风光：广漠空濛、布满积水的平畴上，白鹭翩翩起飞，意态是那样娴静潇洒；远近高低、蔚然深秀的密林中，黄鹂互相唱和，歌喉是那样甜美。颈联写生活情趣：独处空山之中，幽栖松林之下，参木槿而悟人生短暂，采露葵以供清斋素食。尾联明志：我早已去机心，绝俗念，随缘任遇，于人无碍、与世无争了，还有谁会无端地猜忌我呢？霍松林先生评曰："前四句以我观物，别有会心。后四句转写自我，物我交融。'山中'已'静'，还要'习静'，静观槿花自开自落；'松下'已'清'，还要'清斋'（吃素），摘取带露的绿葵。写幽居之清静而兼寓禅悟，自然过渡到尾联。自称'野老'而以'海鸥'喻村民，自己既已尽去骄矜，毫无机心，村民们自应不再视为官场中人而心存疑惧吧！全诗以赞颂的笔触写大自然的静美与农村生活的纯真，无一字提及都市与官场，而对都市、官场争名逐利、尔虞我诈的厌恶之情，已从言外传出。"林东海先生评曰："从辋川雨后景象，悟出淡泊忘机之理。写农村景色，自然如画。'漠漠'一联，更是活灵活现，不管是否借鉴于李嘉祐之诗，其加两叠字，则自具神韵。叶梦得谓'如李光弼将郭子仪军，一号令之，精彩数倍'（《石林诗话》卷上）。尾联以《庄子》'争席'、《列子》'鸥猜'二典作结，写法由轻描改为重彩，其形貌似具两副面孔，然神理却完全一致，皆归结于淡泊忘机之理。"

10. **山居秋暝**[①]

王 维

空山新雨后，天气晚来秋。
明月松间照，清泉石上流。

竹喧归浣女②，莲动下渔舟。

随意春芳歇，王孙自可留③。

【注释】

①暝：晚。②浣女：浣纱洗衣的少女。③随意：尽管。歇：凋谢，消歇。王孙：指隐士。《楚辞·招隐士》："王孙游兮不归，春草生兮萋萋"、"王孙兮归来，山中兮不可以久留。"这里反其意而用之，以表现诗人厌恶官场、洁身自好的情怀。

【赏析】

这首山水名篇，于诗情画意之中寄托着诗人高洁的情怀和对理想境界的追求。首联点题：新雨过后山谷空旷清新，傍晚时分的天气变得像秋天一般的凉爽。颔联写自然风景：明月在雨洗过的碧空朗照，透过青松的枝叶还能看到皎洁的光影；清泉在石上奔流，月光下浪花晶莹、清澈见底。颈联写人迹动态：竹林里传来了一阵阵的欢歌笑语，那是一些天真无邪的姑娘们洗罢衣服归来了；亭亭玉立的荷叶纷纷向两旁披分，掀翻了无数珍珠般晶莹的水珠，那是顺流而下的渔舟划破了荷塘月色的宁静。尾联抒情：尽管春芳凋谢，可是秋色依然美丽，隐者自然可以留在山中。傅如一先生评曰："诗中间两联同是写景，而各有侧重。颔联侧重写物，以物芳而明志洁；颈联侧重写人，以人和而望政通。同时，二者又互为补充，泉水、青松、翠竹、青莲，可以说都是诗人高尚情操的写照，都是诗人理想境界的环境烘托。"这首诗一个重要的艺术手法，是以自然美来表现诗人的人格美和一种理想中的社会之美。表面看来，这首诗只是用"赋"的方法模山范水，对景物作细致感人的刻画，实际上通篇都是比兴。诗人通过对山水的描绘寄慨言志，含蕴丰富，耐人寻味。林东海先生评曰："句句切题。山中节候领起，承以景，结以意。清绝幽绝，俱见山居之佳。沈归愚以为'中二联不宜纯乎写景'(《说诗晬语》)，益未察颔联之变化，非纯乎写景，其间有浣女、渔人之活动，以见山春之乐趣，非但取悦于耳目也，正与结联招隐收束自然衔接也。"

11. 望庐山瀑布(其二)

李　白

日照香炉生紫烟，遥看瀑布挂前川①。

飞流直下三千尺，疑是银河落九天②。

【注释】

①香炉：即庐山香炉峰。紫烟：庐山上多云雾，日照时呈紫色。②九天：古人认为天有九重，故称"九天"。

【赏析】

诗人用夸张的手法、新奇的想象、变化的色彩、铿锵有力的音韵，写下了一首脍炙人口的祖国山河颂。一、二句点题：一座顶天立地的香炉，冉冉升起了团团白烟，缥缈于青山蓝天之间，在红日的照射下化成一片紫色的云霞；远远望去，瀑布像一条巨大的白练高挂于山川之间。三句写瀑布的动态：飞流从三千尺的高处直奔而下，势不可挡。末句以奇特的比喻写感受：疑是银河从九天直落人间。全诗写得奔放隽逸，突兀空灵，在对自然景观的生动描绘中，也表现出诗人开阔的胸襟和昂扬的气概。刘永济先生评曰："李白集中所写山水，皆气象奇伟雄丽之景，足见其胸次宏阔，亦与山水同。较王裴辋川唱和之作，别具一番境界。大小虽殊，而诗人观物之精细与胸怀之澄澈，能以一己之精神面貌，融入景物之中，则无不同。"

12.　　**望天门山**①

李　白

天门中断楚江开，碧水东流至此回②。
两岸青山相对出，孤帆一片日边来。

【注释】

①天门山：在今安徽境内长江两岸。东叫"博望山"，在当涂县西南；西叫"西梁山"，在和县南面。两山夹江对峙，像一座天设的门户，因而得名。②楚江：指长江。安徽是古代楚地，故流经这一地段的长江，又被称作"楚江"。至此回：长江流至当涂，突然转向北流，故曰"至此回"。

【赏析】

这首诗描绘了天门山一带的江上风光，诗人紧抓住一个"望"字，分别用了"开"、"回"、"出"、"来"四个动词，把仰望、俯望、侧望和遥望的视觉感受，搬到山峙水回的画面上来，层次分明，气势雄伟，使人如见"青山对峙"、"碧水东流"的壮丽景色。首句写江势：浩荡东流的楚江冲破天门奔腾而去。二句写山峻：奔腾咆哮的江水因受"天门"的扼制，激起浩大的漩流向北转去。三、四句写舟中所见。三句写天门雄姿：乘舟顺流而下，壁立的博望、梁山东西相对，迎面而来。四句即事抒情：透过两山的夹缝，向更远的地方望去，只见无数悬挂着一叶白帆的船只映着红日，溯水而来。刘永济先生评曰："因梁山、博望夹峙江面，水流至此，作一回旋矣。其第三句正为第四句生色，梅尧臣所谓'状难状之景如在目前'，读太白诗时时有之。"安旗先生评曰："前三句写山、水，场面固然很大，却难以见出江水浩渺无边，也难以见出天门山雄峙江面的更阔大的背景，点出一片孤帆，那场面就大到诗人目力所能及的范围了。前三句力度一直很强，反映了诗人心情的惊讶、神奇和紧张；末句放松力度，一张一弛，妙趣横生。”（《李诗咀华》）

13.

早发白帝城[①]

李　白

朝辞白帝彩云间，千里江陵一日还[②]。

两岸猿声啼不住[③]，轻舟已过万重山。

【注释】

①唐肃宗乾元二年（759）春，李白因永王璘案，长流夜郎，行至白帝城遇赦，即放舟东下江陵。这首诗是他在江行途中所作，以抒发其喜悦的心情。诗题一作《下江陵》。②白帝：在今四川奉节县东瞿塘峡口白帝山上。相传东汉末年公孙述到达鱼腹，见白气如龙出自井中，以为祥瑞，遂在此筑城，并改鱼腹为“白帝”。彩云间：白帝城地势高峻，远望如在云中，加之清晨云霞变化多彩，故称“彩云间”。③江陵：即今湖北江陵县，古时相传距白帝城一千二百里。郦道元《水经注·江水》：“自三峡七百里中，两岸连山，略无阙处……或王命急宣，有时朝发白帝，暮到江陵。其间千二百里，虽乘奔御风，不以疾也……每至晴初霜旦，林寒涧肃，常有高猿长啸，属引凄异。”③啼不住：指猿声此起彼落，连绵不绝。

【赏析】

这首诗是诗人从白帝城返江陵的途中所写，通过对水行迅疾的描绘，表达了诗人获赦东归的喜悦心情。首句点明出发的时间和地点：早晨我辞别了高耸的白帝城。二句写舟行之速：一天就走完了从白帝城到江陵的千里航程。三、四句借景抒情：两岸猿猴啼叫，连绵不绝；轻舟如箭，已经越过了万重山千道险滩。这首诗气势奔放，一泻千里，语言明朗欢快。通篇写景，却能使读者处处触摸到诗人情感的脉搏。刘永济先生评曰：“此诗写江行迅速之状，如在目前，而‘两岸猿声’一句，虽小小景物，插写其中，大足为末句生色。正如太史公于叙事紧迫中忽入一二闲笔，更令全篇生动有味。故施均父谓此诗‘走处仍留，急语仍缓’，乃用笔之妙。”

14.

望　岳[①]

杜　甫

岱宗夫如何？齐鲁青未了[②]。

造化钟神秀，阴阳割昏晓[③]。

荡胸生层云，决眦入归鸟④。
会当凌绝顶，一览众山小⑤。

【注释】

①这首诗作于开元二十三年(735)杜甫科举落第后，漫游齐赵(今山东、河北)一带之时。岳：这里指东岳泰山，在今山东泰安。②岱宗：泰山的尊称，泰山为五岳之首，故称。宗：有被尊仰之意。夫：语气助词。齐鲁：古国名，都在今山东省，泰山以南为鲁，泰山以北为齐。③造化：指大自然。钟：聚集。神秀：神奇灵秀。阳：山的南面、水的北面为阳。阴：山的北面、水的南面为阴。割：剖、分。④荡：洗涤，涤荡。决眦(zì)：形容尽力睁大眼睛。决：裂开。眦：眼角。⑤会当：将来定要，终当。凌：登上。"一览"句：化用《孟子·尽心上》"登泰山而小天下"之意。

【赏析】

这首诗是杜甫青年时期的作品。诗题《望岳》，"望"字是全诗的枢纽，句句写"望"，从"望"中描绘出泰山的雄伟高峻、神奇秀美，抒发了作者的抱负和乐观的精神。首二句写远望，自问自答：泰山啊，你到底是什么形态？该怎样描状？你拔地接天，跨齐越鲁，青色无边无际。颔联写近望：大自然把神奇灵秀都给了泰山；你矗立挺拔，山南山北明暗迥然不同，像早晨和黄昏一样分割开来。颈联写细望：抬头仰望，只见泰山生云，自山腰至山顶，层叠弥漫，给人以心胸摇荡的感觉；张目注视，又见倦鸟归山，投入树林。尾联由"望岳"而联想到"登岳"：将来一定要登上泰山的最高峰，极顶俯瞰，所有的名山都变小了。浦起龙在《读杜心解》中赞道："末联则以将来之凌眺，剔现在之遥观，是透过一层收法。""透过一层收法"，是指诗人通过想象的情景来衬托和渲染眼前的情景。"凌"字表现了诗人登临泰山顶峰的决心和豪迈气概。"一览众山小"更富启发性和象征性，具有深刻的哲理。全诗气魄雄伟、豪放，情感激昂，风格明朗雄浑，反映了杜甫早期诗歌的艺术特色，与后期沉郁顿挫的艺术风格迥然不同。清人仇兆鳌评曰："此望而却步东岳而作也。诗用四层写意：首联远望之色，次联近望之势，三联细望之景，末联极望之情。上六实叙，下二虚摹。岱宗如何，意中遥望之词。自齐至鲁，其青未了，言岳之高远。拔地而起，神秀之所特钟。矗立而峙，昏晓于此判割。二语奇峭。王嗣奭《杜臆》云：'"荡胸"句，状襟怀之浩荡。"决眦"句，状眼界之开阔。公身在岳麓，而神游岳顶，所云"一览众山小"者，已冥搜而得之矣，非必再登绝顶也。'杜句有上因下因之法。荡胸由于层云之生，上二字因下。决眦而见，归鸟入处，下三字因上。上因下者，倒句也；下因上者，顺句也。末即登泰山而小天下之意。"(《杜诗详注》)

15. 登岳阳楼[1]

杜　甫

昔闻洞庭水，今上岳阳楼。
吴楚东南坼，乾坤日夜浮[2]。
亲朋无一字，老病有孤舟。
戎马关山北，凭轩涕泗流[3]。

【注释】

①这首诗作于大历三年(768)冬，杜甫漂泊西南之时。岳阳楼：岳阳城西门门楼，下临洞庭湖。②吴楚：古代吴国和楚国的地域。坼(chè)：分裂。乾坤：这里指天地日月。③"戎马"句：指北方战乱不息。这一年吐蕃屡次入侵，郭子仪奉命率军五万屯驻奉天(今陕西乾县)防御。戎马：战马，借指战争、战事。关山：在今宁夏南部，有大关山、小关山，是唐代防御吐蕃的边防要地。轩：栏杆。涕泗：眼泪。

【赏析】

这是古今写岳阳楼最脍炙人口的名篇之一。全诗在无限感慨和悲愤中，尽显雄伟壮阔的境界，给人以悲壮的美感享受。首联点题：过去只是听人家说有这么一片洞庭湖水，哪想迟暮之年居然能够登上岳阳楼，亲眼看到这一片山色湖光的美景。颔联写湖：广阔无边的洞庭湖水，划分开吴国和楚国的疆界；日月星辰都像是整个漂浮在湖水中一般。颈联写境遇：亲戚朋友们这时连音信都没有了，只有年老多病的诗人泛着一叶扁舟到处漂流！尾联忧国伤时：眼望着万里关山，天下仍然兵荒马乱，诗人倚定了栏杆，北望长安，不禁涕泗滂沱、声泪俱下了。诗中洞庭壮景、飘零江湖与忧国伤时三者浑然一体。前景后情，景中有情，前后映衬，结构严谨，对仗工整，炼字精工，意境浑成深厚，诗风沉郁顿挫，最能代表杜甫的创作特点和风格。清人仇兆鳌评曰："上四写景，下四言情。昔闻、今上，喜初登也，包吴楚而浸乾坤，此状楼前水势。下则只是漂泊之感，万里乡关之思，皆动于此矣。《杜臆》三四已尽大观，后来诗人，何处措乎？下四只写情，方是作自己诗，非泛咏岳阳楼也。黄生曰：末以'凭轩'二字，绾合登楼。"林东海先生评曰："首联点题，凌空而起，为下文张势。颔联'吴楚东南坼，乾坤日夜浮'，写洞庭湖之地形境界，沉雄壮阔，气象万千，可敌范仲淹一篇《岳阳楼记》，真乃千古绝唱。颈联作情语，索寞幽渺，诗境由阔大一变而为狭小，以反差强烈，故情景相得益彰，即浦起龙所谓'不阔则狭处不苦，能狭则阔境愈空'(《读杜心解》)。结联大小合一，国仇家恨集于一身，化为涕泗，流入洞庭。亦善于作结者也。刘克庄《后村诗话》云'岳阳楼赋咏多矣，须推此篇独步'，信然。"

16.

旅夜书怀[①]

杜　甫

细草微风岸，危樯独夜舟[②]。
星垂平野阔，月涌大江流[③]。
名岂文章著，官应老病休[④]。
飘飘何所似，天地一沙鸥[⑤]。

【注释】

①这首诗作于永泰元年(765)杜甫携家离开成都，乘舟下乐山(今四川乐山)、渝州(今重庆)、忠州(今四川忠县)途中。②危：高。樯(qiáng)：桅杆。③大江：指长江。④著：明显，显露。休：辞官。⑤沙鸥：一种水鸟，栖息沙洲，经常飞翔于江海之上。

【赏析】

这首诗前半写景，紧扣“旅夜”二字，分别写出夜间所见的近景、小景和远景；同时又寓情于景，暗寓自己像细草一样任风吹拂，像孤舟一样到处漂泊。诗人当时的孤独感，便在弦外拨出。后半抒情，紧扣“书怀”二字，正话反说，即景自况，寓景于情，情中有景。首联细摹近景：微风吹拂着江岸上的细草；竖着高高桅杆的小船在月夜孤独地停泊着。颔联勾勒远景：天上的星星在夜空中闪着光，原野很开阔；月亮照在江面上，好像是从大江流水中涌现出来。颈联慨叹际遇，正话反说：有点名声，哪里是因为我的文章好呢？做官，倒应该因为年老多病而退休。尾联即景自况：飘然一身像个什么呢？只不过像一只在辽阔的天地间飘飘荡荡的沙鸥罢了。全诗因景寄情，情景交融，波澜跌宕，沉郁苍凉，是唐代五律中的名篇。清人仇兆鳌评曰：“上四旅夜，下四书怀。微风岸边，夜舟独系，两句串说。岸上星垂，舟前月涌，两句分承。五属自谦，六乃自解，末则对鸥而自伤漂泊也。顾注：名实因文章著，官不为老病休，故用‘岂’、‘应’二字，反言以见意，所云书怀也。一沙鸥，仍应上‘独’字。”林东海先生评曰：“前半旅夜，后半书怀。其写江边夜景，由近而远，由细而大，层次井然。‘星垂平野阔，月涌大江流’一联，壮阔而凄冷，‘垂’字、‘涌’字，极富动感，为画面增添悲壮气氛。其抒写怀抱，气骨傲岸而情感悲伤。‘名岂文章著，官因老病休’一联，是反话，是愤激语。有感于世之不幸，亦有感于诗人之不幸。”

17. 登 高①

杜 甫

风急天高猿啸哀，渚清沙白鸟飞回②。
无边落木萧萧下③，不尽长江滚滚来。
万里悲秋常作客，百年多病独登台④。
艰难苦恨繁霜鬓，潦倒新停浊酒杯⑤。

【注释】

①这首诗大约作于代宗大历二年(767)秋，杜甫流夔州(今四川奉节)之时。②渚：水中的小片陆地。鸟飞回：鸟在急风中回旋。回：回旋，盘旋。③落木：落叶。萧萧：风吹树叶的声音。④“百年”句：这年杜甫五十五岁，肺病、风痹、疟疾、糖尿病等，不时发作，故云。百年：一生，终身。登台：登上江边的高台。⑤苦恨：极恨。繁霜鬓：白发增添很多。潦倒：失意颓丧。新停浊酒杯：杜甫这时因病被迫戒酒，故云。

【赏析】

这首诗写登高所见秋江景色，表达了诗人长年漂泊、老病孤愁的复杂感情。前半写登高见闻。首联概括眼前风景：风紧天高，猿猴悲哀地啼叫；水清沙白，飞鸟在急风中盘旋。颔联分别写两种印象最深的事物：无边的落叶萧萧地飘下；不尽的长江滚滚地流来。后半抒发感慨。颈联点题：远离家乡的人，常常在客中感到悲秋的情绪，一生多病的人今天又独自登台，度佳节。末联点明登高悲秋的主题：在这困苦艰难的时世中，愈是怨恨自己的满头白发；在流浪不定的生活中，又因肺病而停止了饮酒，悲愁更难排遣。这首诗的艺术特色主要有三点：一是通篇对仗；二是句法交错而意义相接；三是概括力很强，融情于景，浑然一体。历代诗家对之评价极高。杨伦《杜诗镜铨》称它为“杜集七言律诗第一”；胡应麟《诗薮》更称它为“精光万丈”，为“古今七律第一”。清人仇兆鳌评曰：“上四，登高闻见之景。下四，登高感触之情。‘登台’二字，明与首章相应。猿啸、鸟飞、落木、长江，各就一山一水对言，是登台遥望所得者，而上联多用实字写景，下联多用虚字摹神。罗大经曰：‘万里，地辽远也。秋，时惨凄也。作客，羁旅也。常作客，久旅也。百年，暮齿也。多病，衰疾也。台，高迥处也。独登台，无亲朋也。十四字之间，含有八意，而对偶又极精确。’唐解：‘久客则艰苦备尝，病多则潦倒日甚。是以白发弥添，酒杯难举。’此诗八句皆对，黄生谓结调略须放松。”林东海先生评曰：“对起对结，八句皆对，查慎行以为‘七律’八句皆属对，创自老杜(《瀛奎律髓汇评》)。格律过于严整，然却未见板滞，盖因一气周旋灌注，犹如三峡流泉，汩汩而下，声情并茂，雄浑悲壮。李锳《诗法简易录》谓前四写景：‘突然而起，层叠而下，势如黄河之水天上来，澎湃潆回，不可端倪。'实则通篇如此，非独前半也。前人指出，结句稍弱，中肯。起势强劲，收束亦难。胡应麟《诗薮》谓'此诗自当为古今七言律第一，不必为唐人七言律第一也'过当矣！"

18.

江 村[①]

杜 甫

清江一曲抱村流[②]，长夏江村事事幽。
自去自来梁上燕，相亲相近水中鸥。
老妻画纸为棋局，稚子敲针作钓钩。
但有故人供禄米，微躯此外更何求[③]？

【注释】

①这首诗作于上元元年（760）杜甫闲居成都草堂时。②清江：指流经草堂的浣花溪。抱：环绕。③但：只要。故人：老朋友。禄米：古代官吏俸禄皆以米计，故称"禄米"。微躯：对自己的谦称。

【赏析】

这首诗描写的是诗人在成都郊外浣花溪畔乐天知命的自足式的生活。这是一幅优美的生活情趣图画。首联点题：一条澄清可人的江水曲曲弯弯地绕着草屋所在的村庄缓缓流去；夏末的江畔村舍一片宁静，种种物事人情都透出了点点幽趣。中二联紧扣"事事幽"，一路叙下。颔联写物态：梁间燕子，时来时去，自由自在；江上白鸥，忽远忽近，相伴相随。颈联写人事：老妻画纸为棋局的痴情憨态，望而可亲；稚子敲针作钓钩的天真无邪，弥觉可爱。尾联述悲情：身为布衣，只要老朋友能经常性地提供全家生活必需的禄米，渺小的我便没有任何其他奢望了。中间四联，从物态人情方面写足了江村幽事，字里行间跳荡着对田园生活的赞美，也露出了诗人对战乱的厌倦，进而滋生出回归田园的梦想。末联忽而转折，又将人们带到严峻的生活现实面前。原来诗人在整首诗中洋溢的田园之乐，妻儿之欢，天伦之趣，其实是基于故人供给禄米之上的，于欢乐之中忽显出悲凉之意，于平淡之中忽呈奇崛跌宕之势，使全诗的意蕴又深了一层。清人仇兆鳌评曰："江村幽事，起中四句，梁燕属村，水鸥属江，棋局属村，钓钩属江，所谓事事幽也。末则江村自适，有与世无求之意。燕鸥二句，见物我忘机。妻子二句，见老少各得。盖多年匍匐，至此始得少休也。"林东海先生评曰："杜公与野老村夫相处日久，其襟怀言语自必多少能村野习气。此诗写江村闲适生活，即以老农淡于世事之胸怀与不加藻饰之言词出之，于杜诗中别具一格。故历来褒贬不一，许印芳谓'通体凡近，五、六尤琐屑近俗，杜诗之极劣者'；冯舒则谓'不必求好，却无句不好。圣人，神人’。(均见《瀛奎律髓汇评》)抑扬过当，殊不知杜公之学老农语气，故作粗俗旷达，别有情趣。似淡而实不淡，倘从诗外求之，又岂忘怀于家国耶!”

19. **滁州西涧**[①]

韦应物

独怜幽草涧边生，上有黄鹂深树鸣[②]。
春潮带雨晚来急，野渡无人舟自横[③]。

【注释】

①这首诗作于德宗建中二年(781)作者出任滁州(今安徽滁县)刺史时。西涧:在滁州城外，俗名“上马河”。②幽草:深深的草，青青的草。深树:枝叶茂密的树。③野渡:荒僻的渡口。

【赏析】

这首诗生动地描写了春雨中渡口优美如画的幽静景象，抒发了诗人对恬淡生活的向往，也表达了诗人对社会状况的忧虑、不安、无奈和惆怅之情。首联写晴景:我特别喜欢生长在涧边的自甘寂寞的青草;无意那枝叶茂密的树上低吟炫耀的黄莺。尾联写雨景:春潮伴着春雨到晚来更加奔腾迅急，荒僻渡口的小船儿因无人乘坐而悠闲地横在水滨。这首即兴抒情小诗，通过涧边的幽草、树上的黄鹂、带雨的春潮、横舟的野渡，组成一幅有声有色的天然图画。一个“怜”字、一个“自”字，又把诗人恬淡闲适的生活情趣隐约地透露出来。幽草是自生，黄莺是自鸣，春潮是自来，孤舟是自横，而诗人所“怜”的，正是这种自生自荣的自然美。特别是它的后两句，幽情充溢，幽趣横生，完美地表达了诗人向往自然和自由的生活情趣。传说北宋画院曾以“野渡无人舟自横”为题招考画士，有一人独出手眼画一小鸟闲栖无人的船头，把“深居”树头的鸟引下置于船头，这是很得作者原旨的。霍松林先生评曰:“以动形静，以喧显寂，反映了诗人厌恶喧嚣、寻求宁静的政治情怀和审美心态。黄叔灿《唐诗笺注》评此诗‘分明是一幅图画’，就写景宛然在目而言，这当然是不错的。但诗人写照传神，别有会心，即景抒情，灼然可见。写西涧晴景而‘独怜’幽草，写西涧雨景以春潮暴涨反衬野渡舟横，言外有意，极耐寻绎。如果那只‘舟’不在‘野渡’而在官津，当‘春潮带雨晚来急’之时，万人争渡，岂能‘自横’? 如果作者春风得意，意逐繁华，则寂寞‘幽草’，又怎能使他偏爱。结合诗人自尚书比部员外郎外放滁州刺史，旋即罢任，闲居西涧的境遇，细味此诗，则其景中之情，言外之意，是不难领会的。”

20. 逢雪宿芙蓉山主人[①]

刘长卿

日暮苍山远，天寒白屋贫[②]。
柴门闻犬吠，风雪夜归人。

【注释】

①芙蓉山：所指不详。②苍山：青黑色的山。白屋：古代平民所居不加彩饰的房屋，与“朱门”相对。贫：简陋。

【赏析】

这首诗描写了一个个独立的画面，连属起来，又构成一幅疏密得宜、动静相映的风雪夜归图，充分显示了诗人高超的写景艺术。这首诗虽无一字抒情，但所描绘的景物中又没有一处不寄寓着诗人孤寂落寞的情怀。前半是昼景，后半是夜景。首句写所感：将雪的傍晚，山色苍茫，行走在坎坷的山路上，愈觉山路漫长。二句写所见：忽见一座简陋的茅屋，在这天寒的季节，诗人庆幸可以在此歇脚过夜。三、四句写所闻：入夜就寝后，忽听得柴门外传来一阵狗叫声，一个急切归家的旅人在风雪交加中闯进了家门。“柴门”承“白屋”，“风雪”承“天寒”，“夜”承“日暮”，全诗紧扣诗题中的“逢雪”和“宿”以及“主人”。后二句通过“闻犬吠”和想象，描绘出一幅山夜风雪人归图，真切地传达出山居的荒寒和旅人的情思，语浅意丰，韵味深长。周本淳评曰：“日暮逢雪，借宿贫家。入夜犬吠，风雪中尚有夜归之人，即此贫家之人，凄苦可想。出语遒丽，使人几觉为图画，故传诵千古。”(《唐人绝句类选》)

21. 江　雪[①]

柳宗元

千山鸟飞绝，万径人踪灭[②]。
孤舟蓑笠翁[③]，独钓寒江雪。

【注释】

①这是一首五言古绝，押的是仄声韵，大约作于诗人被谪为永州司马期间，是柳宗元的代表作之一。②径：小路。③蓑笠翁：披蓑衣戴斗笠的渔翁。这个被美化的形象，实际上是诗人自己的写照。

【赏析】

这首诗描绘了一幅寒江独钓图。诗人借咏隐居在山水之间的渔翁，来寄托自己的清高、孤傲的情感，抒发自己在政治上失意的郁闷苦恼。首联渲染背景：北风呼啸，大雪纷飞，鸟儿躲在窝里，不敢出来寻食，连影儿都不见，好像绝迹了；茫茫旷野，不见一个行人，连地上的脚印也被雪花覆盖了。尾联凸现渔翁形象：在清澄碧透的寒江上，一叶扁舟上坐着一个披蓑衣戴斗笠的老渔翁，迎着满江风雪，在独自垂钓。前人评价此诗为“骨力豪上，句格天成”。短短二十字描摹了众多的景物和渔翁的形象，用字用词极为讲究。“千山”、“万径”为“孤舟”、“独钓”作陪衬，主要描写对象显得格外突出、鲜明。“千山”连“绝”、“万径”接“灭”，造成极端静寂、绝对沉默的气氛。精细雕刻与极度夸张熔铸在一起，“孤舟”、“独钓”，“蓑笠翁”、“寒江雪”，十分凝练概括，无法变易一字。周啸天先生评曰：“前二句雪景隐含着双重意蕴，既象征政治气候的严寒，也隐含对现实的否定。后二句写画面中心人物——渔翁，他坐在冰天雪地中垂钓，而不为冰雪所动，又构成不为严寒所动的独立精神。通过‘孤’、‘独’与‘千山’、‘万径’的对比，严寒与不畏严寒的对比，作者赞美了‘贫贱不移，威武不屈’的精神，成功地表现了一种人格美。”

22. 望洞庭①

刘禹锡

湖光秋月两相和，潭面无风镜未磨②。
遥望洞庭山水色，白银盘里一青螺③。

【注释】

①这首诗作于长庆四年(824)。时刘禹锡贬谪南荒，自夔州(今四川奉节)刺史转任历阳(今安徽和县、含山一带)，赴任途中经过洞庭湖，作此诗。②两相和：指湖光山色两相辉映、交融。潭：深水，这里指洞庭湖。镜：比喻月光照在水面上，水面如镜。③山：指洞庭湖中的君山。白银盘：比喻洞庭湖水。青螺：青色的螺壳，比喻君山。

【赏析】

这首诗选取秋夜月下遥望的角度，抓住最有代表性的湖光和山色，运用丰富的想象和新奇的比喻，展现了洞庭湖的美丽风光。首联写近景：秋夜皎月下的洞庭湖澄澈空明，与素月的清光交相辉映；湖上无风，迷迷蒙蒙的湖面宛如未经磨拭的铜镜。尾联写远景：在皓月银辉之下，洞庭山愈显青翠，洞庭水越显清澈，山水浑然一体；远望洞庭湖中的君山如同一只雕镂剔透的银盘里放了一颗小巧玲珑的青螺，十分惹人喜爱。这首诗想象奇特，比喻精妙，诗中描绘的是洞庭湖山水的壮美，寄寓的却是诗人热爱祖国山河的炽热情感，反映了他在贬谪期间依然有宽阔、豁达的胸怀。霍松林先生评曰："先写望洞庭湖面，次写望湖中君山，写景如画。后两句与晚唐雍陶《望君山》'应是水仙梳洗处，一螺青黛镜中心'、北宋黄庭坚《雨中登岳阳楼望君山》'可惜不当湖水面，银山堆里看青山'同为传诵名句。"

23.　　**钱塘湖春行**①

白居易

孤山寺北贾亭西，水面初平云脚低②。
几处早莺争暖树③，谁家新燕啄春泥。
乱花渐欲迷人眼，浅草才能没马蹄。
最爱湖东行不足，绿杨阴里白沙堤④。

【注释】

①此诗作于长庆三或四年(823～824年)诗人任杭州刺史时。钱塘湖，即西湖之别名。②孤山寺：孤山，在西湖的后湖与外湖之间，孤峰独秀，山上有孤山寺。贾亭：一名"贾公亭"，贞元中，贾全为杭州刺史时所造，后废。云脚：低垂的云气，出现在雨前或雨后，因其垂直出现在水面上，故称"云脚"。③暖树：早春时节向阳的树。④行不足：游不够，形容游兴正浓，流连忘返。白沙堤：即白堤，又名"断桥堤"，在西湖的东部，唐以前便有。西湖三面环山，白堤和苏堤横贯其中，把湖面划成里湖、外湖和后湖三个部分。白堤在湖东一带，后人误为白居易所筑。白氏所筑，在钱塘门之北，早已荒废。后人为了纪念白居易，便把"白沙堤"改为"白公堤"。

【赏析】

这首写景的诗，妙在扣紧题中"春"字和"行"字。春是早春，句句写的是西湖早春的风光；行是漫行，处处是漫行中所见的动态。诗的前六句是明写春，暗写行。首联写湖水：才游了孤山寺又来到贾亭的西面；只见钱塘湖春水初涨，水面平堤，云脚低垂，晴雨无定。颔联写莺燕：早春的黄莺，竞相鸣叫，争栖向阳的暖树；谁家的新燕，来来往往，啄衔春泥筑巢。颈联写花草：杂花初放，而未烂漫，只是渐欲迷住游人之眼；嫩草丛生，尚未茂盛，仅能遮住马蹄之印。尾联写湖东景色，明写行，暗写春：最值得留恋的观赏不尽的，还是湖东景色，尤其是成荫的依依绿杨笼罩下的白沙堤。八句诗，两起两收，中间四句铺陈，结构紧密，章法整齐。这首诗紧扣"春行"二字，不仅写出了西湖美丽的湖光山色，而且写出了自然之美所给予诗人的集中而饱满的感受，景和情得到了完美的融合和统一。王文濡评曰："写景处着'几处'、'谁家'、'渐欲'、'才能'等字，见一路行去，又确是堤上春行，移不到他处。所用'山'、'水'、'寺'、'亭'、'莺'、'燕'、'花'、'树'、'草'、'柳'、'云'、'泥'诸字，亦不觉其复，尤见手法灵动。”(《历代诗评注读本》)林东海先生评曰：“通篇写绕湖观赏初春景色，紧扣'春行'二字，由远景而近景，由眼前景而足下景，层次清楚，表现细腻，莺燕花草，均带早春气息与色泽，的确是一幅淡墨浅色染就之《钱塘湖春行图》，即所谓意匠经营者也。论者谓元轻白俗，诵其闲适诗如此作，颇富雅韵，何俗之有！诚如王夫之《唐诗评选》所云：'世人莫浪云“元轻白俗”！'”

24. 齐安郡后池绝句[①]

杜　牧

菱透浮萍绿锦池，夏莺千啭弄蔷薇[②]。
尽日无人看微雨，鸳鸯相对浴红衣[③]。

【注释】

①齐安郡：今湖北省黄冈县。后池：水池名。②菱透浮萍：指菱叶穿过铺满浮萍的水面，显露出来。绿锦池：形容水池因有菱和浮萍，池面像铺着绿色的锦缎。弄：赏玩。③尽日：从早上到晚上。鸳鸯：鸟名，雌鸟为鸳，雄鸟为鸯，两者偶居不离，常用以比喻夫妇。浴：洗。红衣：指鸳鸯红色的羽毛。

【赏析】

这是一首夏池即景的小诗。它通过一池浮萍、几片菱叶、千啭夏莺、盛开的蔷薇、蒙蒙细雨和鸳鸯戏水等景物，描绘出一派生机盎然的夏日景色。首句写池边近景：菱叶穿过铺满浮萍的水面，池面像铺着绿色的锦缎。次句写池畔背景：夏莺在蔷薇丛中飞来流去，千啼婉转，喧噪一时。三句写雨：夏日的微雨，给后池蒙上幽寂、迷蒙的色彩，蕴藏着诱人的美，却无人赏识。四句再写池面景：池面上，戏水鸳鸯正在洗涤其鲜红的羽毛。这首诗描写齐安郡后池雨景，色彩鲜明，动静结合，情景交融，清幽妍丽，空灵含蓄。陈邦炎先生评曰：“这首诗通篇写景，但并不是一首单纯的写景诗，景中自有人在，自有情在。三、四两句是全篇关目。第三句不仅展示一个'尽日无人'的环境，而且隐然还有一位尽日看雨之人，其百无聊赖的情状是可以想见的。句中说'看微雨'，其实，丝雨纷纷，无可寓目，可寓目的应是菱叶、浮萍、池水、鸣莺、蔷薇。而人最后心目所注却是池面鸳鸯的相对戏水。这对鸳鸯更映衬出看雨人的孤独，必然使他见景生情，生发许多联想、遐想。可与这首诗参读的有焦循《秋江曲》：'早看鸳鸯飞，暮看鸳鸯宿。鸳鸯有时飞，鸳鸯有时宿。'两诗妙处都在不道破注视鸳鸯的人此时所想何事，所怀何情，而篇外之意却不言自见。对照两诗，杜牧的这首诗可能更空灵、含蓄，更有若即若离之妙。”

25.

宿渔家

郭　震[①]

几代生涯傍海涯，两三间屋盖芦花。
灯前笑说归来夜，明月随船送到家。

【注释】

①郭震：宋太宗时人，字希声，成都人。博学能诗，才识过人，悠然有物外之志。有《渔舟集》。

【赏析】

这首诗语言浅显晓畅，写的是生活中的细微琐事，但诗人却从细微处落笔，写出生活情趣。首联突出渔家生活的贫寒：渔民的生活是多么清苦，世代傍海而住，以海为生，只有两三间小草屋，屋顶上盖的也只是生在水边的芦花，然而他们的心胸又是多么开朗。尾联写渔民乐观开朗的襟怀：夜晚归来，在灯前笑着告诉留宿的客人：“是明月一路跟随着小船，把我直送到家里的啊！”范能船、朱晓松评曰：“诗人对渔家的仰羡尽在不言之中。渔民的纯朴悠闲又反衬出世俗社会的尔虞我诈，钩心斗角。因此，这首小诗含义深远，仿佛一枚橄榄，耐人回味。”

26.

游山西村[①]

陆　游

莫笑农家腊酒浑，丰年留客足鸡豚[②]。
山重水复疑无路，柳暗花明又一村[③]。
箫鼓追随春社近，衣冠简朴古风存[④]。
从今若许闲乘月，拄杖无时夜叩门[⑤]。

【注释】

①山西村：陆游故乡山阴的一个村庄。此诗作于宋孝宗乾道三年(1167)。②腊酒：头一年腊月酿造的酒。豚(tún)：小猪。足鸡豚：形容菜肴丰足、丰盛。③山重：山峦重叠。水复：水流回绕。柳暗：形容柳色深绿。花明：形容花色红艳。④春社：社日，在立春后的第五个戊日。古代风俗，这一天农家祭社祈年，吹箫击鼓，以求丰收。社：土地神。衣冠：衣服和帽子，泛指穿戴。古风：古代的风气。⑤若许：如果允许。闲乘月：闲暇时乘着月色前来。无时：随时。

【赏析】

这是一首山村记游诗，生动地描绘出野山深谷的山水风光和南方农村的风物人情。全诗紧扣一个“游”字，句句写“游”，句句切“游”。首联“游”农家：莫要笑农家的腊酒浑浊，去年丰收，足有丰盛的菜肴招待客人。颔联“游”山间水畔：山峦重叠，水流回绕，令我几疑无路；忽见花明柳暗，竹木扶疏，几家农舍呈现。颈联“游”村庄：一路鼓鸣箫吹，原来是春社日已近，乡亲们穿戴简朴，古老的民风依然留存。尾联写月下夜“游”：但愿从今往后，能不时拄杖乘月，轻叩柴扉，与老农亲切絮语。全诗晓畅流转，平淡婉丽，出神入化地表现了诗人热爱自然、热爱农村、热爱生活的炽热感情。邓韶玉先生评曰：“此诗写于孝宗乾道三年(1167)，在此之前，陆游曾任隆兴府通判，因为极力赞助张浚北伐，被投降派劾以‘交结台谏，鼓唱是非，力说张浚用兵’的罪名，罢归故里。诗人心中当然愤愤不平。对照诈伪的官场，家乡纯朴的生活令其产生无限的欣慰之情。此外，诗人虽貌似闲适，却未能忘情国事。秉国者目光短浅，无深谋长策，然而诗人并未丧失信心，深信总有一天否极泰来。这种心境和所游之境相吻合。于是两相交涉，产生了传诵千古的‘山重’、‘柳暗’一联。”

27. 浣溪沙(其二)

苏　轼

旋抹红妆看使君[①]，三三五五棘篱门[②]，相排踏破蒨罗裙[③]。　老幼扶携收麦社[④]，乌鸢翔舞赛神村[⑤]，道逢醉叟卧黄昏。

【注释】

①旋：迅速，匆忙。抹红妆：搽脂抹粉，打扮。使君：汉代称掌管一州郡的官吏为“使君”，这里指徐州的长官苏轼。②棘篱：用棘编成的篱笆。棘：丛生的小枣树。③蒨(qiàn)罗裙：红色的罗裙。蒨，同“茜”，即茜草，又名“茹芦”，根可作大红色染料，故大红色亦称“茜”。④收麦社：庆祝麦子丰收的社祭。社：土地神，对土地神的祭祀也称“社”。⑤乌鸢：泛指鸟。乌：乌鸦。鸢：鸟名，即鹞鹰，老鹰。赛神：还愿，酬神。赛：古代祭祀酬谢神灵称“赛”。

【赏析】

神宗元丰元年(1078)，苏轼在徐州任知州。这年春天，徐州一带出现旱灾，作者曾前往东郊石郊潭求雨，雨后又去主持谢神仪式。一路上，他看到如画的农村风光和当地群众劳动、生活的情景，很有感触，于是在道上吟成《浣溪沙》五首记述此事。本词是其中的第二首，主要写谢神归途所见，由三幅画面组成。上片是一幅少女争看使君图：姑娘们急匆匆地搽脂抹粉，为的是争睹使君风采；篱笆门前三三五五结队成群，你推我挤，争相探望，有人尖叫，绛色罗裙被踩破了。下片一、二句是一幅村民赛神图：村民们老幼相扶相携，参加答谢土地神的祭祀活动，乌鸢因为等着抢食残余的祭品，翔舞在迎神赛会的村庄上空。最后一句是一幅老翁醉卧图：离开"赛神村"不远，忽然看到一位老叟醉醺醺地躺在道旁，酣睡于夕阳落照之中。三幅画面，有详有略，通过侧面烘托，反映出雨后喜获丰收、人们沉浸在欢乐之中的情景。吴小如先生评曰："第二首上片，作者一连气用了大量篇幅(一首词的二分之一)活灵活现地来描述农村妇女争看'使君'的场面，这种不加修饰的写实手法固然体现了作为父母官的苏轼本人有沾沾自喜的成分，但也充分反映了作者比较进步的妇女观。尽管这时程朱理学还未发展到乌烟瘴气的程度，但从北宋以来，儒家正统思想的无形势力已逐渐扩展膨胀，像苏轼这样在官民之间、男女之间不有意设置礼教大防的作风已属难能可贵的了。"关于结句"道逢醉叟卧黄昏"，吴小如先生认为："自第一、二首所写的内容观之，皆极言太守备受欢迎之场面，故老少咸集，男女毕臻。然而就在这人声鼎沸、村众欢腾的时刻，偏偏有一老叟不参加欢迎行列，而独醉黄昏，仿佛太守下乡这一热闹场面与他毫不相干。此盖作者暗用《击壤歌》之典而化之。歌云：'日出而作，日入而息，凿井而饮，耕田而食，帝力何有于我哉？'苏词所写醉叟形象，言外正谓久旱得雨也好，灾后丰年也好，皆吾自己勤劳努力所致，你做太守的何用贪天之功？所以他才远避人群，陶然独醉。在一片歌功颂德声中唯独此叟给了身为'使君'的苏大爷一副清凉剂。难得的是，苏轼竟把这一小场景写入词中，虽不加评骘，却未以为忤，这就不是一般封建士大夫所能企及的了。"

28. **浣溪沙**

张元干

山绕平湖波撼城①，湖光倒影浸山青，水晶楼下欲三更。　　雾柳暗时云度月②，露荷翻处水流萤③。萧萧散发到天明。

【注释】

①波撼城：孟浩然《临洞庭》"波撼岳阳城"。②云度月：云彩从月亮上面飘过。③"露荷"句：带着露水的荷叶翻动，露珠闪烁像是流萤飞动。④萧萧：头发稀疏的样子。

【赏析】

这首词通过描绘山光水色之美，抒发了作者热爱自然的感情。上片写山光水色。首句写山水气势，是动景：青山环绕平湖，湖中波浪震撼着湖边的城墙根。

二句写湖面倒影，是近景：广阔的水面上，湖光映出了青山的倒影。三句写作者月夜登楼远眺流连之久：已是三更时分，月光辉照下的水中楼明澈剔透，犹如水晶一般。下片写登楼所见月光映照的夏夜景物。首句仰望，是远景：当天上飘动的浮云遮住月亮时，夜雾中的柳树顿时显得暗淡难辨。二句俯视，是近景：带露水的荷叶随风翻动，水珠闪烁，就像流萤不断闪光。三句写景中人：词人把稀疏的头发散开来，尽情陶醉在这山光水色之中，独坐沉吟至天明。“这首词写仲夏夜之景，上片大笔勾勒交相辉映的山光水色，境界宏伟阔大；下片用工笔描绘从天上云月到地下烟柳、水面露荷的动态变化，遣词造句十分精工，境界空灵幽美；结构上将‘三更’、‘天明’安排在上下片结构中，暗示时间的推移，作者整夜沉浸在幽美的景色之中；风格上以清丽婉转为主，间亦有豪放旷达的情致。”（张文潜）曹济平先生评曰：“这首词既写了湖光山色之美，又写了沉浸在山水自然风光中的流连神态，流露出一种闲适、潇洒的超脱情怀。”

29. 念奴娇·过洞庭①

张孝祥

洞庭青草②，近中秋、更无一点风色。玉鉴琼田三万顷③，着我扁舟一叶④。素月分辉，明河共影⑤，表里俱澄澈⑥。悠然心会⑦，妙处难与君说。　应念岭表经年⑧，孤光自照，肝胆皆冰雪⑨。短发萧疏襟袖冷⑩。稳泛沧溟空阔⑪。尽吸西江⑫，细斟北斗⑬，万象为宾客⑭。扣舷独啸⑮，不知今夕何夕⑯。

【注释】

①这诗词作于宋孝宗乾道二年（1166）。时作者被谗害罢官，从静江府北归，路经洞庭湖。②青草：湖名，在洞庭湖南，与洞庭相通。③玉鉴琼田：比喻月光下澄澈的湖水。鉴：镜子。琼田：即神话传说中的玉田。琼：白色的美玉。三万顷：极写洞庭之辽阔。④着：附着，这里泛指浮着。扁舟：小船。⑤明河：银河。⑥表里：里外，这里指上下，即天上湖中。⑦心会：即心领神会。⑧岭表经年：经年在两广地区。作者作此词时刚从静江知府兼广南西路经略安抚使任上罢官，故曰。岭表：岭外，指两广地区。经年：经过一年或多年。⑨“孤光”二句：写自己光明磊落，冰清玉洁。孤光：孤清的月光。⑩萧疏：这里指头发稀疏。⑪沧溟：苍茫的湖水。溟：大海。⑫“尽吸”句：《景德传灯录》载，襄州居士庞蕴问马祖：“不与万法为侣者是什么人？”马祖云：“待汝一口吸尽西江水，即向汝道。”居士言下顿领玄要。这里借禅宗语写自己豪迈的胸襟。西江：西来的江水，指长江。⑬“细斟”句：用北斗舀酒，细细品尝。斟：倒酒。北斗：指北斗七星，形如勺，故古人常将其想象为酒斗。⑭万象：万物。为：作。⑮扣：同“叩”，敲击。啸：撮唇作声。⑯“不

知”句：不知今夜是个多么美好的夜晚。

【赏析】

这首词以浪漫主义笔调，描绘湖光山色，抒写豪情逸致，表露坦荡襟怀，毫无迁客逐臣寥落消沉之感。上片咏月。首二句写纵目洞庭的总印象：中秋前后月光朗照下的洞庭湖，风平浪静，一派寥廓、静谧、皎洁，更无纤云和轻尘，明净极了。三、四句写湖面的晶莹和辽阔：一望无垠光洁明亮的湖面上，泛一叶扁舟，置身于一个浩瀚空灵的世界。五、六、七句写山水天辉一片晶莹：月亮、银河把光辉倾泻入湖中，碧粼粼的细浪中照映着星河的倒影，此时的天穹地壤之间，一片空明澄澈。八、九句收束上片：洞庭湖是澄澈的，诗人的内心也是澄澈的，物境与心境悠然相会，这妙处难以用语言表达出来。下片咏怀。首三句追叙自省：因而想起自己在岭南一年的仕宦生活，我以孤月为伴，引清光相照，冰清玉洁，襟怀坦荡，光明磊落。四、五句由追叙回到当前游赏：尽管头发稀疏，夜气清冷，但自己仍安稳地泛舟于浩渺的洞庭之上，心神没有一点动摇。六、七、八句以想象写逸兴壮思：宇宙万物皆应我之邀而来，用北斗斟酒，开怀畅饮西来的长江。九、十句言湖上独啸：敲击船舷，打着拍子，蹙口发出长而清脆的声音，不知今夜是个多么美好的夜晚。“此词格调高迈，想象奇特，意境清空高旷，胸襟洒落出尘。尤其突出的是，词人把‘肝胆皆冰雪’的情怀与‘表里俱澄澈’的洞庭湖月光水色融为一体，表现自己高洁的情怀、博大的胸襟，景中见情，笔势雄奇。在写景抒情、物我映带的同时体会到某种理趣的感悟，使它高于一般的情景交融之作。”（刘振娅）唐圭璋先生评曰：“此首月夜泛洞庭作。写水光月光，上下澄澈，境极空阔。而胸襟之洒落，气概之轩昂，亦可于境中见之。‘洞庭’两句，言湖中无风。‘玉鉴’两句，言湖面之广。‘素月’三句，月光映水之美。‘悠然’两句，收束上片，言泛舟之适。下片，写月下之感。‘应念’三句，言心中之纯洁。‘短发’两句，言夜深湖冷。‘尽吸’三句，言湖上豪饮。末句，言湖上独啸。通篇景中见情，笔势雄奇。”

30. 清平乐·村居

辛弃疾

茅檐低小①，溪上青青草。醉里吴音相媚好②，白发谁家翁媪③。　大儿锄豆溪东，中儿正织鸡笼；最喜小儿无赖④，溪头卧剥莲蓬。

【注释】

①茅檐：茅屋。②吴音：吴地的语音，泛指江南一带的口音。③翁媪（ǎo）：老翁，老妇。媪：老年妇女。④无赖：顽皮。

【赏析】

这首词描绘了一幅江南农村风情画，笔调质朴清新，生活气息较浓。上片写老年人。首二句写望中所见：一所低小的茅草房屋，紧靠着一条流水淙淙、清澈照人的小溪。溪边长满了碧绿的青草。三、四句写近景：一对满头白发的翁媪，亲热地坐在一起，一边喝酒，一边悠然自得地聊天。“这是谁家的老人呢？”下片写年轻人：大儿子在溪东豆地里锄草，二儿子正在编织鸡笼，最可喜的是天真顽皮的小儿子，躺卧在溪边剥莲蓬吃。这首词通过对农村清新秀丽、朴素雅静的环境描写和对翁媪及其三子形象的刻画，表现出词人喜爱农村和平宁静生活的审美观点。夏承焘先生评曰：“上片写老年人，下片写年轻人。通过这个人家三个儿子的举动，描写出整个农村的劳动生活。大儿、中儿都在劳动，只有最小的一个，什么都不干，在溪边剥莲蓬。这是说，除了最小的以外，其他一切的人都在劳动。用侧面写法，突出乡村无闲人的光景。”

31. **西江月·夜行黄沙道中**[①]

辛弃疾

明月别枝惊鹊[②]，清风半夜鸣蝉。稻花香里说丰年，听取蛙声一片[③]。

七八个星天外，两三点雨山前。旧时茅店社林边[④]，路转溪桥忽见。

【注释】

①黄沙：即黄沙岭，在今江西上饶县西，距城四十余里。②“明月”句：明亮的月光惊醒了栖息在树枝上的乌鹊。别枝：斜出的树枝，一作“离开枝头”。③“稻花”二句：在稻花香里听到一片蛙声，似乎在谈论丰收的年景。④社林：社庙边的树林。社：古代祭祀土地神的地方。

【赏析】

这首词写作者夏夜独自走在乡村小路上的见闻。上片写景：明亮的月光惊醒了喜鹊，鹊儿惊飞，别枝摇曳；半夜里清风徐徐吹拂，送来阵阵低吟的蝉声；漫村遍野的稻花清香，扑面而来；稻田里的群蛙齐声歌唱，向人们报道着丰收年景。下片首二句还是写景：稀疏的星光闪烁在天边，点点细雨洒落在山前。三、四句写夜行：正在愁雨，走过溪桥，路转了方向，忽然看见社林边从前歇过的那片茅店。这首词有声有色地描绘出一幅江南的夏夜图景：明月、疏星、溪桥、茅店，入目所见，是一幅生动的农村生活图画；鹊噪、蝉鸣、蛙唱，入耳所闻，是一支悦耳的夏夜田野交响曲；稻花的芳香沁人心脾，词人也为即将到来的丰收而感到无比喜悦。夏承焘先生评曰：“词里只选用夏夜一晴一雨两个镜头：上片写晴，下片写雨。上片通过三种动物：鹊、蝉、蛙来写晴，是有详略、深浅、主次之分的。首先以惊鹊写明月，因为明月出来了，枝上的鹊儿见光惊飞，离开枝头。'别枝'在这里作离开枝头解……次写鸣蝉。半夜还有蝉鸣，可见天气很热，为下片写雨作伏笔。头两种动物都还只是略写、浅写。最后写蛙。'稻花香里说丰年'两句，表现了丰年人们的喜悦心情。看见稻花，闻到稻香，可知年成，但是在稻花香里说好年成的却不是人而是一片蛙声……作者运用侧面烘托的手法，比正面写丰收，要生动、深刻得多。下片写雨。雨前天空已经起了云，天上只看见七八个星星，那是在云层里透漏出来的，说它只有少数的七八个，是写云层之密，预示了未雨时已有雨意……第二句写雨来。山前忽然飘下'两三点雨'，这是夏天骤雨来临的前奏，不是写春雨。末两句写行人的先焦急后喜悦的心理：他曾记得在那土地庙树林旁边，有一爿茅店，可以避避雨。他急急忙忙地过了溪桥，拐了一个弯，那爿茅店果然在'社林边'出现了。写出行人的喜悦心情，也就是表现作者的喜悦心情。"

32.　【越调】小桃红·客船晚烟

盍西村

绿云冉冉锁清湾①，香彻东西岸。官课今年九分办②；厮追攀③，渡头买得新鱼雁。杯盘不干，欢欣无限，忘了大家难。

【注释】

①绿云：犹"碧云"。冉冉：缓缓飘动貌。锁：笼罩。②官课：官府的赋税。九分办：免去一分赋税，只按九分征收。③厮追攀：相互招呼、邀集。

【赏析】

这支曲子系《临川八景》组曲中的第五首，描写了临川江湾一带村民的生活情景。首二句写自然景色：缓缓飘动的碧云，笼罩着清澄的江湾；阵阵沁人的香味，传遍了东西两岸。三、四句写村中人事：官家赋税今年只按九分征办；渡口买得鱼和雁，邀请亲友畅饮庆贺一番。末三句笔锋突转：杯中酒斟满，盘里菜常添，大家十分欢快，忘了各自的艰难。似不经意，却耐寻味：眼下的无限欢欣只是暂时的，大家所遭受的艰辛与苦难还是存在，只是暂时"忘了"而已。刘学锴先生评曰："传统的'八景'、'十景'一类题咏，向以描绘自然景色为主，很少涉及人事，更少触及民生疾苦。这首题为'客船晚烟'的小令，却一反陈套，着重写船上所见村民生活情景，并且在风俗画式的描绘中，透露出淳朴的村民在暂时温饱与欢欣后面的艰辛，取材、用笔都有新意。开头写自然界的优美景色，正成为村民艰辛生活的反衬；结处重意轻点，反而更耐寻味。"

33.　　　　　　　　　**【仙吕】后庭花**

赵孟頫

清溪一叶舟，芙蓉两岸秋[①]。采菱谁家女，歌声起暮鸥。乱云愁，满头风雨，戴荷叶归去休[②]。

【注释】

①芙蓉：荷花的别称。②休：语气助词，无义。

【赏析】

这首小令描写水乡秋色和采菱女的生活。首二句写景：一弯清溪，荡出一叶轻舟，荷花盛开，香飘两岸，秋色正浓。三、四句写人：谁家采菱女儿，唱起一曲清歌，歌声飞扬，惊起了向暮栖息的白鸥。末三句写采菱女避雨情景：密布的乱云，霎时化作扑面的风雨，水天暮雨茫茫，采菱女儿呢，这时摘了荷叶，戴在头上，打桨归去了。写出了采菱女处乱不惊的神态，同时通过对乱云突起、风雨大作与采菱女头戴荷叶的描写，展示了秋天水乡的另一番情趣。邓小军先生评曰："这首小令可谓诗中有画。全幅造境，以水为主。清溪、芙蓉、暮鸥、小舟、采菱女，皆水乡风情。造境得力于水，故灵秀清逸。这风格特色正与赵孟頫山水画风相通。由于全篇纯是写景，不着情语，故含蓄淡远，尤有神韵。在元代散曲众多的言情必尽之作中，这首小令确实有其独到之处，可以说是以诗为曲，即以唐诗之法而为元人散曲。"

鉴赏评析实践

一、阅读下面几首诗词，然后回答问题。

1.　　　　　　　　　**山居即事**

王　维

寂寞掩柴扉，苍茫对落晖。
鹤巢松树遍，人访荜门稀。
绿竹含新粉，红莲落故衣。
渡头烟火起，处处采菱归。

(1)简析"遍"字和"稀"字在颔联中的表达效果。

(2)诗的后四句写出了怎样的景与情？

2.　　【正宫】塞鸿秋·浔阳即景

周德清

长江万里白如练，淮山数点青如淀；江帆几片疾如箭，山泉千尺飞如电。晚云都变露，新月初学扇，塞鸿一字来如线。

【注】①周德清(1277～1365)：号挺斋，高安(今属江西)人。②淀：即蓝靛，蓝色染料。

(1)请各举一例说明这首散曲运用的三种修辞手法。

(2)这首散曲一句一景，合起来又构成了一幅色彩绚丽的浔阳山水图。请分别从写景的顺序和动静的角度对这首散曲作简要赏析。

3.　　【双调】雁儿落带过得胜令

吴西逸

春花闻杜鹃，秋月看归燕。人情薄似云，风景疾如箭。留下买花钱，趱入种桑园。

茅苫三间厦，秧肥数顷田。床边，放一册冷淡渊明传；窗前，钞几联清新杜甫篇。

【注】①吴西逸：生平不详，曾当过小官，终看破红尘归隐。此曲为归隐前后所作。②趱(zǎn)：赶快。③苫(shàn)：用草覆盖。

(1)从归隐的角度看，这首元曲写了几个层次？请简要分析。

(2)这首元曲主要运用了哪些修辞方法？试作赏析。

4.　　新晴野望

王　维

新晴原野旷，极目无氛垢。
郭门临渡头，村树连溪口。
白水明田外，碧峰出山后。
农月无闲人，倾家事南亩。

【注】氛垢：尘埃

(1)第三联上下两句中最精练传神的分别是哪一个字？请简要分析。

(2)尾联描写了一幅怎样的图景？这样写有什么好处？

5. **鹿 柴**

王 维

空山不见人，但闻人语响。

返景入深林，复照青苔上。

《东坡志林》说：“味摩诘之诗，诗中有画；观摩诘之画，画中有诗。”请结合这一评论，重点赏析这首山水诗“诗中有画”的特色。200字左右。

6. **江 雪**

柳宗元

千山鸟飞绝，万径人踪灭。

孤舟蓑笠翁，独钓寒江雪。

《江雪》一诗突出了老渔翁顶风冒雪独钓寒江的形象，表达了作者被贬永州深感孤独的情绪。试通过对本诗意境的剖析，揭示它的深层意蕴。200字左右。

露一手过把瘾

学习借鉴王维《鹿柴》和李白《望庐山瀑布》(其二)，用五言或七言古诗的形式，各写一首山水田园诗，描摹家乡或学校的山光水色。要求：

(1)捕捉最具特征的物象入诗，摹山范水，绘形绘色，诗中有画；

(2)或情随境生，或移情入境，或体贴物情，物我交融，力求创造出一个优美深远的意境。

参考答案

一、1.(1)“遍”字表现松茂鹤多，“稀”字表现来访者少，两者对照，写出山居环境的幽静。(2)写出了夕阳西下，炊烟升起，嫩竹荷花清新可爱，人们采菱而归的景象。表现出作者悠然闲适的心情。

2.(1)①比喻：如将长江比作白练；将江帆比作疾箭；将下泻的山泉比作闪电；将天上一字排开的飞鸿比作一条线等。②对偶：如一、二句对偶；三、四句对偶；五、六句对偶。③比拟：如说新月“学”扇。④排比：如一、二、三、四句结构相似，句式相同，语势连贯，又构成排比。(2)①从写景的顺序看：一、二句写长江万里，远山重重，写的是大处、远景；三、四句写江上轻帆，山泉飞流，写的是个体、近景；五、六句则是从前四句的白天转到傍晚，又由地面转到天空。②从动静的角度看：一、二句侧重写江的辽阔、山的雄伟，是静态的；三、四句着重写江帆的迅疾、山泉的飞流，是动态的。

3.(1)写了两个层次。前四句为第一层次，主要写向往归隐的理由。由春花秋月引起光阴如箭之叹，由鸟啼雁归生出人情淡薄之慨。后几句为第二层次，主要写向往中的隐居生活。其中又分为两层，“留下”句至“秋肥”句为第一层，写归隐后的物质生活；“床边”之后的几句为第二层，写归隐后的精神生活。(2)①对偶：如“秋月”句对“春花”句等。②比喻：如将“人情”比作“云”，“风景”比作“箭”等。③夸张：将“风景”比为“箭”的同时又兼用了夸张的手法。

4.(1)分别是“明”和“出”，充分显示雨后的“新晴”，诗人极目“野望”所见的景色：田野外河水上涨，在阳光照射下“白水”波光粼粼，比平时更加明亮夺目；雨水冲洗后的群山，在太阳照耀下“碧峰”秀出，更加富有层次。(2)尾联写了农忙时节，农人全家在农田里忙于耕作的景象。作者这样写的好处是：再一次突出表现“新晴”这一诗题，因为“新晴”，才能看到农人们“倾家事南亩”的景象，给前面所绘的一幅静态画面平添了无限生机，使整幅画面活了起来。

5.作者通过仔细的观察，选取了最能表现鹿柴山林景象的两个细节来刻画景物特征——前两句写空山人语，用了以动写静的反衬手法，愈见空山之寂；后两句写深林夕照，突出了它的清幽，充满着恬静和空灵的诗趣。夕阳的火红与青苔的绿色，色彩鲜明，相映成趣。诗中形象具体，把鹿柴的景物描绘得有声有色，如鸣耳际，如在眼前。这不是一般的画，而是“有声画”，显示出王维画家的才能。

6.前两句通过写“千山”、“万径”，给人们展示了一幅广阔而精美的山水画卷。诗中用了“绝”和“灭”等字句，着力渲染了大雪中的净、静，使人读后产生一种寂静凄凉的感觉。后两句与前两句互相衬托，着重写雪中的动。并用“孤”、“独”、“寒”等字句，加强了前两句诗中表现的沉寂清冷的气氛，表现了老翁卓然独立、孤寂无援的处境。该诗寄托着诗人自己的心情，是诗人自身的写照，表现了诗人革新失败后不屈而又孤独、苦闷的精神面貌。

第二章

粉身碎骨浑不怕，要留清白在人间
——托物言志诗

花鸟草虫皆有品，一草一木皆关情。托物言志诗，即咏物诗，指的是诗人不直接表露自己的思想感情，而是采用象征、兴寄等手法把自己的某种理想和人格融于某种具体事物的一类诗歌。

古人很喜欢咏物，仅《全唐诗》就存咏物诗 6221 首：初唐 504 首，盛唐 746 首，中唐 1455 首，晚唐 3556 首。自然界中的万物，大至山川河岳，小至花鸟虫鱼，都可以成为诗人描摹歌咏的对象。他们在细致描摹的同时，寄托自己的感情——这就产生了托物言志类诗歌。

托物言志诗在我国有着源远流长的历史，屈原的《橘颂》是公认的我国诗歌史上第一首真正意义上的托物言志诗。“屈原不仅描写了橘树的形貌，更用了大量笔墨赞颂橘树美好的品质。在这里橘树已经超越了本身，成为一种高尚人格的象征。《橘树》的创作奠定了咏物诗体物言志的传统，也决定了咏物一体的创作手法，即体物的赋笔铺陈和言志的比兴寄托相结合。这一传统规范着后世咏物诗的创作。”（隋慧娟）一首好的托物言志诗应该具备如下特点：

首先，既然是咏物诗，当然要能逼真地描绘出所咏之物的特征，再现所描绘的物象，力求形似、逼真。如林逋《山园小梅》“疏影横斜水清浅，暗香浮动月黄昏”，逼真地描绘出了梅花的典型特征。“疏影”、“暗香”既写出了梅花稀疏的特点，又写出了它清幽的芬芳。“横斜”描绘了它的姿态，形象逼真。

其次，还应该在“形似”的基础上，力求“神似”，即深入其里，摄出物象的神韵、品格来，形神兼备。上例“疏影”、“暗香”二句不仅写出了梅花的形态特征，而且还写出了梅花的气质风韵：“浮动”写出了梅花的神韵，再加上黄昏月下、清澈水边的环境烘托，就更突出了梅花个性——神清骨秀、高洁端庄、幽独超逸。那静谧的意境、朦胧的月色、疏淡的梅影、淡淡的清香、高洁的神韵，令人陶醉。这两句诗之所以被誉为“千古绝唱”，是因为不仅逼真地再现了梅花的形态特征，更是因为突现了梅花的“神韵”。

第三，咏物诗大多借物抒情，托物言志。作者描绘物象的目的不在于对审美形象的刻画，而在于对心灵意境的表达，在于审美情感的寄托。例如于谦的《石灰吟》，借石灰这个物象表达自己“要留清白在人间”的志向和理想，诗中句句写石灰，正是句句写自己。又如陆龟蒙《白莲》：“无情有恨何人觉，月晓风清欲堕时。”诗人不过借白莲以表达一种心境，至于所咏者“白莲”形象如何，无关紧要，它不过是借以表达心境的一种借用物。

第四，咏物诗也有借物象以寄托人事的慨叹。例如，刘过《萱草》：“不尽人间万古愁，却评萱草解忘忧。闲花若总关憔悴，谁信浮生更白头。”一种人生难解的无奈，昭然纸上。又如曾巩《咏柳》：“乱条犹未变初黄，依得东风势便狂。解把飞花蒙日月，不知天地有清霜。”以新柳之轻狂，喻得势之小人，新颖贴切。（李起敏）

概而言之，托物言志诗既要写出物的特点，求其形似，又要语意双关，写出诗人自己的人格、品德和思想感情，收到“言在此而意在彼”的艺术效果。托物言志诗要有寄托，所以周济在《宋四家词选绪论》中说：“有寄托则表里相宜，斐然成章。”托物言志诗要诗中有人，所以阮葵生在《茶余客话》中说：“咏物诗须诗中有人，尤应诗中有我。”明乎此，在鉴赏评价托物言志类诗歌时，我们必须仔细体味诗人的用意，由表及里，由形及神，由物及志，这样才能准确把握诗的意蕴。

托物言志诗的鉴赏评析应注意如下几点：

首先，体察物态。描摹物态是咏物的共同特征，因此，赏析托物言志诗可以从体察物态开始，要抓住所咏之物的形态、色泽、特征，或所处环境。

其次，品味寄托。要由所咏之物的外在特征分析其内在品性，联系诗人自身经历和所处社会环境，联系诗人的情趣爱好、人生态度、价值取向等，揣摩诗人所托之情，所言之志。

第三，明辨技巧。从表现手法上看，托物言志诗重寄托，所以常常运用象征和寄托的手法；从修辞手法上看，托物言志诗在构思时常常运用比喻、借代、拟人、夸张、双关等修辞格；从描写角度看，除了正面描写之外，还常用侧面烘托的手法，或三言两语勾勒事物形态，不求形似，只求神似。

第四，了解一些常见事物的寓意。月，思乡；莲，高洁；柳，送别；花，美好；松，坚忍不拔；梅，孤高，不随流俗；菊，品格坚强，气质清高；梧桐，凄凉悲伤；杜鹃，哀怨、思归……

鉴赏评析示例

1. **鹧鸪**

郑　谷

暖戏烟芜锦翼齐，品流应得近山鸡①。
雨昏青草湖边过，花落黄陵庙里啼②。
游子乍闻征袖湿，佳人才唱翠眉低③。
相呼相应湘江阔，苦竹丛深日向西④。

【注释】

①暖：据崔豹《古今注》，鹧鸪"性畏霜露，早晚希出"。芜：草地。锦翼：形容其羽色斑斓。锦翼齐：指鹧鸪比翼齐飞。山鸡：野鸡的一种。《异苑》载，山鸡爱惜自己美丽的羽毛，映水则舞。②青草湖：即巴丘湖，在洞庭湖东南。黄陵庙：在湘阴县北洞庭湖畔。传说，帝舜南巡，死于苍梧，二妃娥皇、女英从行，溺于湘江。其魂魄游于洞庭、潇湘一带。后人遂立祠于水侧，为黄陵庙，又名"二妃庙"。③唱：指唱唐代流行的鹧鸪曲。翠眉低：指蹙眉。④苦竹：竹的一种。

【赏析】

鹧鸪产于南方，民间认为其鸣声极似"行不得也哥哥"，故古人常借此写逐客游子之情。晚唐诗人郑谷，"尝赋鹧鸪，警绝"（《唐才子传》），被誉为"郑鹧鸪"。这首咏鹧鸪的诗，由于十分传神地描绘出鹧鸪的品性和鸣叫的特点，在当时广为传诵。首联写鹧鸪的习性和形貌：性喜暖的鹧鸪，每逢天气晴暖，便出来嬉戏活动，像山鸡一样一展自己色彩斑斓的美丽羽毛。颔联通过环境的渲染、烘托，咏其声，突出其神韵：日暮时分，细雨迷蒙，花落片片，湖面萧瑟，野庙孤立，在这样悲凉幽凄的氛围中，传来鹧鸪声声悲愁哀怨的啼鸣。颈联表面写人，实际上还是写鹧鸪的悲啼声：涉足凄迷荒僻之地的游子征人，乍一听到鹧鸪的声声哀鸣便泪湿征袖；而闺中的佳人因怀想远行的心上人，刚刚吟唱起流行的鹧鸪曲，便禁不住流下了伤心的眼泪。尾联似写鸟，又似写人，二者融为一体：那思妇的呼唤声和游子的应答声，也许相隔着万水千山吧？宽阔的湘江面上依旧回荡着鹧鸪那哀苦的鸣叫声；夕阳西下，那些怕冷的鹧鸪正忙于在茫茫苍苍的苦竹丛中寻找暖窝，然而在江边踽踽独行的游子，何时才能返回故乡呢？"终篇宕出远神，言虽近而意无穷，透出诗人那沉重的羁旅乡思之愁。清代金圣叹以为末句'深得比兴之遗'（《圣叹选批唐才子诗》），这是很有见地的。诗人紧紧把握住人和鹧鸪在感情上的联系，咏鹧鸪而重在传神，使人和鹧鸪融为一体，构思精妙缜密，难怪世人誉之为‘警绝’了。”(徐定祥)俞陛云先生评曰:“首二句实赋鹧鸪,言平芜春暖,锦翼齐飞,颇似山鸡之文采。三、四句虚咏之,专尚神韵。鹧鸪以湘楚为多,青草湖边,黄陵庙里,在古色苍茫之地,当雨昏花落之时,适有三两鹧鸪,哀音啼遍。故五、六接以游子闻声,而青衫泪湿,佳人按拍,而翠黛愁低也。末句言春尽湘江,斜阳相唤,就题作收束而已。崔珏以鸳鸯诗得名,称“崔鸳鸯”。郑谷以鹧鸪诗得名,称“郑鹧鸪”。故二诗连缀写之。崔写其情致,郑写其神韵,各臻其妙。惟崔诗通体完密,郑都官虽名出崔上,此诗后四句,似近率易,逊于崔诗。若李群玉之赋鹧鸪,亦专咏其声,又逊于郑作也。李白《越中览古》诗:宫女如花满宫殿,只今惟有鹧鸪飞。郑谷《赠歌者》诗:座中亦有江南客,莫向春风唱鹧鸪。因其凄音动人,故怀古思乡,易生惆怅也。”林东海先生评曰:“湖湘多鹧鸪,此诗即以此为背景,不言鹧鸪,而句句切鹧鸪。即所谓不犯本位,不即不离也。《四禽言》谓鹧鸪声似‘行不得也哥哥’,句中多含此意,于二妃庙中啼,游子闻而征袖泪湿,切此;佳人才唱《鹧鸪词》而低眉,亦切此,即其《赠歌者》之所谓‘座中亦有江南客,莫向春风唱鹧鸪’。方回《瀛奎律髓》:‘郑都官因此诗,俗遂称之曰“郑鹧鸪”。’其得此雅号,良有以也。”

2.　和友人鸳鸯之什[①](其一)

崔　珏

翠鬣红毛舞夕晖,水禽情似此禽稀。
暂分烟岛犹回首,只渡寒塘亦并飞。
映雾尽迷珠殿瓦,逐梭齐上玉人机[②]。
采莲无限兰桡女,笑指中流羡尔归[③]。

【注释】

①什:《诗经》雅颂十篇为一什,故诗章有“篇”、“什”之称。②瓦:指鸳鸯瓦,即一俯一仰成对组合的瓦,是人们根据鸳鸯比翼双飞的形状制作、排列的,覆盖于珠殿之上,绚丽美观。“逐梭”句:织有鸳鸯图案的锦缎叫“鸳鸯锦”,是人们根据鸳鸯双飞并栖的情状精心织出来的,而诗人却幻想是鸳鸯双双追逐着梭子,飞上了织机。③桡:划船的桨。

【赏析】

鸳鸯习惯于双飞并栖,雌雄偶居不离,人们往往以之象征忠贞不渝的爱情。崔珏这首咏鸳鸯的诗影响很大,因而其被誉为“崔鸳鸯”。首联写鸳鸯的美丽神形:鸳鸯在流光溢彩的夕晖下浮光弄影,好似翩翩起舞;鸳鸯双栖双飞,偶居不离,这种情性,是一般水禽少有的。颔联写鸳鸯的情贞意坚:当它们飞向烟云缭绕的小岛时，难免有时一前一后，然而就是这样短的分离，鸳鸯们也是难以接受，前者要频频回首，后者则紧紧相随；当他们飞渡一个小小的寒塘时，也要比翼齐飞。颈联以想象写鸳鸯的情：鸳鸯在淡淡的晨雾中飞翔，透过五彩烟霞看见了鸳鸯瓦相依相并，不禁为之动情而迷恋不已；鸳鸯双双追逐着梭子，飞上了织机，变成了鸳鸯锦。尾联由想象回到实景：晚风初起，暮色渐浓，采莲姑娘打桨归来，阵阵笑声掠过水面，惊起一对对鸳鸯，扑剌剌比翼而飞。此情此景，唤起姑娘们多少美好的向往，多少幸福的憧憬！"'笑指'二字，十分传神，使女伴们互相戏谑、互相祝愿、娇羞可爱的神态呼之欲出，把人物的情和鸳鸯的'情'融为一体。这里不似写鸳鸯，却胜似写鸳鸯，有'不着一字，尽得风流'之妙。就全诗布局看，这尾联既与开篇紧相呼应，有如神龙掉首，又使'结句如撞钟，清音有余'。青春的欢笑声，不绝如缕，把读者带入了优美隽永的意境之中。"（徐定祥）俞陛云先生评曰："鸳鸯为同命之鸟，惟河洲之雎鸠，关关对语，差可拟之。首句谓翠红文采，绚映斜阳，言鸳鸯之色也。次句谓水禽中相爱而具贞性，似此禽者，甚为稀有，言鸳鸯之性也。三、四言鸳鸯之飞鸣宿食，不过在寒塘烟岛，地小回旋，乃仅片刻之分离，犹相呼回首；只萦洄之带水，亦接翼齐飞。写两禽情爱之深，可谓善于体物也。三、四句已言鸳鸯之情，五、六句乃变换句法，言殿上覆鸳鸯之瓦，闺中织鸳鸯之锦，故用其故事，而以映雾迷离，逐梭来往，以衬贴之，中二联遂虚实兼到。收句更翻新意，言采莲女伴，见同命文禽，依依相并，能不感幽情而生叹羡耶？全首中，六句皆咏本题，而结处别开意境，律诗中恒有之法也。"

3. 早　雁①

杜　牧

金河秋半虏弦开，云外惊飞四散哀②。
仙掌月明孤影过，长门灯暗数声来③。
须知胡骑纷纷在，岂逐春风一一回④。
莫厌潇湘少人住，水多菰米岸莓苔⑤。

【注释】

①早雁：此以早雁喻兵乱中的流亡者。武宗会昌二年（841）八月，回纥南侵，大肆掳掠。诗中的"虏弦"、"胡骑"当指回纥。因八月尚未到深秋，故以"早雁"命题。②金河：在今内蒙古自治区呼和浩特市南。虏弦开：指回纥的武装入侵。哀：哀鸣。③仙掌：汉武帝建章宫中有铜铸仙人，伸掌托铜盘承接露水，这里代指唐宫殿。长门：汉宫殿名，陈皇后失宠后幽居之地，这里也代指唐宫殿。④胡骑：指回纥骑兵。回：指雁在春暖时北归。这句以南飞的大雁不能随着春风一队队

地飞回北方，比喻南逃的北方边地人民不能返回故乡。⑤潇湘：指湖南的潇水和湘水，这里泛指南方。菰(gū)米：多年生草本植物的果实，其嫩茎叫“茭白”。莓：野生植物，苔的别名。菰米和莓苔都是雁的食物。最后两句是安慰流离到南方的难民，让他们继续在南方住下去。

【赏析】

这首诗运用比兴、象征手法，以大雁闻弦而惊飞，喻指北方人民在少数民族统治者的侵扰下，纷纷逃亡他乡的情景，表达了诗人对流离失所的北方人民的关心与同情，谴责了当政者无力抵御入侵、无法解救人民于苦难的冷漠与无能。首联想象鸿雁遭射四散的情形：仲秋塞外，广漠无边，正在云霄展翅翱翔的雁群忽然遭到胡骑的袭射，立时惊飞四散，发出凄厉的哀鸣。颔联续写惊雁飞经长安的情景：被惊散的孤雁掠过月色映照下的宫中孤耸的铜人，长门宫中的人在暗淡的灯光下，闻到雁声，更觉悲哀。颈联遥想飞雁的北归：如今胡人的骑兵射手还纷纷布满金河一带地区，明春气候转暖时节，你们又怎能随着和煦的春风一一返回自己的故乡呢？尾联是对雁的关怀和慰藉：不要厌烦潇湘一带地方偏僻、人烟稀少，那儿水里有菰米，岸上长有莓苔，食物丰富，可以安居。这首诗章法严谨，前半铺叙，后半抒情。句句讲的是早雁，实际句句讲的是边民，却始终没有说破。关怀人民，托物寄慨，前四句形象地写出他们由北而南到处流离的痛苦；后四句对他们表示出深切的同情和安慰。“此诗慰喻流客且安侨寓，时方艰难，未可谋归。前解追叙其来，后解婉止其去。”(金圣叹《贯华堂选批唐才子诗》)

周振甫先生评曰：“这是一首借咏物来感事的诗，一方面要切合咏物，一方面又不离感事，要做到不即不离。不即，不黏着于物；不离，不离开咏物。不黏着于感事，不离开感事。这首诗，在这方面写得好的。回纥在八月侵扰，所以点明‘秋半’；回纥在漠南入侵，所以点明‘金河’；用‘虏弦开’来点入侵，都切合感事。八月南飞所以称‘早雁’；‘云外’、‘孤影’、‘数声’，都切合失散的早雁。早雁可以飞过长安，飞到潇湘。这些地方是不离。当时回纥的侵扰在山西大同一带，事情发生后，唐朝调集陈、许、徐、汝、襄阳等兵屯太原等地整备抗击，流散的人民不可能到达长安，更不可能到达潇湘，这就感事说是不即。仙人承露盘在魏明帝时早已拆迁，长安早已没有仙掌；早雁不会在潇湘定居，还是遇春北飞，这些在咏物上是‘不即’。咏物感事，要在不即不离中寄托作者的情思，那么‘仙掌’、‘长门’正说明朝廷应该为那里的百姓流亡作长期的安抚。这里正表达出作者对政事的关切，作者对安边的筹划，反映出作者的远见卓识，使这首咏物诗含有深沉的内容，现在读起来，还感触到作者心情的激动。”林东海先生评曰：“此咏物之有寄托者也。即金人瑞《贯华堂选批唐才子诗》所云：‘此诗慰谕流客，且安侨寓，时方艰难，未可谋归也。前解追叙其来，后解婉止其去。’既切雁，亦切流民，即所谓不即不离、亦即亦离也。颔联写雁之过汉宫而哀号，寓意至深，而尽在象外，真名句也，亦足以见作者之‘刚直而有奇节’。牧之早雁，可与郑谷鹧鸪并传。”

4. **孤雁**

杜甫

孤雁不饮啄，飞鸣声念群。
谁怜一片影，相失万重云①？
望尽似犹见，哀多如更闻②。
野鸦无意绪，鸣噪自纷纷③。

【注释】

①谁怜：谁能怜惜自己的遭际。一片影：谓其形单影只。万重云：谓其与雁群相失之远。②似犹见：远望所追似乎犹能见其群影。哀多而悲鸣不绝，如能听见雁对其呼唤之声。更闻：愈闻、再闻。③意绪：心思、心绪。此句言野鸦对孤雁漠不关心，故纷纷鸣噪不已。仇兆鳌注：“诗到结尾，借物相形，抑彼而申此，谓之尊题格。如咏《促织》而末引丝管。咏《孤雁》而末引野鸦是也。”

【赏析】

这首诗为大历初年杜甫寓居夔州时所作，全诗通过描写一只孤独的大雁，寄托了诗人无尽的情思。首联点明所咏对象——孤雁：天边那只孤雁为什么既不饮水，也不啄食？为什么只是一个劲地飞着叫着？原来，是为了思念追寻同伴才这样不停地飞旋、呼叫。颔联极言孤雁之“孤”：那孤独的大雁于迷漫的云海中和它的同伴失散后，在高远浩茫的天空中显得那么渺小、无助，看上去只是一片小小的影子，而此时的它又因不知道该去哪里寻找它的伴侣而焦灼不安，但这一切又有谁来怜悯呢？颈联极写孤雁思念同伴之哀情：它向着远方张望，望眼欲穿，仿佛真的看见了失散的雁群；它不停地呼叫，声嘶力竭，似乎真的听见了雁群的共鸣声。尾联借鸦形雁，表达了诗人对庸俗小人的厌恶：孤雁念群之情那么迫切，它那么痛苦、劳累，而野鸦们是全然不懂的，它们纷纷然鸣噪不停，自得其乐。借鸦形雁，影射出自己当时的处境：自己日夜思念的亲朋终不得见，反而每天要面对那些无聊至极的俗客庸夫。“野鸦”衬“雁”，“纷纷”衬“孤”，题字无一意落空。形象地表现了诗人烦恼、厌恶的心绪。徐永端先生评曰：“这是一篇念群之雁的赞歌，它表现的情感是浓挚的，悲中有壮的。它那样孤单、困苦，同时却还要不断地呼号、追求，它那念友之情在胸中炽烈地燃烧，它甚至连吃喝都可抛弃，更不顾处境的安危；它虽命薄，却心高，宁愿飞翔在万重云里，未曾留意暮雨寒塘，诗情急切高昂，思想境界很高。”

5. **孤 雁**

崔 涂

几行归塞尽，念尔独何之①？
暮雨相呼失，寒塘欲下迟②。
渚云低暗度，关月冷相随③。
未必逢矰缴，孤飞自可疑④。

【注释】

①塞：边塞。尔：指孤雁。何之：何往，到什么地方去。此两句言排列成行的雁已飞归塞外，想起你这失群的孤雁将欲何往呢？②失：失群。欲下迟：想落下而迟疑。雁本栖息水边。此两句言孤雁见到暮雨寒塘凄凉孤独的景象想飞下栖息而又迟疑不敢。③渚：水中小洲。此两句写孤雁掠过小洲上空低沉的浮云，伴随着关塞冷月飞翔。④逢：碰上。矰(zēng)：短箭。缴(zhuó)：系箭的丝绳。矰、缴均为射鸟的工具。逢矰缴：遇到射鸟的人。疑：疑惧、疑虑。此两句写孤雁常处于恐怖状态中的心理。

【赏析】

这首诗的诗眼就是一个“孤”字。作者借孤雁寄托了自己漂泊异乡、孤凄忧虑的情怀。首联写孤雁“离群”的背景：极目望去，只见几行大雁往塞北飞去，很快就消失在远空中；此时，有一只离群的孤雁在空中艰难地飞着，大雁啊，孤零零的你将要飞到何方？颔联写失群的原因和失群后的仓皇：暮雨苍茫，失群的孤雁在空中凄厉地呼寻伙伴，前方有一个芦叶萧萧的池塘，疲惫无力的孤雁正想下来栖息，却又影单心怯，几度盘旋，欲下不能。颈联写孤雁行程的艰辛和心境的凄凉：洲渚上空云暗天低，失群孤雁只身飞行，伴随它的只有边关一弯时隐时现的冷月。尾联写诗人的良好愿望和矛盾心情：这一程飞去，也许未必会遇上猎人的飞箭，但是独飞的孤雁自己心中总难免疑虑惊悸丛生。尾联“从语气上看，像是安慰之词——安慰孤雁，也安慰自己；然而实际上却是更加担心了。因为前面所写的怕下寒塘、惊呼失侣，都是惊魂未定的表现，直到此处才点明惊魂未定的原因。一句话，是写孤雁心有余悸，怕逢矰缴。诗直到最后一句，‘孤飞自可疑’才正面拈出‘孤’字，‘诗眼’至此显豁通明。诗人漂泊异乡，世路峻险，此诗以孤雁自喻，表现了他孤凄忧虑的羁旅之情。”(徐培均)俞陛云先生评曰：“通篇皆实赋孤雁。首二句言雁行归尽，念此天空独雁，怅怅何之？以首句衬出次句，乃借宾定主之法。三、四言暮雨苍茫，相呼失侣，将欲寒塘投宿，而孤踪自怯，几度迟徊。二句皆替雁着想，如庄周之以身化蝶，故入情入理。犹咏鸳鸯之‘暂分烟岛犹回首，只渡寒塘亦并飞’替鸳鸯着想，皆妙入毫颠也。五、六言相随者惟渚云关月，见只影之无依。末句谓未必遽逢弋者，而独往易生疑惧。客子畏人，咏雁亦以自喻。此诗乃赋而兼比者也。三、四句即以表面而论，三句言其失群之由，四句言失群仓皇之态，亦复佳绝。”

6. 归　雁[1]

钱　起

潇湘何事等闲回？水碧沙明两岸苔[2]。
二十五弦弹夜月，不胜清怨却飞来[3]。

【注释】

①归雁：指从南方归来的春雁。此借旅雁毅然离开环境优美、水草丰富的潇湘，表达了宦游他乡的羁旅之思。②潇湘：潇水和湘水的合称，二水在湖南零陵县合流，向北入洞庭湖。古人认为洞庭湖是雁在南方的栖息宿地。传说北雁飞至衡山而止，故山有回雁峰。等闲：轻易，随便。水碧：水深而清，故曰“碧”。苔：苔藓类植物，生长在水边，雁所喜食。③“二十”句：用湘水女神鼓瑟的传说。《楚辞·远游》：“使湘灵鼓瑟兮，令海若舞冯夷。”二十五弦：指瑟。《史记·封禅书》：“泰帝使素女鼓五十弦，悲，帝禁不止，故破其瑟为二十五弦。”不胜：禁受不住。却：回转，指向北。

【赏析】

这首诗以雁拟人，通过设问和拟答的形式，借充满客愁的旅雁，委婉地传达出宦游他乡的羁旅之思。首二句以倒装句式，突出设问：湘江两岸风光秀丽，水草丰茂，你这大雁为什么轻易离开而北归呢？结尾两句代雁作答：湘江女神在夜月之下鼓瑟，大雁受不了那凄清哀怨的瑟声，才飞回北方的。作者“从归雁想到了它们归来前的栖息地——湘江，又从湘江想到了湘江女神善于鼓瑟的神话，再根据瑟曲《归雁操》进而把鼓瑟同大雁的归来相联系，这样就形成了诗中的奇思妙想”(范之麟)。俞陛云先生评曰：“作闻雁诗者，每言旅思乡愁。此诗独擅空灵之笔，殊耐循讽，首句故作闻雁之词，起笔已不着滞相。次句言水碧沙明，设想雁之来处。后二句言值秋宵凉月、冰弦弹彻之时，正清怨盈怀，适有一行归雁，流响云天。雁声与弦声，并作清愁一片。着眼处，在第四句之‘却’字，人与雁合写，无意若有意，可谓妙语矣。”

7. 解连环·孤雁

张　炎

楚江空晚[1]。怅离群万里，恍然惊散[2]。自顾影、欲下寒塘[3]，正沙净草枯，水平天远。写不成书[4]，只寄得、相思一点。料因循误了[5]，残毡拥雪[6]，故人心眼[7]。　谁怜旅愁荏苒[8]。谩长门夜悄[9]，锦筝弹怨[10]。想伴侣[11]、犹宿芦花，也曾念春前，去程应转。暮雨相呼[12]，怕蓦地[13]、玉关重见[14]。未羞他、双燕归来，画帘半卷[15]。

【注释】

①楚江：泛指南方的江河。②怅然：惆怅失意的样子。③欲下寒塘：崔涂《孤雁》："暮雨相呼失，寒塘欲下迟。"寒塘：秋后池水变凉，故称"寒塘"。④写不成书：群雁高飞，排列整齐如字形，故称"雁字"。孤雁独飞，排不成字，自然也写不成书信，故下句云"只寄得相思一点"。⑤因循：耽误，拖延。⑥残毡拥雪：《汉书·苏武传》载：苏武拘于匈奴，不屈。置武大窖中，绝不饮食。天下雪，苏武卧啮(niè)雪与毡毛并咽之，数日不死。又谓苏武后来借雁足以传书，才得生还。这里借苏武事暗指文天祥等人精忠报国。⑦料因循误了……故人心眼：说误了故人心眼，有愧对守节不屈的故人的意思。⑧荏苒：辗转，指时光不断流逝。⑨长门：汉宫名，汉武帝陈皇后被废后幽禁于此。杜牧《早雁》诗："仙掌月明孤影过，长门灯暗数声来。"⑩锦筝：筝的美称。筝声凄清哀怨。⑪伴侣：指孤雁离群之前的雁群。⑫暮雨相呼：见本首注③。⑬怕：如其，倘若。蓦地：忽然。⑭玉关：玉门关，这里泛指塞外边关。⑮画帘：帘的美称。

【赏析】

张炎因这首咏物词被誉为"张孤雁"。词人借孤雁的失群比自身的漂泊，以寄托国破家亡的沉痛与悲哀。上片写孤雁的羁旅之苦。起三句写孤雁惊飞之处：傍晚，南方水乡上空，一只孤雁远离雁群，惆怅失意地飞行着。"自顾影"三句写孤雁降落之地：孤雁看到水中自己的影子，想飞下寒塘，正是沙净草枯的暮秋，寒塘上水天相接，依然一片寂寥。"写不成书"二句言离群的苦衷：一只孤雁，排不成字，只能带回点相思之意。"料因循"三句写孤雁误事：孤雁因循，误了寄书，因而也误了残毡拥雪的苏武托雁寄书盼望南归的心事。

下片写孤雁的哀怨之情。换头三句写孤雁难归故地之怨：时光流逝，有谁怜念这因久羁北地而与日俱增的孤独的旅愁呢？甚至连深夜里传来的长门夜哭和幽怨的筝声也微不足道。"想伴侣"三句写伙伴之盼己：想那雁队转程，仍还宿在芦苇丛中，伙伴们怀想孤雁到来年春天又要返程飞回北方。"暮雨"两句写孤雁之盼伙伴：玉关春雨，北地黄昏，倘若忽然重逢，一声惊呼之中，将怎样和旅伴们相见呢？"未羞"二句继写孤雁的内心活动：若能相见，虽荒野寒沙，也无愧于寄身画栋珠帘、不识愁苦的双双紫燕了。这末二句，有人认为"明显地是指投降元蒙统治者而得到高官厚禄的南宋状元宰相留梦炎之流，在这些飞黄腾达的败类面前，词人虽困苦而‘未羞’，这表现了他的坚贞，也表现了他对坚持民族气节者的肯定，对屈膝投敌的败类的鄙视，同时也表现了词人对故国的感情，对现实的态度。”（马兴荣）

“全词在咏物，又在写人；咏孤独之雁，亦在写漂泊之人；咏孤独之雁的故乡之思，亦在写漂泊之人的故国之思。”（郭伯勋）。唐圭璋先生评曰：“此首咏孤雁。‘楚江’两句，写雁飞之处。‘自顾影’三句，写雁落之处。‘离群’、‘顾影’皆切孤雁。‘写不’两句，言寄相思，写出孤雁之神态。‘料因循’两句，用苏武雁足系书事，写出人望雁之切。换头，言雁声之悲。‘想伴侣’三句，悬想伴侣之望己。‘暮雨’两句，言己之望伴侣，末以双燕衬出孤雁之心迹。”

8. 双双燕

史达祖

过春社了①，度帘幕中间②，去年尘冷③。差池欲住④，试入旧巢相并。还相雕梁藻井⑤，又软语商量不定⑥。飘然快拂花梢，翠尾分开红影⑦。　芳径⑧，芹泥雨润⑨。爱贴地争飞，竞夸轻俊⑩。红楼归晚⑪，看足柳昏花暝⑫。应自栖香正稳⑬，便忘了、天涯芳信⑭。愁损翠黛双蛾⑮，日日画栏独凭⑯。

【注释】

①春社：立春后第五个戊日，农村在此日祭祀社神，祈求丰收，谓之“春社”。相传燕子于春社时来，秋社时去。②度：揣度，猜度，一说飞度、穿过。③尘冷：指旧巢冷落，布满尘土。④差（cī）池：指燕子飞行时尾羽张舒不齐的样子。《诗经·邶风·燕燕》：“燕燕于飞，差池其羽。”⑤还（xuán）：一会儿。相（xiàng）：细看，端详。藻井：绘有荷花、菱藻等彩色图案的天花板。井：屋梁上的承尘，俗称“天花板”。⑥软语：指燕子的呢喃声。⑦红影：花影。⑧芳径：花草芬芳的小径。⑨芹泥：带有芹草的泥。燕子喜衔芹泥筑巢，杜甫《徐步》诗“芹泥随燕嘴”可证。⑩轻俊：轻盈，俊俏。⑪红楼：富贵人家的居所，这里指燕子巢居之处。⑫柳昏花暝：春天黄昏时柳色阴翳、花影迷蒙的景色。⑬应自：料想，应当。栖香正稳：指燕子在巢中睡得既香甜，又安稳。⑭便：岂，难道。芳信：对他人书信的敬称，此指天涯游子所写的信。⑮损：坏，煞。翠黛双蛾：女子翠绿色的双眉。古代女子喜用翠黛（青绿）色画眉。双蛾：即双眉，这里代指女子。⑯画栏：饰有彩绘的栏杆。

【赏析】

此篇为史达祖的自度曲，词牌、词题和内容一致，是宋人咏物词的名篇之一。这首词构思巧妙，作者选择一个独特的视角，即从闺中人的眼中看燕，明写燕子，实际上是通过双燕最终表现闺中女子的孤独。上片正写双燕春归、重返旧巢的欢愉情状。起三句写双燕重返旧巢的光景：春社过了，归来的双燕重回旧日栖息之地，不免猜想帘幕中的旧巢可能已积满灰尘，冷落不堪。“差池”四句写双燕欲住而又犹豫的情景：双燕张翼舒尾齐飞，想要停下来，试着飞进旧巢去相偎相依。一会儿又仔细端详着雕花的房梁和绘有水草花纹的天花板，在一起轻声呢喃，似乎对去留问题商量不定。“飘然”两句写双燕出巢，游赏春色的情致：燕子双双敏捷地掠过花梢，墨翠的尾羽划开密密匝匝的花影。下片以双燕自由飞翔、尽赏春光反衬红楼少妇独自凭栏的相思愁情。换头四句写双燕的修巢活动：花草芬芳的小路上，雨水滋润了筑巢的芹泥，正好筑巢。燕子欢快地双双从天空中直冲下来，贴近地面飞着，你追我赶，好像比赛着谁飞得更轻盈漂亮。“红楼”两句写双燕日暮归来：在柳林花丛中，双燕尽情地享受美好春色，傍晚归来，双栖双息于红楼。“应自”两句由燕及人，写人怪燕：料想红楼同栖的双燕睡得正香，可是，在双燕回归前，一位天涯游子曾托它俩给家人捎一封书信回来，它们全给忘记了。“愁损”两句推出红楼思妇倚楼眺望的画面：红楼思妇在闺中翘首盼望，期待燕子给她带来芳信，最终燕子却让她失望了，致使思妇愁坏了双眉，天天自倚在画栏上等待。“原来词人描写这双双燕，是有意识地放在红楼清冷、思妇伤春的环境中来写的，他是用双双燕子形影不离的美满生活，暗暗与思妇‘画栏独凭’的寂寞生活相对照；他又极写双双燕子尽情游赏大自然的美好风光，暗暗与思妇‘愁损翠黛双蛾’的命运相对照。显然，作者对燕子那种自由、愉快、美满的生活的描写，是隐含着某种人生的感慨与寄托的。这种写法，一反以人为主体的常规，而以写燕为主，写人为宾；写红楼思妇的愁苦，只是为了反衬双燕的美满生活。当然，读者自会从燕的幸福想到人的悲剧，不过作者有意留给读者自己去体会罢了。这种写法，因多一层曲折而饶有韵味，因而能更含蓄更深沉地反映人生，煞是别出心裁。”（高原）唐圭璋先生评曰：“此首咏燕，神态逼真，灵妙非常。‘过春社了’三句，记燕来之时。‘差池’两句，言燕飞入巢。‘还相’两句，摹写燕语。‘欲’字、‘试’字、‘还’字、‘又’字，皆写足双燕之神。‘飘然’两句，写燕飞去，俨然画境。换头承上，写燕飞之路。‘爱贴地’两句，写燕飞之势。‘红楼’两句换笔写燕归。‘看足柳昏花暝’一句，说尽双燕游乐之情。‘应自’两句，换意写燕双栖，意义完毕。末结两句，推开，特点人事，盖用燕归人未归之意。‘独凭’与双栖影射，最为俊巧。”

9.　房兵曹胡马[①]

杜　甫

胡马大宛名，锋棱瘦骨成[②]。
竹批双耳峻，风入四蹄轻[③]。

所向无空阔[4]，真堪托死生。

骁腾有如此，万里可横行[5]。

【注释】

①兵曹：官名，唐朝各州设兵曹参军。房兵曹其人不详。胡马：胡地出产的马。胡：对北方少数民族的称呼。②大宛(yuān)名：意即著名的大宛马。大宛：汉代西域的国名，以盛产汗血宝马著名。“锋棱”句：“瘦骨成锋棱”的倒文，是说马骨架突出，像锋棱一般。锋棱：尖锐的棱角。③“竹批”句：是说马的双耳像斜削的竹筒一样高峻。批：这里指削开。峻：高峻。古代相马之法，忌头大耳缓，而以两耳瘦削尖挺为千里马的特征之一。《齐民要术》：“(马)耳欲小而锐如削筒。”“风入”句：是说马奔驰时四蹄生风，非常轻快。④“所向”句：是说胡马神骏，能飞越任何空阔之地。无空阔：无所谓路长路远，一切都不在话下。⑤骁腾：指马的矫健善跑。横行：指人可以骑马横行天下，为国立功。

【赏析】

这首诗约作于开元二十九年(741)，时年诗人三十岁，正是漫游齐赵、裘马轻狂的时期。诗中极写马的雄姿和品德，抒发了诗人渴望建功立业的伟大抱负。前半实写马的外形动态。首联点题，正面落笔：啊，好一匹赫赫有名的大宛马，健骨隆起，像刀锋的棱角引人注目。颔联写马的风骨：看吧，它两耳尖竖如同斜削的小竹筒，它轻捷奔驰，四蹄生风！后半虚写，写马的品格。颈联写马的神峻气格：这神马啊，奋勇前行，不拘奔向哪里，不问什么阔野大漠和深山峡谷，它都可以伴随你出生入死，临危脱险；它与主人一条心，生死不离，是一位可信托的良友。尾联归结房兵曹，点出题旨：你有了这样一匹骁勇飞腾、健壮迅猛的好马，真可以横行万里如入无人之境，定然可以立功边陲，前途无量。“既鼓励房兵曹，又寓如有良将、贤臣支持倚重，自己将驰骋国事，生死不顾。充满了为国效劳、建功立业的理想。”(胡兵)黄宝华先生评曰：“南朝宋人宗炳的《画山水序》认为通过写形传神而达于‘畅神’的道理。如果一个艺术形象不能‘畅神’，即传达作者的情志，那么再酷肖也是无生命的。杜甫此诗将状物与抒情结合得自然无间。在写马中也写人，写人也离不开写马，这一方面赋予马以活的灵魂，用人的精神进一步将马写活；另一方面写人有马的品格，人的情志也有了形象的表现。前人讲‘咏物诗最难工，太切题则粘皮带骨，不切题则捕风捉影，须在不即不离之间’(钱泳《履园谈诗》)，这个要求杜甫是做到了。”林东海先生评曰：“其所赋咏刻画者，房兵曹之胡马也。耳尖骨瘦，体健蹄轻，气行如虹，神行如龙，真乃良骥也。种相奇，才德美，亦骥亦人，是杜公借以自喻也。时公年壮气盛，骁腾世间，所叹者未遇伯乐，无以自售。‘所向无空阔，真堪托死生’，即其志向之写照也，亦有意自售于世也。”

10. 马诗二十三首(其四)

李 贺

此马非凡马，房星本是星①。
向前敲瘦骨，犹自带铜声②。

【注释】

①房星：二十八宿之一。苍龙七宿第四宿，有四颗星。《晋书·天文志》：“房四星，亦曰天驷，为天马，主车驾。房星明，则王者明。”孙柔之《瑞应图》：“马为房星之精。”此二句是说此马本是天驷，不是尘世间的凡马。②瘦骨：骏马骨骼坚劲而不肥。古代相马以瘦劲为骏马。铜声：金属悦耳之声。

【赏析】

李贺《马诗》一组共二十三首，以马为题材，或咏名马品质非凡，或赞骏马矫健，或叹宝驹失主，表现了英才志士的雄心壮志和不遇的慨叹。这首诗赞美骏马的素质非凡。首二句写此马不是凡马：这匹马本不是尘世间的凡物，它原来是天上房星。马的处境如何与王者的明暗、国家的治乱息息相关。末二句写马骨相之奇：尽管它境遇恶劣，被折腾得不成样子，但向前敲打它的嶙嶙瘦骨，还好像带有敲铜器的声音。“诗人怀才不遇，景况凄凉，恰似这匹瘦马。他写马，不过是婉曲地表达出郁积心中的怨愤之情。”(朱世英)

11. 马诗二十三首(其五)

李 贺

大漠沙如雪，燕山月似钩①。
何当金络脑，快走踏清秋②。

【注释】

①大漠：指蒙古高原的大沙漠。燕山：燕然山，即杭爱山，在今蒙古国境内。②何当：何时得到。金络脑：装饰精美的马络头。此句意为企盼把良马当作良马对待，以效大用，金络脑象征马受重用。踏清秋：驰骋在清爽的秋季。

【赏析】

这首诗“言良马思为人用”。(刘永济)首二句勾勒出富于特色的边疆战场景色：连绵的燕然山山岭上，一弯明月当空；平沙万里，在月光下像铺上一层白皑皑的霜雪。末二句借马抒情：什么时候才能披上威武的鞍具，在秋高气爽的疆场上驰骋，建树功勋呢？末二句诗人借写良马渴望驰骋于清秋的辽阔原野，抒发自己急于建功立业、报效国家的热望，表达了诗人怀才不遇的悲愤心情。周啸天先生评曰："此诗与《南园》(男儿何不带吴钩)都是写同一种投笔从戎、削平藩镇、为国建功的热切愿望。但《南园》是直抒胸臆，此诗则属寓言或比体。直抒胸臆，较为痛快淋漓；而用比体，则觉婉曲耐味。而诗的一、二句中，以雪喻沙，以钩喻月，也是比；从一个富有特征性的景色写起以引出抒情，又是兴。短短二十字中，比中见兴，兴中有比，大大丰富了诗的表现力。从句法上看，后二句一气呵成，以'何当'领起作设问，强烈传出无限企盼意，且有唱叹味；而'踏清秋'三字声调铿锵，词语搭配新奇，盖'清秋'草黄马肥，正好驰驱，冠以'快走'二字，形象暗示出骏马轻捷矫健的风姿，恰是'所向无空阔，真堪托死生。骁腾有如此，万里可横行'(杜甫《房兵曹胡马》)。所以字句的锻炼，也是此诗艺术表现上不可忽略的成功因素。"

12. **官仓鼠**

曹　邺

官仓老鼠大如斗[①]，见人开仓亦不走。
健儿无粮百姓饥，谁遣朝朝入君口[②]。

【注释】

①官仓：官府粮仓。②健儿：兵士。谁遣：谁派遣，谁指使。尔：老鼠。指不劳而获者。

【赏析】

这首诗运用夸张和对比，以官仓鼠的形象作譬，讽刺了贪官污吏，表现了对他们的极端憎恨。首二句夸张地勾画了官仓鼠的形态和特性：与凡鼠之小不同，官仓鼠肥硕如斗；与凡鼠胆小不同，官仓鼠见人开仓，不慌不走，毫无惧色。第三句由"鼠"写到"人"：那些守卫边疆的士卒和辛勤劳作的百姓，却无粮入口，饥肠辘辘。第四句质问"谁"是后台：是谁把官仓里的粮食日复一日地送到老鼠嘴里的？一个"谁"字，把矛头直指最高统治者，他才是贪官污吏们的罪魁祸首，是总后台。"此刺贪也。鼠邪，贪官邪？二而一也。"(刘永济)冯伟民先生评曰："这首诗，从字面上看似乎只是揭露官仓管理不善，细细体味，却句句是对贪官污吏的诛伐。诗人采用的是民间口语，然而譬喻妥帖，词浅意深。他用'斗'这一粮仓盛器来比喻官仓鼠的肥大，既形象突出，又点出了鼠的贪心。最后一句，又把'鼠'称为'君'，俨然以人视之而且尊之，讽刺性极强，深刻地揭露了这个是非颠倒的黑暗社会。"

13.　　蝉

虞世南

垂緌饮清露，流响出疏桐①。
居高声自远，非是藉秋风②。

【注释】

①垂緌(ruí)：垂着触须。緌即冠缨。古代士人颔下垂着冠缨好似蝉的触须，故称。饮清露：古人认为蝉生性高洁，栖高饮露。流响：指蝉鸣不已。疏桐：梧桐树高、干直、枝少、叶稀，故称。②“居高”二句：是说蝉的鸣声所以能远播四方，是因为它栖止高处，而不是凭借秋风来帮它传送的。藉：凭借，依靠。

【赏析】

唐代借蝉托物寄兴的诗不少，因诗人的生平遭遇不同，所抒发的情怀也不一样，写得各有特色。虞世南的这首诗是唐人咏蝉诗中时间最早的一首，作者借咏蝉说明了一个人只要有高尚的品格，名声自能远闻的道理。当然这也表现了诗人对自己的品格和才华的自许。前二句写蝉的习性：蝉在垂下的枝条上饮清凉的露水；蝉鸣声不停地从疏桐中间传来。末二句借蝉抒怀：一个人的声誉和影响取决于他个人的品格高下，不能依靠他人的揄扬，正如蝉鸣于高树，其声自远。诗的风格清华隽朗，立意巧妙。全诗用比兴，既赞美了蝉的高情逸韵，又暗寓了自己的华贵身份，寄托了对高洁品质的赞扬。正如沈德潜所说：“命意自高。咏蝉者每咏其声，此独尊其品格。”(《唐诗别裁》)刘永济先生评曰：“首二句写蝉，‘清露’言洁，‘疏桐’言高，‘流响’声远闻也。三、四句借蝉抒怀，言果能立身高洁者，不待凭借，自能名声远闻也。”

14.　　在狱咏蝉

骆宾王

西陆蝉声唱，南冠客思深①。
那堪玄鬓影，来对白头吟②。
露重飞难进，风多响易沉③。
无人信高洁，谁为表予心④？

【注释】

①西陆：指秋天。古代天文学认为太阳循着黄道东行，一日一夜行一度，三百六十五日余行一周天。行于东陆谓之“春”，行于南陆谓之“夏”，行于西陆谓之

"秋",行于北陆谓之"冬"。②南冠:即楚冠,春秋时楚人所戴冠名,代指囚犯。《左传》成公九年载,晋侯观于军府,见钟仪,问之曰:"南冠而絷者谁也?"有司对曰:"郑人所献楚囚也。"后世遂以南冠为囚犯代称。客思:游子思乡之情。深:一作"侵"(侵袭)。③那堪:哪里经受得住。玄鬓:本意是黑色鬓发,这里指蝉的薄翼。白头吟:是说蝉对着自己的满头白发哀鸣。《白头吟》又是古乐府名,其曲哀怨凄恻,此处语意双关。④"露重"二句:露水很重,沾湿蝉翼,使蝉难以高飞;风很大,使蝉鸣声很容易被吹散。比喻仕途险恶,自己的抱负无法施展,自己的申诉也无法传到君王那里。沉:沉寂。⑤高洁:古人认为蝉栖息高树,餐风饮露,清高纯洁。这里也暗喻诗人自己高洁的品性。谁为:即"为谁"的倒文。予:我。

【赏析】

唐高宗仪凤三年(678),骆宾王在侍御史任上多次上书论事,因而触怒武则天,以贪赃罪名下狱。在狱中,诗人闻蝉有感,写下这首触物生情、借物寓志的五律,以寄托自己遭谗被诬,有冤难申的悲愤心情。诗的前半幅,是一句写蝉,一句写自己。首联闻蝉起兴:秋天到了,树上的蝉声高唱,令人惊心动魄,加深了我这狱中囚犯的思乡之情。颔联因蝉寄慨:自己已是白发老人,怎能忍受乌鬓的秋蝉唱着那哀怨凄恻的白头吟呢?颈联明写寒蝉的境遇艰难,暗寓诗人的遭遇坎坷:由于露水浓重打湿了蝉的翅膀,难以高飞;秋风的声音很大,蝉的鸣声易被吹散而沉寂。尾联直抒胸臆,归结题意:在这坏人当道的时代,无人信仰高洁的情操,谁能为我洗刷冤狱,还我清白呢?"这首诗作于患难之中,感情充沛,取譬明切,用典自然,语多双关,于咏物中寄情寓兴,由物到人,由人及物,达到了物我一体的境界,是咏物诗中的名作。"(沈熙乾)俞陛云先生评曰:"起句言狱中闻蝉,题之本位也。三、四句由蝉说到己身,层次井然。而玄鬓白头,于句法流转中,兼工琢句。五句言蝉露重而沾翅难飞,犹己之以谗深而含冤莫白。六句言蝉因风多而响易沉,犹已之以毁积而辞不达。末二句慨然说明借蝉喻己之意。此诗取譬最为明切。大凡咏物诗,或见物兴感,或借物自况,或借物寓意,方有题外之味,不拘拘迹相,《诗经》兴赋比三体之比体也。"林东海先生评曰:"(本诗)辩白其冤,抒写其情。处处咏蝉,处处自写,借蝉自况,沉郁深婉,感人至深,令人叹惋。结联为蝉设言,为己呼告,亦物亦人,妙合无垠,虽直白坦露,然以其情真意切,故仍不失其韵味也。"

15. **蝉**

李商隐

本以高难饱,徒劳恨费声①。

五更疏欲断,一树碧无情②。

薄宦梗犹泛，故园芜已平③。

烦君最相警，我亦举家亲④。

【注释】

①“本以”二句：言以清高自处，本来难免于饥饿，如因此而抱枝哀鸣，只是“徒劳”而已。高：清高。②“五更”句：言蝉鸣到五更，已经力竭声疏，难以为继了。此句承上文的“声”字。“一树”句：言蝉栖身树上，哀鸣不已，而所栖之树却无动无衷，依然自“碧”。此作者以蝉自比，而以“树”比他所期望的加以援手的人。这里承上文的“恨”字。③“薄宦”句：《战国策·齐策》：“桃梗谓土偶人曰：‘子，西岸之土也铤(捏)子以为人，至岁八月，降雨下，淄水至，则汝残矣。’土偶曰：‘不然。吾，西岸之土地；吾残，则复西岸也。今子，东园之桃梗也，刻削子以为人，降雨下，淄水至，流子而去，则子漂漂者将何如耳。’”薄宦：小官。梗：树枝，此指桃枝。诗人在这里是以“梗泛”形容自己漂泊不定的宦游生活。故园：故乡。芜：荒芜。④烦君：麻烦你。君：指蝉。警：警告，敲起警钟。举家：全家。清：清贫，清廉。

【赏析】

这首托物寓怀的咏蝉诗抒写“高”与“饱”的矛盾，表现自己志行高洁，寄寓自己穷困潦倒的处境与悲愤无告的心情。前半写蝉栖高饮露，悲鸣欲绝，实际是以蝉自比。首联借蝉写自己的身世：蝉在高树吸风饮露，故难饱，费声鸣叫却无人理解，纯属徒劳；诗人由于为人清高，所以生活清贫，虽然向有力者陈情，希望得到他们的帮助，最终却是徒劳的。颔联写蝉长夜孤鸣而无人欣赏：蝉的鸣声到五更天亮时，已经稀疏得快要断绝了，可是一树的叶子还是那样碧绿，并不为它的“疏欲断”而悲伤憔悴，显得那样冷酷无情。后半由咏物转到抒情。颈联写自己，发感慨：自己只是个小幕僚，经常在各地流转，好像大水中的木偶到处漂流；故乡田园里的杂草和野地里的杂草已经连成一片了，思归之情更切。尾联蝉我合写：多谢你有意警戒我何不早归故园，可我和你一样，举家清贫困苦欲归不能。全诗托物自喻，灵活多变，采用隐显分合的艺术手法，抓住蝉的特征加以突出描写，妙在空际传神，达到物我一体的艺术境界。俞陛云先生评曰：“此与骆宾王咏蝉，各有寓意。骆感钟仪之幽禁，李伤原宪之清贫，皆极工妙。起联即与蝉合写，谓调高和寡，巨朔应饥，开口向人，徒劳词费，我与蝉同一慨也。三、四言长夜孤吟，而举世无人相赏，若蝉之五更声断，而无情碧树，仍若漠漠无知。悲辛之意，托以俊逸之词，耐人吟讽。五、六专说己事，言宦游无定，而故里已荒。末句仍与蝉合写，言烦君警告，我本举室耐贫，自安义命，不让君之独鸣高洁也。学作诗者，读宾王咏蝉，当惊为绝调，及见玉溪诗，则异曲同工。可见同此一题，尚有余义。若以他题咏物，深思善体，不患无着手处也。”清施补华《岘佣说诗》云：“三百篇比兴为多，唐人犹得此意。同一咏蝉，虞世南‘居高声自远，端不藉秋风’，是清华人语；骆宾王‘露重飞难进，风多响易沉’，是患难人语；李商隐‘本以高难饱，徒劳恨费声’，是牢骚人语。比兴不同于此。”由于作者地位、遭际、气质的不同，虽同样工于比兴寄托，却呈现出殊异的面貌，构成富有个性特征的艺术形象，成为唐代文坛“咏蝉”诗的三绝。林东海先生评曰：“虞世南、骆宾王之咏蝉，纯然托蝉以自喻，不即不离，是咏物本色。义山之咏蝉，稍有差别。此诗前四句咏蝉，亦有所寄托，后四句自写以比蝉。纪昀《玉谿生诗说》谓‘前半写蝉，即自寓；后半自写，仍归到蝉。隐显分合，章法可玩。’盖后半宕开一笔，物我之间重心稍加改变，别有情趣。写物、自写，皆以清高为旨，高即清，清自高。‘高难保’、‘举家清’，其义一也。”

16. 齐天乐·蝉

王沂孙

一襟余恨宫魂断①，年年翠阴庭树。乍咽凉柯，还移暗叶②，重把离愁深诉。西窗过雨。怪瑶珮流空③，玉筝调柱④。镜暗妆残⑤，为谁娇鬓尚如许⑥。　铜仙铅泪似洗，叹携盘去远，难贮零露⑦。病翼惊秋⑧，枯形阅世⑨，消得斜阳几度？余音更苦。甚独抱清高⑩，顿成凄楚？谩想熏风⑪，柳丝千万缕。

【注释】

①一襟：一腔，满怀。宫魂：据马缟《中华古今注》：“昔齐后忿而死，尸变为蝉，登庭树嘒唳而鸣，王悔恨。故世名蝉为齐女焉。”蝉为宫中后妃魂魄所化，故称“宫魂”。②凉柯：秋天的树枝。暗叶：指叶底。③瑶珮流空：形容蝉声如仙人服饰玉珮之声，在空中飘荡回响。④玉筝调柱：形容蝉声如弹筝之声。调柱：弄调乐器的弦柱。⑤镜暗妆残：指女子容颜衰老，借喻寒蝉之枯槁形貌。⑥娇鬓：指女子鬓发薄于蝉翼。崔豹《古今注》载，魏文帝宫女莫琼树曾制“蝉鬓”，缥缈如蝉翼。如许：如此，这样。⑦铜仙铅泪：铜仙，指手捧露盘的金铜仙人，汉武帝建神明台，上立铜仙人，金掌承盘以储露水，和玉屑服之，而求长寿。李贺《金铜仙人辞汉歌》序谓，魏明帝派人拆迁金铜仙人至洛阳，临行时金铜仙人潸然泪下。这三句说，蝉以饮露为主，承露盘已被拆走，则蝉也无以为生了。⑧病翼：无力的翅膀。⑨枯形：枯槁的形骸。⑩甚：为什么。⑪谩：徒然，空空也。熏风：南风，指夏天。这两句说徒然追忆柳丝万缕的盛夏时节，感叹美好的时光已经去而不返。

【赏析】

元兵在占领临安的第三年(1278)，为取财宝，掘了南宋会稽皇陵，并倒挂理宗赵昀之尸体以沥取水银。三日三夜，头骨失落，南宋遗民深感耻辱。唐珏、王沂孙、周密、张炎、仇远等十四人，结社填词，分题写作，暗吟其事，以寄故国之思与遗民之恨。这首词借咏蝉为名，把对南宋朝廷的哀悼与个人身世的伤感合成一片，写得哀恻凄怨。词中借古代齐后冤魂化蝉之事，暗指南宋君后陵墓之被掘，且数用宫廷遗事，曲折隐晦地寄托了作者的黍离之悲和家国之恨。上片从蝉的物性写到人性，下片从蝉的现实写到空想。上片起二句总写全篇怨恨之题意：齐女化蝉之后，满腔余恨未了，为了抒发余恨，年年只能在翠阴庭树上哀鸣。“乍咽”三句写蝉的迁徙之苦：时而咽鸣于寒枝高处，时而又转移到繁叶暗深的地方哀鸣。一声声重诉离愁别恨。“西窗”三句写雨后惊闻：雨后蝉鸣好似当年后宫玉珮相击之声在空中流荡，又好似当年后宫玉筝的弹奏，动听悠扬。结二句写蝉的形状：既然长期无心修饰容颜，致使妆镜蒙尘，失去了照人的光泽；今天何以如此着意打扮？是不甘寂寞而娇鬓弄姿，还是心中有所期待？

下片换头三句写蝉的生活难继：金铜仙人泪流满面，承露盘已经被运走了，你这个餐风饮露的蝉，到哪里去饮露呢？“病翼”三句写蝉的生命难久：微薄如许的病羽残翼，怎能抵挡阵阵秋寒的侵袭？濒临死亡的枯槁形骸，又怎能继续经受人世的无穷沧桑？看来所剩岁月无多，当不得几度斜阳了。“余音”三句写蝉的垂死哀鸣：蝉身虽将亡，而鸣声犹自不断，听来倍感凄苦。蝉本栖高枝，饮风露，不同凡俗，为什么竟使自己落得如此辛酸悲楚的结局？结二句写蝉的空想：到此时还徒然空想，夏风吹暖，柳丝摇曳，那正是蝉的黄金时代。“谩想”二字点出年华空逝、盛时不再的悲哀。“这首词通过蝉的历尽沧海桑田之变，倾诉了遗民的亡国之恸，尤其下片，词人的感情和蝉的艺术形象融合无间，已达到浑化无痕的境地。露盘去远，寒蝉无以养生；国破家亡，遗民何以存身？‘病翼’、‘枯形’，蝉之将亡，余音更苦；饱尝忧患，人将老去，亦复‘凄楚’。结处回溯往事，盛时难再，寒蝉为之魂断，而词人也唯有抱恨以终了。”（朱德才）

唐圭璋先生评曰：“此首咏蝉，盖咏残秋哀蝉也，妙在寄意沉痛。起笔已将哀蝉心魂拈出，故国沧桑之感尽寓其中。‘乍咽’之句，言蝉之移栖，即喻人之流徙。‘西窗’三句，怪蝉之弄姿揭响，即喻人之醉梦。‘镜暗’两句，承‘怪’字来，伤蝉之无知，即喻人之无耻，真见痛哭流涕之情矣。换头叹盘移露尽，蝉愈无以自庇，喻时易事异，人亦无以自容也。‘病翼’两句，写蝉之难久，即写人之难久。‘余音’三句，写蝉之凄音，不忍重听，即写人之宛转呼号，亦无有怜惜也。末句，陡着盛时之情景，振动全篇。太白《越中览古》有‘宫女如花满宫殿，只今惟有鹧鸪飞’诗，盖上极盛而下极衰，而此则上极衰而下极盛，反剔一句，亦自警动。”

17. 咏 柳

贺知章

碧玉妆成一树高，万条垂下绿丝绦①。

不知细叶谁裁出②，二月春风似剪刀。

【注释】

①碧玉：青绿色的玉石，这里用来形容春柳的青翠碧绿。“碧玉”又是南朝宋汝南王的小妾名，乐府吴声歌曲《碧玉歌》中有“碧玉小家女”之句，后世遂以“小家碧玉”指小户人家出身的年轻貌美的女子。妆：装饰、打扮。丝绦(tāo)：丝带，这里形容千千万万随风飘动的轻柔婀娜的杨柳枝条。②裁：剪裁。

【赏析】

这首诗把二月春风比拟成心灵手巧的姑娘，指出大自然有卓绝的创造力。作者借赞美早春二月的嫩柳来赞美春风、春天和春天美丽的大自然。首句以美女喻写柳树的风姿：一树绿柳，高高地站在那儿，好像是用翠绿色的玉石装扮起来的美人。次句由整体而部分，写柳枝：那轻柔、茂密、倒垂的千万条柳枝，像是绿色丝线编织成的美人的裙带，随风飘拂。末二句自问自答，倍增诗味：这细细的柳叶是谁裁出来的呢？原来是二月的春风吹绿的！“以奇妙而贴切的比喻，赋予春风一个独特而新颖的形象。诗人为什么用碧玉来比呢？我想，这有两层意思：一是碧玉这名字和柳的颜色有关，‘碧’和下句的‘绿’是互相生发、互为补充的。二是碧玉这个人在人们头脑中永远留下年轻的印象。提起碧玉，人们就会联想到‘碧玉破瓜时’这首广为流传的《碧玉歌》，还有‘碧玉小家女’(肖绎《采莲赋》)之类的诗句。‘碧玉’在古代文学作品里，几乎成了年轻貌美的女子的泛称。用碧玉来比柳，人们就会想象到这美人还未到丰容盛鬋(jiǎn)的年华，这柳也还是早春稚柳，没有到茂叶藏鸦的时候；和下文‘细叶’、‘二月春风’又是联系的。”(马茂元)羊春秋先生评曰：“此诗用了一连串的形象比喻形容垂柳的婀娜多姿，把柳树比作玉树，比作美人，把柳丝比作绿色的丝绦，把二月的春风，比作神奇的剪刀，设想新奇，出人意表。末二句一问一答，倍增诗味。不仅写出了春风绽柳的活泼形象，即赏柳者的愉悦心情，亦在传神写照的形象和流水行云的音节中，将之完美地表达出来，自是唐人咏物诗中的一颗明珠。”

18. 和练秀才杨柳

杨巨源

水边杨柳曲尘丝①，立马烦君折一枝。

惟有春风最相惜②，殷勤更向手中吹。

【注释】

①曲尘丝：指柳条、柳丝。曲尘：柳之色。曲尘是粉状酒曲，色微黄。初生柳叶色与之同，故以相比。②惟有：只有。惜，爱惜，珍惜。

【赏析】

折柳赠别的风俗始于汉人盛于唐人。“柳”、“留”二字谐音，汉人送客至灞桥，折柳赠别，既有依依惜别之情，又表示殷勤挽留之意。这是一首咏折柳惜别的诗。首二句写折柳：水边初生的杨柳，低垂着嫩黄的枝条，行者驻马，说一声“烦君折一枝”，并伸手接过刚折下的枝条。三、四句写春风多情惜柳：只有春风是最怜惜杨柳的，在它被折之后，还是照旧殷勤地吹拂着。“化无情之春风为有情……诗中的柳条、风，在整个篇章里是作为人的代表而出现的，然而却巧妙地完成了比人做得更出色的任务；它是人格化的有生命的个体。通过它，强烈地表达出了在此情此景下，诗人的丰富情感。”（沈祖棻）刘永济先生评曰：“宋谢枋得评曰：‘杨柳已折，生意何在？春风披拂如有殷勤爱惜之心焉，此无情似有情也。仁人君子常以天地生物之心为心，兴哀于无用之地，垂德于不报之所，与春风吹断柳何异。’按谢氏此评，于诗人用意推阐至极，读诗中三、四句，确有寓意。谢氏以此仁人君子应物之心，虽不免过高，然亦题中所有之义也。”

19.　勤政楼西老柳[①]

白居易

半朽临风树，多情立马人。
开元一枝柳，长庆二年春[②]。

【注释】

①勤政楼：即勤政务本楼，玄宗时造，在兴庆宫南。②开元：唐玄宗年号。长庆：唐穆宗年号。勤政楼西的一株柳树，是唐玄宗开元年间（713～741）所种，至穆宗长庆二年（822）已在百龄上下，其时白居易已五十一岁。

【赏析】

诗咏柳，多为惜别，与相思之情有关，然而这首咏老柳诗，似有着更为丰富的内容与更为深沉的感慨。首二句写诗人驻马观柳抒发感慨：勤政楼西这株半朽的老柳树，临风而立，龙钟老态多愁善感的诗人立马出神地观柳，对树伤情，同病相怜的柳树，随风摆弄它那多情的长条，牵挽萍水相逢的老人。三、四句交代柳树树龄：这株柳树种植于开元年间，而现在已是长庆二年了，树龄已有百年上下。

述说树龄，暗寓诗人感慨：人世的沧桑，开元天宝的盛世与现今时局的维艰，似都印在诗人那忧郁目光所凝视着的这株饱经风霜的老柳树上了。“诗的开始两句，把读者带到了一个物我交融、物我合一的妙境。树就是我，我就是树，既可以说多情之人是半朽的，也不妨说半朽之树是多情的。‘半朽’和‘多情’，归根到底都是诗人的自画像，‘树’和‘人’都是诗人自指。这两句情景交融，彼此补充，相互渗透。寥寥十字，韵味悠长。如果说，前两句用优美的画笔，那么，后两句则是用纯粹的史笔，作为前两句的补笔，不仅补叙了柳树的年龄、诗人自己的岁数，更重要的是把百年历史变迁自然变化的人世沧桑隐含在内，该是怎样的大手笔！它像画上的题款出现在画卷的一端那样，使这样一幅充满感情而又具有纪念意义的生活小照，显得格外新颖别致。”（陈志明）俞陛云先生评曰：“四句皆作对语，而不异单行，由于语气贯注也。首二句言，勤政楼乃当日旌旗拂露、紫禁朝天之地，今衰柳临风，驻马徘徊，怆然怀旧。后二句言，自开元至长庆，岁月悠悠，其间国运之隆替，耆旧之凋零，等于无痕春梦。剩下当年垂柳，依依青眼，阅尽沧桑。诗仅言开元之树，长庆之人，不着言诠，而含凄无限也。”

20. **杨柳枝词**[①]

白居易

一树春风千万枝，嫩于金色软于丝[②]。
永丰西角荒园里，尽日无人属阿谁[③]？

【注释】

①杨柳枝：唐教坊曲名。歌词形式就是七言绝句，此题专用于咏柳。②嫩于金色：形容嫩柳枝的鹅黄色。③永丰：洛阳的街坊名。西角：指柳树植于背阴处。阿谁：谁。“阿”字为词头，无义。

【赏析】

这首咏柳诗，作于白居易晚年居于洛阳时，是一首咏物言志的七绝。前两句写柳的风姿可爱：一株柳树在春风的吹拂下，千丝万缕的柳枝，随风起舞；鹅黄色的嫩枝条，随风飘荡，比丝缕还要柔软。三、四句抒发感慨，极言柳树遭遇的冷落：柳树生长在荒凉冷落的永丰园背阴的角落里，无人理睬，无人欣赏，只好自个形影相吊，寂寞终日了，与首二句形成鲜明的对比。“这首咏物诗，抒发了对永丰柳的痛惜之情，实际上就是对当时政治腐败人才埋没的感慨。白居易生活的时期，由于朋党斗争激烈，不少有才能的人都受到排挤。诗人自己也为避朋党倾轧，自请外放，长期远离京城。此诗所写，亦当含有诗人自己的身世感慨在内。此诗将咏物和寓意熔在一起，不着一丝痕迹。全诗明白晓畅，有如民歌，加以描写生动传神，当时就‘遍流京都’。”（王思宇）刘永济先生评曰：“此以喻贤才不得地也。如此婀娜之柳，乃在荒园无人知之地，岂不可惜。但诗只言‘尽日无人属阿谁’，而惜之之意自在言外。《本事诗》谓为放樊素作，非也。”

21. **江边柳**

雍裕之

嫋嫋古堤边[①]，青青一树烟。
若为丝不断，留取系郎船。

【注释】

①嫋嫋（niǎo）：即袅袅，形容柳条细长柔美，随风摆动。

【赏析】

这也是一首咏柳伤离的诗，但别具一格，不落窠臼。首二句写古堤春柳的风姿：古堤两旁，垂柳成行，轻柔的枝条像婀娜娇弱的美女一般，在微风吹拂下轻轻摇曳；远远望去，恰似一缕缕烟霞在飘舞。三、四句直接写离情：飘垂的千万条轻柔的柳条啊，你们如此缠绵，如此坚韧，像永不断朽的青索绿绳；我愿借这长长的柳条，系住心上人乘坐的船儿，把它留住。“诗人笔下的主人公不仅没有折柳赠别，倒希望柳丝绵绵不断，以便把情人的船儿系住，永不分离。这一方面是想得奇，道人之所未道，把惜别这种抽象的感情表现得十分具体深刻而不一般化；同时，这种想象又是很自然的，切合江边这一特定情景。试想，大江中，船只来往如梭；堤岸上，烟柳丝丝弄碧；柳荫下画船待发，枝枝条条正拂在那行舟上。景以情合，情因景生，此时此刻，萌发出‘系郎船’的天真幻想，是何等合情合理，自然可信。这里没有一个‘别’字、‘愁’字，但痴情到要用柳条儿系住郎船，则离愁之重，别恨之深，自是不言而喻的了。这里也没有一个‘江’字、‘柳’字，而江边柳‘远映征帆近拂堤’（温庭筠《杨柳枝》）的独特形象，亦是鲜明如画。至此，‘古堤边’三字才有了着落，全诗也浑然一体了。”（徐定祥）

22. **赠　柳**[①]

李商隐

章台从掩映，郢路更参差[②]。
见说风流极，来当婀娜时[③]。
桥回行欲断[④]，堤远意相随。
忍放花如雪，青楼扑酒旗[⑤]。

【注释】

①赠柳：即咏柳。咏而赠之，故题曰“赠”。②章台：汉代京城长安街名，街多柳树，唐时称为“章台柳”。从：任从。掩映：彼此遮蔽并相互衬托。郢：战国时楚国都城，即今湖北江陵县。③见说：听说。风流：美好的神态和举止。来当：自己见到。婀娜：柔美的样子。④回：曲折。行：读 háng。⑤忍：忍心，痛惜。青楼：古代歌舞宴饮之地，即酒楼歌馆。

【赏析】

李商隐一生爱柳，共作十多首咏柳诗。这首诗立足春天，写柳枝繁茂向荣。首联从空间角度，突出柳树分布之“广”：从京城长安到大江之滨的江陵，从北到南，处处可见柔条垂拂的柳树，到处都是或明或暗的柳色。颔联从时间跨度上，写柳历来美名远扬：听见别人说柳的体态轻盈，神态举止美好之至；自己见到柔长的柳枝，千枝万缕，春风吹拂，宛若妙龄女郎，翩跹起舞，姿态是非常动人的。颈联写柳色绵延不断：面对这迷人的柳色，极目远望，直到桥边；眼看柳色就要被隔断，可是跨过桥去，向旁一望，只见春柳随长堤而向前延伸，虽然眼中已望不见柳，但心中仿佛仍然见到青青柳色向远方伸去。尾联写春柳繁华、惜柳之情：柳花似雪，濛扑青楼之酒旗，春柳繁华鼎盛之极，可惜它离凋谢也不远了。诗人的痛惜之情溢于言表。王思宇先生评曰：“清代王士禛说：‘咏物之作，须知禅家所谓不黏不脱，不即不离，乃为上乘。’（《带经堂诗话》）此诗全篇八句，纯用白描，篇中不着一个‘柳’字，却句句写柳。而且仔细玩味，又会发觉它们既是写柳，又像是在写人，婀娜多情，非常逗人喜爱。她也许是诗人的友人，也许就是诗人的情人，由于某种原因，他们分离了，咏柳即咏人，对柳之爱怜不舍，即对其所爱之人的依恋与思念。似彼似此，亦彼亦此，不即不离，正是此诗艺术表现的巧妙之处。冯浩说此诗‘全是借咏所思’（《玉溪谷生诗集笺注》），大旨是不错的。”

23. **柳**

李商隐

曾逐东风拂舞筵，乐游春苑断肠天①。

如何肯到清秋日②，已带斜阳又带蝉。

【注释】

①舞筵：有歌有舞的筵席。乐游苑：即乐游原，长安东南名胜，地势很高，可俯瞰长安全城，是当时士女节日游赏胜地。断肠天：繁花似锦的春日。断肠即销魂。②清秋：凉爽的秋天。

【赏析】

这首诗写于秋季，追忆柳过去的美好时光，悲秋惜柳。首二句写昔日春柳之荣：柳曾追逐东风，飘飘扬扬，拂掠着轻歌曼舞的春宴；长安乐游原上，春日似锦的繁花之色香使人心醉神摇。三、四句写今日秋天的衰柳：秋风飒飒，万木萧疏，夕阳黯淡，秋蝉哀鸣，真是满目悲凉，满耳凄厉；杨柳为什么会挨到这肃杀的秋天呢？“春日之柳的繁盛，正反衬出秋日之柳的枯凋；春日愈是繁华得意，愈显出秋日的零落憔悴。诗正是通过这种强烈的对比描绘，来表现对秋柳稀疏衰落的悲叹之情……此诗句句写柳，而全篇不着一个‘柳’字，句句是景，又句句是情；句句咏物，而又句句写人……诗中经历今昔荣枯悬殊变化的秋柳，不正是诗人自伤迟暮、自叹身世的生动写照？”（王思宇）俞陛云先生评曰：“此咏柳兼赋兴之体也。当其袅筵前之舞态，拂原上之游人，曾在春风得意而来。乃一入清秋，而枝抱残蝉，影低斜日，光景顿殊。作者其以柳自喻，发悲秋之叹耶？抑谓柳之无情，虽芳时已过，而带蝉映日，犹逞余姿，不知有江潭摇落之感耶？但觉诵之凄黯耳。”刘永济先生也评曰：“杨慎曰：‘形容先荣后悴之意。’程梦星笺注：‘杨升庵以为形容先荣后悴之意，此解固然。然所谓先荣后悴者乃谓人，非自谓也。玩“如何肯到”一语，则极形其知进而不知退者为可笑也。’按二氏之说均当。首二句写其得意之状，三、四句则衰落之况也。宋人晏几道有咏柳《浣溪沙》词曰：‘二月和风到碧城，万条千缕绿相迎，舞烟眠雨过清明。妆镜巧眉偷叶样，歌楼妍曲借枝名，晚秋霜霰莫无情。’用意正同，可以参看。”

24. 垂 柳

唐彦谦

绊惹春风别有情①，世间谁敢斗轻盈。
楚王江畔无端种，饿损纤腰学不成②。

【注释】

①绊惹：撩逗的意思。②楚王：指楚灵王。楚灵王好细腰，臣民竟为细腰投其所好。纤腰：即细腰，常用柳来作比喻。

【赏析】

这是一首典型的咏物寄兴诗。一、二句写垂柳的情韵和形态之美：热烈多情的垂柳，像调皮的姑娘，撩逗着春风，时而鬓云欲度，时而起舞弄影，真是婀娜多姿，别具柔情。垂柳像体态轻盈的赵飞燕，窈窕多姿，纤柔飘逸，世间女子谁能与之媲美？三、四句托物寄兴：婆娑于江畔的垂柳，本是无心所插，却害得楚王宫中的嫔妃们为使腰肢也像垂柳般纤细轻盈，连饭也不敢吃而至饿死。“由物到人，寄情寓兴。楚国宫女为了邀宠取怜饿损纤腰，而现实生活中又有多少人为了追名逐利丧失人格，曲意逢迎，重演楚国宫女之故伎呢？只可叹纤腰徒饿损，轻盈学不成。”（唐平）邓光礼先生评曰：“这首诗咏垂柳，既没有精工细刻柳的枝叶外貌，也没有点染柳的色泽光彩，但体态轻盈、翩翩起舞、风姿秀出的垂柳，却栩栩如生，现于毫端。它不仅惟妙惟肖地写活了客观外物之柳，又含蓄蕴藉地寄托了诗人愤世嫉俗之情，是一首韵味很浓的咏物诗。”

25. 十一月中旬至扶风界见梅花[①]

李商隐

匝路亭亭艳，非时裛裛香[②]。
素娥惟与月，青女不饶霜[③]。
赠远虚盈手，伤离适断肠[④]。
为谁成早秀？不待作年芳[⑤]。

【注释】

①扶风：今陕西扶风县。②匝（zā）路：回绕着路旁。亭亭：指树木枝干挺拔而轻盈的样子。非时：十一月中旬不是开梅花的时节，故云。裛裛：香气盛貌。③素娥：月里嫦娥。与：赞助。青女：主管霜的女神。饶：宽恕。④赠远：指折梅花送给所怀念的远方故人。虚盈手：徒然折了满把的梅花，意即虽有一把梅花也送不到。断肠：形容极度伤心。⑤早秀：早开。年芳：到年初开花。

【赏析】

中唐以后，以牛僧孺为首的“牛党”和以李德裕为首的“李党”争斗激烈，李商隐早年受知于令狐楚，被视为“牛党”中人，后又入王茂元的泾原幕，并与王氏之女成婚。而王茂元当时被称为“李党”。因此构怨于“牛党”，被斥为“背恩”。尽管诗人才名早著，却因“背恩”受到排挤，再也无法施展才华。《十一月中旬至扶风界见梅花》这首诗借早梅非时喻自己所遇不时。首联点出梅花吐芳“非时”，统领全篇：虽然梅树亭亭玉立，花容清丽，无奈傍路而开，长得不是地方；虽然梅花裛裛清芬，香气沁人，可是过早地于十一月中旬开放，便显得很不合时宜。颔联写早梅孤孑不遇：嫦娥让月亮放出清光，并不是真的要给梅花增添姿色，嫦娥只是赞助月亮，并不袒佑梅花；青女也不是要使梅花显出傲霜品格才下霜的，而是想用霜冻来摧折梅花，所以她决不会因为梅花开放而宽恕一点，少下些霜。颈联触景怀人：想折一把梅花来赠给远方的朋友，可是仕途坎坷，故友日疏，即使折得满把的梅花又有什么用呢？连寄一枝梅花都办不到，更觉得和朋友离别的可悲，所以就哀伤欲绝、愁肠寸断了。尾联自伤身世，以问作结：梅花为了谁造成了过早开花，而不等到报春才开花，成为旧历新年时的香花呢？以早梅非时比喻自己虚成早秀，时运不济。周振甫先生评曰："作为咏物诗，最好的是'写气图貌，既随物以婉转；属采附声，亦与心而徘徊'(《文心雕龙·物色篇》)。意思是依照事物的形貌来描绘，婉转地把形貌生动地画出来；同时，也是曲折地传达出内心的感情。这首诗正是这样。它写梅花，是在特定环境、特定时间内开放的梅花，移用别处不得。同时又是作者身世的写照。这两者结合得这样好，正像天衣无缝，看不出一点拼凑的痕迹，这就显出作者的深厚功力。"

26. 忆 梅

李商隐

定定住天涯，依依向物华①。

寒梅最堪恨，长作去年花②。

【注释】

①定定：停留不动。天涯：指地方遥远偏僻。依依：依恋的样子。物华：美好的春景。②堪：可。长：永久。

【赏析】

这是李商隐作幕梓州后期之作。写在百花争艳的春天，寒梅早已开过，所以题为"忆梅"。由于作者仕途坎坷，妻子亡故，流落异乡，处境不幸，诗中流露出难耐的痛苦悲愁的心情。首句托梅喻己：我被牢牢地钉死在这边远的异乡土地上，一如梅之被注定要在寒冬之时开放一样。二句写春景与心态的反差：面对美好的春色，无限依恋的柔情油然而生，心绪暂得安宁。三、四句以寒梅自况，喻己之生不逢时：最值得遗憾惋惜的是寒梅，春未至时，寒梅便已盛开，至春来时，早已零落成泥，只能永远是明日黄花。寄托了身世之慨，道出了造物弄人、生不逢时的巨大不平：诗人少年早慧，初显文才，科第早登，却因为牛、李党争于朝，自己无端受到牵连，致使打击不断，如今又身处异地，与寒梅又有什么两样？刘学锴先生评曰："五言绝句，贵天然浑成，一意贯串，忌刻意雕镂，枝蔓曲折。这首《忆梅》'意极曲折'(纪昀语)，却并不给人以散漫破碎、雕琢伤真之感，关键在于层层曲折都离不开诗人沉沦羁泊的身世。这样，才能潜气内转，在曲折中见浑成，在繁多中见统一，达到有神无迹的境界。"

27. 早梅

张 谓

一树寒梅白玉条，迥临村路傍溪桥①。

不知近水花先发②，疑是经冬雪未销。

【注释】

①寒梅：因梅花早春开放，天气还冷，所以称"寒梅"。白玉条：梅树枝上开满白花，好像缀满白玉的枝条。迥临：远远地对着。②近水：靠近溪水，因而地气较暖。

【赏析】

梅树，早春开花，花有红、白两种。张谓诗中写的是白梅花。由于是咏梅，故这首诗必须点明"早"字。首句应题：早春天寒，梅树枝上开满了白花，好像缀满了白玉的枝条。二句写寒梅独开的环境：这株寒梅远离人来车往的村路，而在较僻静的溪桥边开放。三、四句慨叹：原来这是近水先发的梅花，不是经冬未消的白雪啊！"多数咏梅花的诗，都是用洁白如玉、晶莹似雪来形象地比喻梅花纯洁高尚的品格，这首咏梅诗也不例外，所不同的是诗人别出心裁地用残雪比喻早梅，于是一下子又推陈出新，令人喜出望外了。"(韩兆琦)左成文先生评曰："梅与雪常常在诗人笔下结成不解之缘，如许浑《早梅》诗云'素艳雪凝树'，这是形容梅花的似雪，而张谓的诗句则是疑梅为雪，着眼点是不同的，对寒梅花发，形色的似玉如雪，不少诗人也都产生过类似的疑真的错觉。宋代王安石有诗云'遥知不是雪，为有暗香来'，也是先疑为雪，只因暗香袭来，才知是梅而非雪，和本篇意境异曲同工。而张谓此诗，从似玉非雪、近水先发的梅花着笔，写出了早梅的形神，同时也写出了诗人探索寻觅的认识过程。并且透过表面，写出了诗人与寒梅在精神上的契合。读者透过转折交错、首尾照应的笔法，自可领略到诗中悠然的韵味和不尽的意蕴。"

28. 早梅

齐 己

万木冻欲折，孤根暖独回。

前村深雪里，昨夜一枝开①。

风递幽香出，禽窥素艳来②。

明年如应律，先发望春台③。

【注释】

①“昨夜”句:《唐才子传》卷九:齐己以此诗求教于郑谷,郑谷读后说:“‘数枝’非早也,未若‘一枝’佳。”齐己深为佩服,便将“数枝”改为“一枝”并称郑谷为“一字师”。②幽香:清淡的香气。禽:飞鸟。素艳:白色的花瓣,此处指白梅。③应律:适应节候,按照时令。发:开发。望春台:台名,唐初建于长安城东的龙首山,亦称“望春楼”,这里代指京城。

【赏析】

这首诗以梅花傲雪报春的品性,寄托自己的高尚情操。首联写梅花不畏严寒的秉性:在冰天雪地的严寒季节,万木经受不住寒气的侵袭,几欲摧折凋零,只有梅树能够在这种气候里自由生长,它的根吸取了大地的暖气,而显得生机盎然。颔联绘出一幅迎雪独放的早梅图:在那前村的皑皑白雪里,昨夜忽然先开的一枝素梅以其冰肌玉骨卓然独立。颈联写一枝独放早梅的风韵:一阵风来,传来隐隐的幽香,让人心旷神怡,陶然心醉;高飞的禽鸟,看到前村傲然独立的早梅,也禁不住为其素艳的风姿所吸引,飞来窥视一番。尾联写诗人的期望:这梅花如果来年也能应时而发,不能只在村野傲然开放,而应该在京城中率先独秀,望春台上独占鳌头。“尾联是诗人的期望,是虚拟,也是诗人对知识分子大都埋没在林泉深处的慨叹!他希望它不开在‘风雪里’,而希望它开在‘望春台’,从而把个人的怀才不遇,扩大到整个‘士’阶层的不遇,这就加深了主题,丰富了内涵,提高了诗的美学价值。”(羊春秋)李敬一先生评曰:“这首诗,语言清润平淡,毫无秾艳之气,雕琢之痕。诗人突出了早梅不畏严寒、傲然独立的个性,创造了一种高远的境界,隐匿着自己的影子,含蕴十分丰富。通观全篇,首联‘孤根独暖’是‘早’,颔联‘一枝独开’是‘早’;颈联禽鸟惊奇窥视,亦是因为梅开之‘早’;末联祷祝明春先发,仍然是‘早’。首尾一贯,处处扣题,很有特色。”

29.

山园小梅

林　逋

众芳摇落独暄妍,占尽风情向小园[①]。
疏影横斜水清浅,暗香浮动月黄昏[②]。
霜禽欲下先偷眼,粉蝶如知合断魂[③]。
幸有微吟可相狎,不须檀板共金樽[④]。

【注释】

①摇落:飘摇凋落。暄妍:景物明媚鲜丽。风情:风光。向:在。小园:当指

作者隐居的西湖孤山上的小园。作者在此种梅、养鹤。②疏影：稀疏的花影。横斜：形容梅影错落有致。暗香：清淡的香气。浮动：形容香气四处飘散。黄昏：这里指月色朦胧、昏暗。③霜禽：羽毛白色的禽鸟。偷眼：偷看，不敢正看。粉蝶：粉白色的蝴蝶。合：应当。断魂：犹言销魂，形容极度思慕迷恋。这两句以鸟虫爱梅却不敢立即亲近或不得亲近，衬托出梅的美丽与高贵。④微吟：轻声低吟。相狎：相亲近。檀板、金樽：比喻世俗喜爱的声色宴饮。檀板：用檀木做的拍板，这里泛指乐器。金樽：华贵的酒器，此处代称饮酒。这两句是说梅花幽逸高洁，只有诗人的吟咏可与般配，而用不着世俗的歌舞宴饮来做伴。

【赏析】

林逋生性淡泊，无意功名，隐居于杭州西湖之畔，终身不娶亦不仕，惟好植梅养鹤，人称"梅妻鹤子"。林逋以善咏梅出名，这首七律，更备受赞赏，使前此无数咏梅之作都黯然失色。首联赞叹梅花凌霜傲雪、卓然不群的风骨：朔风萧瑟，百花纷纷摇落，只有盛开的梅花，白的似雪，粉的若霞，红的如火，那明丽的景色把小园的风光占尽了。颔联描绘梅花的姿态：稀疏的枝影横斜交错，映在清莹的水面，透入虚无的澄澈；醉人心脾的馨香，静静地漂浮，伴着朦胧的月色。颈联写梅花的魅力：那些白鹤爱梅之甚，偷看梅花的倩影，却不敢贸然栖落；严寒里如有粉蝶，看到梅花比春天的群花更美，定会神往魂销，恨不生在冬天。尾联直抒胸臆：如在赏梅之时低声吟诵，那么，在恬静的山林里尽可自得其乐；檀板金樽、歌舞饮宴的豪华热闹场面又有何用呢？诗人孤芳自赏之情操趣味和盘托出。这首诗是林逋的代表作，也是千古咏梅最佳作，尤其是颔联，被誉为"千古绝调"。周啸天先生评曰："这首诗不但写出了梅花独有的幽逸之姿，而且写出了对梅花的爱……诗虽是咏梅，但实际也是诗人不趋荣利、自甘淡泊的思想性格的自我写照。无怪《四库全书总目》说：'其诗澄淡高逸，如其为人。'后世也正是从这首咏梅诗认识一个高蹈的林和靖。"

30. 梅　花

王安石

墙角数枝梅，凌寒独自开①。
遥知不是雪，为有暗香来②。

【注释】

①凌寒：冒着严寒。②遥知：远远望去便知道。为：因为。暗香：即幽香，清淡的香气。

【赏析】

这首诗写出了梅花所处的幽僻环境和凌寒独开的倔强、坚贞的性格，还写出了它的洁白之色与清幽之香。首二句赞梅之品性：严冬群芳纷谢，墙角旁生长着几枝梅花，凌霜傲雪，独自盛开，报道将至的春讯。末二句写梅花的色香：远远望去，盛开的梅花如雪一片洁白，然而，我却知道这不是白雪，因为梅花的幽香阵阵袭来。后二句虽化用《古乐府》“庭前一树梅，寒多未觉开。只言花似雪，不悟有香来”诗句，但注入了主观情思并暗寓象征寄托，因而意境远胜于前人。“本篇大约是王安石退居钟山后所作，罢相之后，当然不像往日那样轰轰烈烈，而有点像墙角之梅，不免冷清；但他仍然坚持个人操守，恬然自安，这又像梅花孤芳自赏，芳香不浓，然自有一种淡淡的幽香。深有寄托，所以不照搬古乐府。”（周啸天）倪其心、许逸民先生评曰：“写寒士气节，抒志士情怀，所以突出这数枝梅花地处墙角，其位幽微，但凌寒独开，倔强挺出。诗人赞美梅花色泽洁白，芳香清远，引人注目，令人闻知，不卑不亢，不由人不信服。所以此诗确乎工于‘随意造语’，善于推陈出新，而能意蕴含蓄，辞采清新、平淡而巧丽，都见神情气势。”（《宋人绝句选》）

31.　　　　　　　**梅　花**

陈　亮

疏枝横玉瘦，小萼点珠光①。
一朵忽先变，百花皆后香②。
欲传春信息，不怕雪埋藏③。
玉笛休三弄，东君正主张④。

【注释】

①玉瘦：指梅花雪白且小巧。小萼：含苞未放的蓓蕾。珠光：指梅萼像珠玉那样具有光彩。②先变：此指梅花首先开放。后香：随后开放，散发香气。③雪埋藏：梅花斗雪而开，常被大雪覆盖。④玉笛：用玉制成的笛子。三弄：反复吹奏。笛曲《梅花落》，又称《梅花三弄》，因乐曲主调反沓三次，故称“三弄”。笛曲表现梅花斗雪迎霜，最后凋落，曲调悲凉动人。东君：神话传说中的司春之神。主张：做主，主宰安排。

【赏析】

陈亮是南宋著名的爱国志士，他心系国家安危，力主收复国土，抗金事业虽屡遭挫折，也不灰心丧志，始终保持着崇高的民族气节。这首咏梅诗，作者赞赏梅花傲霜斗雪的精神和冰清玉洁的品格，既是咏物，也是咏怀，间接表达自己的志趣。首联写梅花形态：疏落的枝头绽开着洁白清瘦的梅花，细小的花萼好像珠玉点点，光洁无瑕。颔联写梅花的标格：梅树向南的枝条，只要一朵冲寒先放，马上就带动全枝的花次第开放，散发香气。颈联写梅花的精神：为了报告春已归来的信息，梅花不怕冰雪的摧折。尾联写梅花的命运：玉笛啊，你休得吹这三弄的哀曲吧，梅花自有自己的命运，东君正在为梅花做主呢！表示了惜花之意。“此诗令人想到这样的情况：南宋的陆游、陈亮、辛弃疾等人，他们都爱以梅花的标格比拟自己。陆游《卜算子·咏梅》：‘无意苦争春，一任群芳妒。零落成泥碾作尘，只有香如故。’以梅花的劲节自比。陈亮词：‘墙外红尘飞不到，彻骨清寒。’（《浪淘沙·梅》）以梅花的高洁自比。辛弃疾词：‘更无花态度，全是雪精神。’（《临江仙·探花》）以梅花仪态自比。这些写法，都着重抒情，以情韵胜；而陈亮的这首咏梅诗，则着重说理，以义理胜。”（马祖熙）

32. 花犯·梅花

周邦彦

粉墙低，梅花照眼①，依然旧风味。露痕轻缀。疑净洗铅华②，无限佳丽。去年胜赏曾孤倚③。冰盘同燕喜④。更可惜、雪中高树，香篝熏素被⑤。　　今年对花最匆匆，相逢似有恨，依依愁悴⑥。吟望久，青苔上、旋看飞坠⑦。相将见、脆丸荐酒⑧，人正在、空江烟浪里。但梦想、一枝潇洒，黄昏斜照水⑨。

【注释】

①粉墙：白粉涂的墙壁。照眼：映入眼帘。梁武帝《子夜四时歌·春歌四首》之一曰“庭中花照眼”。②净洗铅华：形容梅花淡雅素净，不同于秾艳的桃李。铅华：即铅粉，古代妇女常用来搽脸。③胜赏：惬意地玩赏。④冰盘同燕喜：指以梅子荐酒。冰盘：如冰之洁净的白瓷盘，指果盘。燕：同“宴”。⑤篝（gōu）：熏笼。句中香篝比梅，素被比雪。⑥愁悴：即忧愁。⑦旋：屡屡，频频。⑧相将：行将，将要。脆丸：指梅子（即青梅）。荐酒：下酒。⑨潇洒：凄清的意思。黄昏斜照水：用林逋《山园小梅》诗“疏影横斜水清浅，暗香浮动月黄昏”句意。

【赏析】

这首词借咏梅感叹自己萍踪不定、人生聚散无常。上片由眼前之梅追写去岁之梅，下片由今年之梅抒写来日之梅。上片前六句写眼所见的梅花：官舍的低矮粉墙伸出一棵梅树，盛开的梅花格外引人注目。只见梅花上还留有寒露痕迹，有如美人洗尽脂粉，更显得天生丽质。“去年”五句回忆去年独自雪中赏梅的情景：去年此时，自己客中寂寞，独自一人持酒赏花；一眼望去，高耸横逸的梅树被雪所覆盖，宛如香篝上熏着一床洁白的被子，煞是逗人喜爱。下片前五句又回到今年眼前的梅花：自己离别在即，亦无闲情逸致对花仔细观赏，花亦含离恨，呈现愁闷憔悴之情；凝神驻足，想吟咏一首惜别之词，忽见梅花朵朵飘坠于青苔之上。“相将见”四句跳到未来，想象江上以梅子荐酒和梦中寻梅的情景：不久就会看到梅子成熟，供人佐酒，而那时，自己正泛舟漂泊于空江烟浪之中；天涯飘零的我，只能在梦中再去见那枝夕阳下横逸凄清的梅花了。这首词意在写出自己年来落寞的情怀，却借梅花作衬垫，委婉表达。人与梅花仿佛溶化成为一片。陈邦炎先生评曰：“这首词以《梅花》为题，从纵向看，写了梅花的一生——从‘梅花照眼’写到‘旋看飞坠’，最后写到‘脆丸荐酒’；从横向看，写了梅花的各个方面——写了花光，写了花香，写了花容之佳丽，也写了花的愁恨之情、潇洒之态，还借助粉墙、露痕、冰雪、青苔、黄昏、池水的衬托、烘染，充分显示其姿色、风韵。作为一首题作《梅花》的词，确对梅花作了多角度的写照；但是在写梅花的同时也自我表述了现在、过去、未来的处境和踪迹，把自我的身世之感融入对外界景物的描写之中。正似《蓼园词选》所评价：‘总是见宦迹无常、情怀落寞耳。忽借梅花以写，意超而思永。’可以说，这首词句句都在写梅花，而句句背后都有作者的身影在。”

33.　暗　香

姜　夔

辛亥之冬①，予载雪诣石湖②。止既月③。授简索句④，且征新声⑤，作此两曲。石湖把玩不已⑥，使工伎肄习之⑦，音节谐婉，乃名之曰《暗香》、《疏影》。

旧时月色，算几番照我⑧，梅边吹笛？唤起玉人⑨，不管清寒与攀摘。何逊而今渐老⑩，都忘却、春风词笔。但怪得、竹外疏花⑪，香冷入瑶席⑫。　江国⑬，正寂寂。叹寄与路遥⑭，夜雪初积。翠尊易泣⑮，红萼无言耿相忆⑯。长记曾携手处，千树压、西湖寒碧⑰。又片片吹尽也，几时见得？

【注释】

①辛亥：宋光宗绍熙二年(1191)。②载雪：冒雪乘船。诣：前往，到达。石湖：在苏州西南，诗人范成大晚年退居于此，自号石湖居士。③止既月：住满一个月。④授简：给纸。简：竹简，指稿笺。索句：索取诗句。⑤征新声：征求新填的词。⑥把玩：欣赏。⑦工妓：乐工，歌妓。肄习：学习、演习。⑧几番：几次。⑨玉人：美人。⑩何逊：南朝梁代诗人，在扬州曹任上廨舍有梅花一株，常吟咏其下，有《咏早梅》一诗闻名。后居洛思之因再访，花方盛开，逊对树徘徊终日。杜甫《和裴迪登蜀州东亭送客逢早梅相忆见寄》：“东阁官梅动诗兴，还如何逊在扬州。”⑪怪得：惊疑的意思。竹外疏花：竹林外面几株稀疏的梅花。⑫瑶席：对坐

席的美称。瑶：琼玉。谢朓《七夕赋》："临瑶席而宴语。"⑬江国：江湖之乡，水乡。⑭叹寄与路遥：感叹路程太远，音书不通。这里暗用陆凯寄范晔诗："折梅逢驿使，寄与陇头人。"⑮翠尊：翠绿色的酒杯。尊：同"樽"。⑯红萼：指红梅。耿："耿耿"省字，指心绪不宁。⑰千树：指梅林，宋时杭州西湖上的孤山，种梅最多。苏轼《和秦太虚梅花》："江头千树春欲暗，竹外一枝斜更好。"

【赏析】

《暗香》、《疏影》，向来被认为是姜夔的代表作，姜词幽韵冷香的风格在这两首词中表现得淋漓尽致。《暗香》从侧面咏梅，以爱梅赏梅之人为主，以婉曲的笔法，叙述他在梅花盛时、衰时、开时、落时的感想。作者咏梅，实为怀念故人，借赏梅而回忆西湖旧事，故"石湖把玩不已"，以青衣小红赠之，慰其寂寞。词的上片写因闻"冷香"而怀念月下"玉人"。上片起三句由往事道入：花前月下，笛声悠扬，清景无限，如今想来，那已成为颇堪回忆的往事了。"唤起"两句继写当时：笛声唤起美人，不顾天气的寒冷和我一起攀摘梅花。"何逊"两句回到现实，以何逊自比：岁月流逝，如同当年痴爱梅花的何逊一样，自己如今已渐渐衰老，再无咏诗寻梅那样的雅兴了。结拍"但怪得"两句绘石湖梅花：只是想不到，竹林外面几枝稀疏的梅花，那幽冷的清香，阵阵飘入这华美的宴席上。下片由怀念"玉人"而感伤红消香断。换头四句转入寄梅赠旧之情：此时的水乡寂寞无声，想佳人残冬的无聊，欲寄梅花以慰寂寞，但是路途遥远，夜雪初积，驿使不来，欲寄不能。"翠尊"两句写"瑶席"生感：杯中如泪盈眶，瓶中红梅默默无语，座中词人想念佳人，心绪不宁。"长记"两句忆及当年西湖赏梅之盛况：记得曾携手同游的地方，千百株梅花，倒映在西湖寒冷的碧波上。结拍"又片片"两句陡转，由盛思衰，由开思谢：不要看现在花开似锦，终有一天会片片吹尽，那几乎是没有疑问的了。"全词写梅有开有谢，写事有今有昔，因梅怀人，因人忆梅，人梅相映，梅人相连，用林逋诗而另铸意境，低回往复，悱恻缠绵。"（郭伯勋）唐圭璋先生评曰："此首咏梅，无句非梅，无意不深，而托喻君国，感怀今昔，尤极婉转回环之妙。起四句，写旧时豪情，一气流走，峭警无匹。月下吹笛，皆为烘托梅花而设。试想月下赏梅，梅边吹笛，何等境界，何等情致。'唤起'两句承上，因笛声而又唤起玉人来摘梅，其境更美。'何逊'两句，陡转入如今衰时景象，人老才尽，既无吹笛之兴，亦无咏梅之才，壮志消磨，感喟无穷。'但怪得'两句，再转，写梅花之疏影暗香，意谓虽不欲咏梅，但花香入席，引人诗思，又不能自已。换头推开，言折梅寄远，用陆凯诗，但路遥雪深，欲寄无从，徒有惆怅之情。'翠尊'两句，承上申说相思之苦，因不得寄，故对翠尊红萼伤心。白石此等郁勃情深之处，不减稼轩。谭复堂谓此两句得《骚》、《辨》之意。宋于庭亦谓白石词，似杜陵之诗，洵属知言。'长记'两句回忆当年梅之盛、人之乐，与篇首相应，造境极美，缀语亦精，此是缩笔。末句，又展开言梅已尽，旧欢难寻，情极委婉。问‘几时见得’，想见‘白头吟望苦低垂’之情。章法自清真《六丑》得来。”

34.　　疏　影

姜　夔

苔枝缀玉①，有翠禽小小②，枝上同宿。客里相逢，篱角黄昏，无言自倚修竹③。昭君不惯胡沙远④，但暗忆、江南江北；想佩环、月夜归来⑤，化作此花幽独。

犹记深宫旧事⑥，那人正睡里，飞近蛾绿⑦。莫似春风，不管盈盈⑧，早与安排金屋⑨。还教一片随波去，又却怨、玉龙哀曲⑩。等恁时、重觅幽香⑪，已入小窗横幅⑫。

【注释】

①苔枝：长有苔藓的梅枝。②翠禽：翠色羽毛的小鸟。传说隋代赵师雄在罗浮松林酒店旁遇一淡妆素服女子，此时日暮天寒，残雪映月，二人至酒家对饮，又有一绿衣童子来歌舞助兴，久而醉寝。天明起视，则身在大梅树下，上有翠鸟相顾。原来淡妆美人便是梅花神，绿衣童子即翠鸟幻化。事见《龙城录》。③修竹：长竹。杜甫《佳人》诗：“天寒翠袖薄，日暮倚修竹。”④昭君：即王嫱，西汉南郡秭归（今属湖北省）人。元帝时被选入宫。竟宁元年（前 33），匈奴呼韩邪单于入朝求和亲，她自请远嫁匈奴，称为“宁胡阏氏”。⑤佩环：即环佩，衣上的玉饰。这里借指王昭君。杜甫《咏怀古迹》五首之三：“画图省识春风面，环佩空归月夜魂。”⑥深宫旧事：相传南朝宋武帝刘裕之女寿阳公主卧于含章殿下，忽有梅花落在她的额上，成五瓣花，拂之不去，宫女争相仿效，名“梅花妆”。⑦蛾绿：指女子的眉毛。蛾：形容眉毛细长；绿：指用青黛色的涂眉。⑧盈盈：形容仪态美好的样子。此以美人借指梅花。⑨金屋：据《汉武故事》，汉武帝幼时，曾对他的姑母说：“若得阿娇作妇，当以金屋贮之。”⑩玉龙：笛名。哀曲：哀怨的曲调，指笛曲《梅花落》。⑪恁（nèn）时：那时。⑫横幅：横挂的画幅。

【赏析】

《疏影》为《暗香》姊妹篇，但构思、取材角度迥异。《暗香》写梅香，此词写梅影；《暗香》将梅、我、人三合为一；《疏影》则将梅花喻为佳人，梅花与佳人二合一。全词化用历史、传说中的五位女性，从不同角度表现梅之处境、品格、心态。以梅花神写其风姿神态，以倚竹佳人写其孤洁品格，以昭君写其“幽独”情怀，以寿阳公主写其容颜，以阿娇写主体对梅花之爱惜。犹如五个摇动的镜头，构成一完整的画面。上片梅、人互拟，怜其幽独。起三句写梅姿：梅花像玉一般点缀在长满苔藓的梅枝上，有一只小小的翠鸟，在梅枝上栖息，这种情景如同赵师雄与淡妆女相逢一样。“客里”三句写梅格：作客范家于范宅与梅花初识，黄昏中，篱角的梅花如佳人默默无言地倚在修竹之旁。“昭君”二句写梅情：也许是昭君不习惯匈奴的风沙，只好暗中思念江南江北。“想佩环”二句写梅魂：月色朦胧，正是昭君归来，化作了幽幽独处的梅花。下片人、花一体，惜其飘零。换头三句写梅花容颜：还记得寿阳公主梅花妆的事。公主正睡时，梅花飞到公主的眉间，花魂与人魂重合一体。“莫似春风”写惜花之心：不要像春风那样不爱惜名花美女，应该早早安排好金屋，以藏花娇。“还教”两句写花好景不长：梅花终于被东风吹落，一片片随波而去，却埋怨是玉笛吹起的《梅花落》所致。“等恁时”二句写红消香断，盛时不再：花落了，香残了，只剩下空秃的疏影，到那时，再寻找梅花，已经被画成横幅挂在窗前了。唐圭璋先生评曰：“此首咏梅，寄托亦深。起写梅花之貌，次写梅花之神；梅之美，梅之孤高，并于六句中写足。‘明君’两句，用王建咏梅诗意，抒寄怀二帝之情。‘想佩环’两句用杜诗意，拍到梅花，更见想望二帝之切，此玉田所谓‘用事不为事所使’也。换头，用寿阳公主事，以喻昔时太平沈酣之状。‘莫似’三句，申护花之情，即以申爱君之情。‘还教’两句，言空劳爱护，终于随波飘去。”“姜夔作《暗香》、《疏影》词，的确是‘自立新意’，新在什么地方？在于他完全打破了前人的传统写法，不再是单线的、平面的描摹刻画，而是创造出了多线条、多层次、富有立体感的艺术境界和性灵化、人格化的艺术形象。作者调动众多素材，大量采用典故，有实有虚，有比喻，有象征，进行纵横交错的描写；支撑起时间、空间的广阔范围，使过去和现在、此处和彼地能够灵活地、跳跃地进行穿插；以咏物为线索，以抒情为核心，把写景、叙事、说理交织在一起，并且颜色、声音、动态作渲染描摹。这样，姜夔就为梅花作出了最精彩的传神写照。”（王双启）

35. 卜算子·咏梅

陆　游

驿外断桥边①，寂寞开无主②。已是黄昏独自愁，更著风和雨③。　无意苦争春④，一任群芳妒⑤。零落成泥碾作尘⑥，只有香如故⑦。

【注释】

①驿(yì)：古代交通站，为传送公文的人员或官员以及过往行人的休息处。②无主：无人过问。③更著(zhuó)：又加上。著，同“着”，意为值、遇。④苦：苦苦的，犹言竭力。⑤一任：完全听凭。群芳：指争春的百花。⑥零落：指梅花凋谢。碾(niǎn)：旋转圆轮将物压碎。⑦如故：和过去一样。

【赏析】

陆游很喜欢梅花，常以梅花的凌霜傲雪、不惧风吹雨打的高尚品格来激励自己。上片写梅花的不幸遭遇。起二句写梅开之地：在荒凉的驿站外面、断桥旁边，梅花寂寞地开放，没有人过问。“已是”两句写梅花的艰困处境：梅花在黄昏时刻本已十分孤寂愁苦了，偏偏又加上狂风暴雨的侵袭。下片写梅花的高尚品格。“无意”两句写梅花的高洁孤傲：梅花凌寒先发，只是为迎春报春，却无意与百花争春斗艳，完全听凭百花的嫉妒。“零落”两句写梅花的坚贞不屈和孤芳自赏：梅花不堪骤风狂雨的摧残，飘零脱落，化为泥土，又被车马碾成尘埃，但其清香依然和过去一样。赞美的不仅是梅花的香味，而又升华为梅花的精神。它象征一种坚贞不屈、死而不悔、崇高永生的的精神之美。这正是作者政治抱负不得实现，又遭排挤打击的命运的写照，也是作者寂寞愁闷而又坚强不屈、孤芳自赏的性格的象征。唐圭璋先生评曰：“此首咏梅，取神不取貌，梅之高格劲节，皆能显志。起言梅花开之处，驿外断桥边，不在乎玉堂金屋；寂寞自开，不同乎浮花浪蕊。次言梅开之时，又是黄昏，又是风雨交加，梅之遭遇如此，故惟有独此生愁耳。下片，说明不与群芳争春之意；‘零落’两句，更揭出梅之真性，深刻无匹，咏梅即以自喻，与东坡咏鸿同意。东坡放翁，因皆忠忱郁勃，念念不忘君国之人也。”夏承焘先生也评曰：“唐宋文人尊重梅花的品格，与六朝文人不同。但是像林和靖所写的《暗香》、《疏影》等名句，都只是高人、隐士的情怀；虽然也有一些作家借梅花自写品格的，但也只能说：‘原没春风情性，如何共海棠说。’（南宋萧泰来《霜天晓角·咏梅》）这只是陆游词‘无意苦争春，一任群芳妒’的一面。陆游的友人陈亮有四句梅花诗：‘一朵忽先变，百花皆后香。欲传春信息，不怕雪埋藏。’写出他自己对政治有先见、不怕打击、坚持正义的精神，是陈亮自己整个人格的体现。陆游这首词则是写失意的英雄志士的兀傲形象。我认为在宋代，这是写梅花诗词中最突出的两首好作品。”

36. 水龙吟·次韵章质夫杨花词[1]

苏 轼

似花还似非花[2]，也无人惜从教坠[3]。抛家傍路，思量却是，无情有思[4]。萦损柔肠[5]，困酣娇眼，欲开还闭。梦随风万里，寻郎去处，又还被、莺呼起[6]。

不恨此花飞尽，恨西园、落红难缀[7]，晓来雨过，遗踪何在，一池萍碎[8]。春色三分，二分尘土，一分流水[9]。细看来，不是杨花，点点是离人泪[10]。

【注释】

①次韵：按对方所赠诗、词的韵脚及其顺序写作诗、词致答，此名“次韵”或“步韵”。有时并非所赠，亦可“步韵”，或年代久远，后人亦可“步韵”。章质夫：名楶(jié)，浦城人，官至同知枢密院事，为苏轼好友。其原词是：“燕忙莺懒花残，正

堤上、柳花飘坠。轻花点画青林，谁道全无才思。闲趁游丝，静临深院，日长门闭。傍珠帘散漫，垂垂欲下，依前被、风扶起。兰帐玉人睡觉，怪春衣、雪沾琼缀。绣床旋满，香球无数，才圆却碎。时见蜂儿，仰粘轻粉，鱼吹池水。望章台路杳，金鞍游荡，有盈盈泪。”②非花：梁元帝《咏阳云楼檐柳》：“杨柳非花树。”③从教坠：听任杨花飘坠。从：任。教：使。④有思（sì）：有意。韩愈《晚春》：“杨花榆荚无才思，惟解漫天作雪飞。”此反用其意。⑤萦：回绕。柔肠：比喻柔软的柳条。⑥这三句写思妇梦中万里寻觅夫婿。金昌绪《春怨》诗：“打起黄莺儿，莫教枝上啼。啼时惊妾梦，不得到辽西。”此处化用其意。⑦西园：一为汉代上林苑的别称；一为汉末曹操所建邺都名园（即铜雀园）；常用作佳园或一般园林的通称。缀：连系，指把花重新系在枝头上。⑧一池萍碎：作者自注：“杨花落水为浮萍，验之信然。”⑨春色：指杨花。这三句是说：杨花三分之二飘落地上，变成尘土，三分之一落在水中，化为浮萍，春天也随着消逝了。中唐诗人徐凝《忆扬州》：“天下三分明月夜，二分无赖是扬州。”宋人叶清臣《贺圣朝》（词）：“三分春色二分愁，更一分风雨。”此三句化用其意。⑩这三句是说：仔细观察，那随风飘舞的白絮似乎并非杨花，而是离人的点点眼泪。曾季狸《艇斋诗话》说，此三句乃化用唐诗“君看陌上梅花红，尽是离人眼中血”。

【赏析】

此词咏柳絮，它通过富有匠心的构思和丰富的想象，运用拟人化的手法，把咏物和写人巧妙地结合在一起。表面上在描绘杨花的飘坠，实际上是刻画了一个女子的伤感和幽怨，笔致缠绵，声韵谐婉，被王国维《人间词话》盛赞为“最工”之咏物词。（谭新红、王兆鹏）上片写杨花之飘零，惜闺中之梦幻。起二句写杨花坠落而无人同情：杨花在春天里开放，它像花；但它色淡无香又无形，又不像花，所以没有人怜惜，任凭它凋零坠落。“抛家”三句写杨花离枝坠地、飘落无归的情状：杨花虽然不像人那样多情善感，但也还是有生命的，离开了枝头离开了家，好像被人遗弃在路边，想起来似乎它还是有情愫的。“萦损”三句明写思妇暗赋杨花：细柔的柳枝在风中回绕，柳叶摇曳其间，好像是思妇辗转思念而愁坏了柔肠，困倦得眼睛想睁开又闭上。“梦随”三句紧关以上三层，从“坠”、从“抛”、从“困”而来，写思妇梦中万里寻觅夫婿：思妇梦中随风飘到万里之外，寻找夫婿，不料还在中途，就让讨厌的黄莺儿吵醒了。下片写春光之尽逝，叹美人之离愁。换头两句以落红陪衬杨花，叹春色将逝：杨花非花，所以不必怨恨飞尽，但是此花飞尽，却说明春光已逝，西园里的繁花从此纷纷飘零了，那却是很可惜的。“晓来”三句追寻落花：昨夜一场风雨，更把杨花吹得七零八落，地上已见不着杨花了。试问还有花的踪迹么？哦，杨花变成了池中的浮萍。“春色”三句进一步写杨花的踪迹：如果柳絮可以代表春天，看起来，春天的气息三分之二已经变成尘土，剩下的三分之一又变成流水，一去不回了。“细看来”三句，翻进一层，画龙点睛：仔细一看，不是点点杨花，而是思妇离人的泪水。只有思妇和游子的眼泪，才如此纷纷扬扬无穷无尽，才能够陌上闺中，无所不在；也只有思妇和游子的眼泪，才如此漫天盖地，葬送了大好春光。“煞拍不愧为‘点睛’之笔……情中景，景中情，总收上文，即干净利索，又余味无穷。词由眼前的流水，联想到思妇的泪水；又由思妇的点点泪珠，映带出空中的纷纷杨花。是离人泪似的杨花，还是杨花般的离人之泪？看其虚中有实，实中见虚，总在虚实相间、似与不似之间，‘盖不离不即也’。再回顾篇首，令人欣然有悟，情趣倍生。不是吗？词人开宗明义，原本说得清楚：‘似花还似非花’。”（朱德才）唐圭璋先生评曰：“此首咏杨花，遗貌取神，压倒古今。起处，‘似花还似非花’两句，咏杨花确切，不得移用他花，人皆惜花，谁复惜杨花者？全篇皆从一‘惜’字生发。‘抛家’三句，承‘坠’字，写杨花之态，惜其飘落无归也。‘萦损’三句，摹写杨花之神，惜其忽飞坠也。‘梦随风’三句摄出杨花之魂，惜其忽往忽返也。以上写杨花飞舞之正面已毕。下片，更申言杨花之归宿，‘惜’意愈深。‘不恨’两句，从‘飞尽’说起，惜春事已了也。‘晓来’三句，惜杨花之经雨也。‘春色’三句，惜杨花之沾泥落水也。‘细看来’两句，更点出杨花是泪来，将全篇提醒。郑叔问所谓‘画龙点睛’者是也。又自‘晓来’以下，一气连贯，文笔空灵。先迁甫称为‘化工神品’者，亦非虚誉。”

37.

菊　花

元　稹

秋丛绕舍似陶家，遍绕篱边日渐斜①。
不是花中偏爱菊，此花开尽更无花②。

【注释】

①秋丛绕舍：菊花一丛丛环绕茅舍盛开怒放。晋陶渊明最爱菊，院中遍种菊花。遍绕篱：言赏菊之人绕篱徘徊。这两句是说所居环境颇似陶潜庐舍。②“此花”句：百花中菊最后凋，梅最早开，故云。

【赏析】

历代写菊的诗不胜其数，这首诗不落俗套，于寻常之中挖掘出新意与哲理。诗人一不描绘菊的形象，二不歌颂菊的傲霜性格，三不写菊酒、菊枕的风俗习惯，而是别出心裁，以“此花开尽更无花”来表达自己对秋菊情有独钟的原因。前两句写爱菊之情：一丛菊花围绕着房屋开放，好似到了陶渊明的家；诗人绕篱徘徊，专心致志地观赏菊花，流连忘返，以至于太阳西斜也不知道。三、四两句写爱菊的原因：不是因为我在百花丛中特别偏爱菊花，是因为菊花凋谢后，就再也没有其他花可赏了。"诗人从菊花在四季中谢得最晚这一自然现象,引出深微的道理,回答了爱菊的原因,表达了诗人特殊的爱菊之情。这其中当然也含有对菊花历尽风霜而后凋的坚贞品格的赞美。"(周昭典)羊春秋先生评曰:"首两句写自己爱菊的情状:栽菊绕舍,赏菊着迷,流连忘返,乐此不疲。妙在'似陶家'三字,突出了自己的隐逸之趣,高洁之致,占尽了风光和地位,而又那么委婉,那么自然。末两句写自己爱菊的缘由:菊花开尽,百花寂寞,不言后凋,而傲霜之姿自见;不言惜花,而偏爱之情毕出。对花是这种态度,对人也是这种态度,对万事万物也是这种态度,所以它的题蕴甚深,含义丰富,给人的启迪也甚多。"

38. 题菊花

黄　巢

飒飒西风满院栽,蕊寒香冷蝶难来①。
他年我若为青帝,报与桃花一处开②。

【注释】

①飒飒(sà):风吹的声音。西风:秋风。蕊:花心。②青帝:东方之神,也是司春之神。

【赏析】

这首诗独出新意,不与人同。同是写秋天景色,却一反历代诗人感怀悲秋的习气,易之以愤时济世的新境界;同时咏菊,却不是借菊花比喻自己的清高,而是表达对劳动人民的同情,独具一格。首二句交代菊花所处的环境:在萧瑟的秋风中,菊花迎风傲霜满院开放;在飒飒秋风中,菊花散发出略带寒意的幽香,然而遗憾的是,蝴蝶不能飞来了,也许它们早死了,再也不能欣赏和采撷菊花。三、四两句直抒胸臆,想象奇特:他年如果让我来主管春天的话,我一定要让菊花与桃花开在一起,让它享受到明媚的春光。刘学锴先生评曰:"统观全诗,寓意是比较明显的。诗中的菊花,是当时社会上千千万万处于底层的人民的化身。作者既赞赏他们迎风霜而开放的顽强生命力,又深深为他们所处的环境、所遭遇的命运而愤激不平,立志要彻底加以改变。所谓'为青帝',不妨看作建立农民革命政权的形象化表达。作者想象,到了那一天,广大劳苦大众就都能生活在温暖的春天里。值得注意的是,这里还体现了农民朴素的平等观念。因为在作者看来,菊花同为百花之一,理应享受同样的待遇,菊花独处寒秋,蕊寒香冷,实在是天公极大的不公。因此他决心要让菊花同桃花一样享受春天的温暖,不妨认为,这是诗化了的农民平等思想。"

39.

菊　花

黄　巢

待到秋来九月八，我花开后百花杀[①]。
冲天香阵透长安，满城尽带黄金甲[②]。

【注释】

①九月八：本应为"九月九"，为与"杀"、"甲"字押韵而改。九月九日为重阳节，古人有在这天饮酒赏菊的习俗，因此又名"菊花节"。我花：指菊花。杀：枯萎，凋谢。②香阵：香气浓烈。透：渗透，弥漫。黄金甲：黄金制成的铠甲，比喻菊花的金色花瓣，也暗喻起义军的黄色战袍。

【赏析】

这也是一首独具一格的托物言志诗。菊花秋季开放，与其他喜欢温暖的花相比，菊花独具傲霜的品格，所以历来文人雅士都把它看作傲霜凌风、孤高绝俗精神的象征。这首诗则与众不同，黄巢以农民革命军领袖的胸襟气度，把菊花看作摧毁一切腐朽势力而独领天下风骚的物象，令人耳目一新。首二句写菊花开放的季节及菊花的气质和性格：等到深秋重阳节到来，那时"我花"开放，百花就凋谢了。三、四句写菊花开放的雄壮威力：菊花散发出阵阵清香，直冲云天，浸透全城；遍布长安的菊花，全披戴上了黄色"金甲"。这正是农民起义军夺取政权，威震长安的生动写照。后来，黄巢领导声势浩大的农民起义军，不到六年，就攻占了京都长安，将诗中的理想变成了现实，黄巢起义后也自称"冲天大将军"。诗人通过对菊花迎霜怒放、"香阵透长安"的咏赞，抒发了决心起义，推翻唐王朝的革命志向和必胜信念，洋溢着无坚不摧的英雄气概。刘学锴先生评曰："想象的奇特，设喻的新颖，辞采的壮伟，意境的瑰丽，都可谓前无古人。菊花，在封建文人笔下，最多不过把它作为劲节之士的化身，赞美其傲霜的品格；这里即赋予它农民起义军战士的战斗风貌与性格，把黄色的花瓣设想成战士的盔甲，使它从幽人高士之花成为最新最美的农民革命战士之花。正因为这样，作者笔下的菊花也就一变过去那种幽独淡雅的静态美，显现出一种豪迈粗犷、充满战斗气息的动态美，它既非'孤标'，也不止'丛菊'，而是花开满城，占尽秋光，散发出阵阵浓郁的战斗芳香，所以用'香阵'来形容。'冲'、'透'二字，分别写出其气势之盛与浸染之深，生动地展示出农民起义军攻战长安、主宰一切的胜利前景。"

40. 菊

郑　谷

王孙莫把比蓬蒿，九日枝枝近鬓毛①，
露湿秋香满池岸，由来不羡瓦松高②。

【注释】

①蓬蒿：一种野生杂草。菊的枝叶似蓬蒿。九日：即阴历九月九日，重阳节。古人在这一天，有登高赏菊的习惯，饮菊花酒，佩茱萸囊，还采撷菊花，插戴于鬓上。诗人提起这古老的传统风习，就是暗点一个"菊"字。②瓦松：一种寄生在高大建筑物瓦檐处的植物。诗人以池边的菊花与高屋上的瓦松对比，意在说明菊花虽生长在沼泽低洼之地，却高洁、清幽，毫不吝惜地把它的芳香献给人们；而瓦松虽居高位，实际上"在人无用，在物无成"。诗人赋予菊花以不求高位、不慕名利的思想品质。

【赏析】

这是首咏菊诗，通篇不着一个"菊"字，但句句写菊，从菊的貌不惊人，写到人们爱菊，进而写菊花的高尚品格，点出主旨。诗人托物言志，用的是象征手法。首二句写不同的人们对菊花的不同态度，点出菊花的品质与格调：四体不勤、五谷不分的王孙公子们，不要误认菊花为蓬蒿，不能把高洁的菊花和杂草相提并论；每年的重阳节，人们都会登高赏菊，还要采摘菊花插戴于鬓上。三、四句写菊花的高洁品质：太阳初升，丛丛秀菊，饱含露水，湿润晶莹，明艳可爱；缕缕幽香，飘满池岸，令人心旷神怡。菊花生性高洁，从来不羡慕瓦松，不求高位，不慕名利。将菊花人格化，写出了它的高尚气节。全诗处处咏菊，处处寄情。诗虽含蓄，但余味深远。徐定祥先生评曰："咏物诗不能没有物，但亦不能为写物而写物。纯粹写物，即使逼真，也不过是'袭貌遗神'，毫无生气。此诗句句切合一"菊"字，又句句都寄寓着作者的思想感情。菊，简直就是诗人自己的象征。"

41. 寒　菊①

郑思肖

花开不并百花丛，独立疏篱趣无穷②。
宁可枝头抱香死，何曾吹落北风中③。

【注释】

①寒菊：一作《画菊》、《题画菊》。②不并：不共，意在不与趋炎附势的无操守

小人斗艳。“独立”句：花以独为趣，人更以独立为趣。③枝头抱香：言菊花枯而不落的气节。北风：指来自北方的异族统治者。后两句言诗人至死不向北方元朝统治者屈服。画家所画之菊，俨然是其人格的自画像。

【赏析】

元军南下时，郑思肖曾向朝廷献抵御之策，未被采纳。此后客居苏州，寄食报国寺，抱节而终。他的诗多以怀念故国为主题，表现了忠于宋朝的气节。这首《寒菊》中的菊花，就是诗人坚贞不屈、忠于故国精神的写照。首二句写寒菊高洁的志趣：菊花在秋天盛开，从不与百花争芳斗艳；独立在旁边，菊花的情操意趣并未衰穷。三、四句赞菊花气节：宁在枝头上守着清香而死，绝不坠落于凛冽北风之中。“写菊便是写人，菊花不会自行掉落，只有被风吹袭后才干枯。诗人用寒菊的秉性来体现自己忠于宋朝、矢志不渝的高尚情操。”（范宁、华岩《宋辽金诗选注》）严杰、闻涛先生评曰：“这首咏物诗，以寒菊象征忠于故国决不向新朝俯首的凛然气节。诗中句句扣紧寒菊的自然物性来写，妙在这些自然物性又处处关合、暗示出诗人的情怀。‘抱香’，喻指自己高洁的民族情操，北风双关语，暗示北方来的蒙古统治者，全诗写得壮烈激昂，掷地有声。”

菊花有落与不落两种，王安石《残菊》、朱淑真《黄花》分别咏落菊和不落菊，录以备考。

残　菊

王安石

黄昏风雨打园林，残菊飘零满地金①。
折得一枝还好在，可怜公子惜花心②。

【注释】

①黄昏风雨：对菊花来说，凄风苦雨，无疑是施暴者，它无情地摧打园林，使残菊飘零，为全诗营造了一种独特的语境。满地金：残菊萎落，黄金般铺散在地。一般以为菊花即使枯萎，也会抱香而逝，花瓣不会坠落。然而此处却“飘零满地”，何故？据郑侠《西塘集·耆旧续闻》载：安石“有诗云‘黄昏风雨满园林，残菊飘零满地金’。欧公见而戏之曰：‘秋英不比春花落，传语诗人仔细吟。’”冯梦龙据以敷衍，在《警世通言·王安石三难苏学士》中，又将欧阳修事移至苏轼，谓苏东坡缘此得罪安石，左迁黄州团练副使，成为一段趣话。然而菊花究竟落否？史正志《菊谱后序》称：菊有落与不落两种。又据实地考察，黄州确有落花之菊，王氏并非无稽之谈。②“折得”句：为瓶菊未遭风雨袭击尚存而庆幸。惜花心：借别人（公子）的惜花之举映照自己的情怀。

黄花

朱淑真

土花能白又能红，晚节由能爱此工[①]。
宁可抱香枝上老，不随黄叶舞秋风[②]。

【注释】

①土花：即黄花，指菊花。古以五色配五行五方，黄是土地之色。朱熹《诗集传》："黄，中央土之正色。"故本诗称黄花为"土花"。晚节：晚年节操，指菊花岁暮开放而不畏风霜的操守。由能：即犹能。工：同功，言自身修养的功夫。岁暮尚能爱惜保持自己的节操。宋朝韩琦《在北门九日宴诸曹诗》："莫嫌老圃秋容淡，且看黄花晚节香。"②抱香：萎而不落，紧抱枝头。"不随"句：言菊花不若黄叶之轻飘、低贱、随风起舞。

42. 未展芭蕉

钱　珝(xǔ)

冷烛无烟绿蜡干，芳心犹卷怯春寒[①]。
一缄书札藏何事，会被东风暗拆看[②]。

【注释】

①冷烛、绿蜡：比喻绿色的芭蕉叶子，此从形状和色泽上设喻。芳心：少女的心，比喻畏怯春寒还没展开的芭蕉叶，其最里一层卷起芭蕉叶，俗称"蕉心"。②一缄书札：古人的书札大都作卷筒形，与未展的芭蕉叶相似，故以书札比喻未展的芭蕉。缄：书信的量词，相当于"封"、"件"。书札：书信。东风：春风。

【赏析】

这首咏物诗，诗人并没有刻意描摹未展开芭蕉的形态，也没有写它的气质和神韵，而是通过丰富的想象和艺术联想，以凝练准确的语言，把未展芭蕉人格化，达到了物我为一、主客融合、浑然一体的神似境界。首句以物拟物：卷成筒状的芭蕉就像一支无烟的绿色蜡烛。次句以人拟物：在料峭春寒中卷着"芳心"的芭蕉，仿佛是一位含情脉脉的少女，让那颗从未向人坦露过的"芳心"，暂时埋藏在内心的深处。三、四句设喻遥想，卷成筒状的芭蕉由未展而尽展：未展芭蕉就像未拆封的书札，一片"芳心"深藏其中，不愿向人坦露；随着寒气的消逝，芳春的到来，和煦的春风总会暗暗拆开这封"书札"，使那美好的情愫呈露在无边的春色中。前三句一再突出"芳心"未展，但静中有动，逐步蓄势。终于，春天来到，东风送暖，心中一动，书信被拆，情怀和心事坦露出来，未展芭蕉与绿衣女郎合二为一，从而展示了新的意境，抒发了美的情思。这首诗曲尽芭蕉之妙，形神兼备，蕴藉含蓄，诗味醇厚。刘学锴先生评曰："诗意的想象与联想，归根结底还是来源于对生活的细心体察和深切体验。如果钱珝对生活中受到环境束缚、心灵上受到禁锢的少女缺乏了解与同情，那么他是无论如何不会产生上面那一系列诗意的联想的，也绝不会从单调的未展芭蕉身上发现含情不展的少女的感情与气质的。"

43. 早春呈水部张十八员外二首（其一）①

韩　愈

天街小雨润如酥②，草色遥看近却无。
最是一年春好处，绝胜烟柳满皇都③。

【注释】

①水部张十八员外：即张籍。张籍曾任水部员外郎，在兄弟辈中排行十八，故称。水部：掌管水道的有关事宜，唐时为工部四司之一。呈：这里是"寄给"的意思。②天街：京城的街道。润如酥：润滑得像油一样，松软得像奶酪一样。③绝胜：远远超过。皇都：京城。

【赏析】

这首诗描写了京城长安早春清新优美的初生春草，诗人扣住一个"早"字，以草色写早春光景之美，别具匠心。首二句写春雨草色：天街的微微细雨，润物如此酥软；春草初生，青色尚浅，而经细雨滋润后，远远看上去能显出一片绿意来，近看反倒没有了。三、四句通过早春与盛春的比较，盛赞早春美景：早春美景是一年中最美好的景致，远远胜过盛春时分那烟柳满皇城的景象。"草色遥看近却无"，紧扣"早春"特征，"摄早春之魂"，且表达了诗人细致微妙的情思：熬过漫漫严冬，终于盼来春的气息。新生小草的萌芽，不但很美，而且还宣告着残冬的过去，预示着美好的前景。潘百齐先生评曰："这首诗在时空运用上显示出高明的技巧。首句以背景作衬托，是运用空间技巧；末句以盛春景色作对比，是运用时间技巧。二者都是为了突现'遥看近却无'的'草色'。春意最浓时，长安城内随处可见'烟柳'。一个'满'字，透露了诗人厌倦的情绪。'烟柳满皇都'，就好像浓妆艳抹的妖冶妇人，其情难堪之甚。相形之下，诗人断然认定'草色'、'绝胜'、'烟柳'。这是一种普遍心理，人们总是特别赏爱新鲜事物。那青嫩的草色，饱含水分，蕴藏生机，自然能得到人们的青睐。故曰'最是一年春好处'。诗人把早春草色与盛春烟柳相比后作出的这一择断，成功地发挥了时间技巧的作用。"

杨巨源的《城东早春》与此诗异曲同工，录以备考。

城东早春

杨巨源

诗家清景在新春，绿柳才黄半未匀①。
若待上林花似锦②，出门俱是看花人。

【注释】

①诗家：诗人的统称。清景：清丽的景色。才黄：刚发芽。②上林：即上林苑。故址在今陕西西安市西，建于秦代，汉武帝时加以扩充，是有名的皇家猎场，这里用来代指一切园林。

韩兆琦先生评曰："这首诗写了诗人对早春清新之景的热爱和欣赏，同时也说出了人贵在发现新事物，而不要人云亦云地随波逐流这样一种生活哲理。在创作上也要捕捉新的意象，说出别人未曾说的话，不因袭从俗。"

咏芳草的，罗邺有《芳草》、崔国辅有《长信草》，也录以备考。

芳　草

罗　邺

芳草和烟暖更青，闲门要路一时生。
年年点检人间事，唯有春风不世情。

长信草

崔国辅

长信宫中草，年年愁处生。
故侵珠履迹，不使玉阶行。

44.　静夜思①

李　白

床前明月光，疑是地上霜。
举头望明月，低头思故乡②。

【注释】

①静夜思：即在静寂之夜所引起的乡愁客思。②望明月：一作"望山月"。

【赏析】

明月，是诗的永恒的主题。在李白许多咏月诗篇中，这首《静夜思》，家喻户晓，妇孺皆知。它没有奇特的想象，没有华丽的辞藻，短短四句，信口吟来，由见"月"而疑"霜"，由"举头望"而"低头思"，具体而灵活地记录了一个人的内心活动，从而鲜明而真切地勾勒出一幅"月夜思乡图"。一、二句实写物、虚写人：夜深寒气袭人，诗人思绪翻腾，大半夜还没有入睡，忽然月光照到了床前，十分明亮；床前一片水银似的白色，骤然之间，以为是秋霜降落在床前。三、四句写游子思乡：明亮的月光，撩得人无法入睡，索性一骨碌爬起来坐着，抬头隔窗而望：夜空之中，一轮明月；这孤寂的寒月，又引起了无限幽思，茫茫愁绪袭扰了诗人，就不知不觉地低下头来想念他的故乡了。"这是一首游子思乡之歌。前二句从'月光'与'霜'的类比，使人感到其境的清寒与朦胧，透露出客居异乡的不适应之感。后二句通过一'举头'、一'低头'，传出游子思乡的神情与心态，万种乡愁，俱在不言中。也就是沈德潜所说：'百千旅情，虽说明却不说尽。'（《唐诗别裁》）而在语言上则明白如话，故为千古传诵。"（周啸天）俞陛云先生评曰："前二句取喻殊新，后二句在举头、低头俄顷之间，顿生乡思，良以故乡之念，久蕴怀中，偶见床前明月，一触即发，正见其乡心之切。且举头低头，联属用之，更见俯仰有致。"刘永济先生评曰："清李重华《贞一斋诗话》谓：'五言绝发源《子夜歌》，别无妙巧，取天然二十字，如弹丸脱手为妙。'李白此诗绝去雕采，纯出天真，犹是《子夜》民歌本色，故虽非用乐府古题，而古意盎然。前人尝言李白曾以乐府学授人，知其于此体工力甚深。"

鉴赏评析实践

一、列举托物言志诗常见的意象，并简要说明其寓意。

二、阅读下面几首诗词，然后回答问题。

1.

小孤山①

谢枋得②

人言此是海门关，海眼③无涯骇众观。
天地偶然留砥柱，江山有此障狂澜。
坚如猛士敌场立，危似孤臣末世难。
明日登峰须造极，渺观宇宙我心宽。

【注】①小孤山：位于安徽省宿松县城南六十五公里的长江之中，四无依傍，地势险要，是南宋军事要地。②谢枋得：宋末弋阳（今属江西）人，以忠义自任，曾率军抗元。兵败后隐居福建一带，后被元人胁迫至燕京，绝食而死。③海眼：急流遇阻所形成的大漩涡。

(1)诗中小孤山的形象寄托了作者怎样的思想感情？

(2)简析“危似孤臣末世难”中的“孤”字的妙处。

2. 临江仙

侯 蒙

未遇行藏谁肯信，如今方表名踪。无端良匠画形容。当风轻借力，一举入高空。　才得吹嘘身渐稳，只疑远赴蟾宫。雨余时候夕阳红。几人平地上，看我碧霄中。

【写作背景】据宋人洪迈《夷坚志》记载：侯蒙其貌不扬，长年无成，屡屡被人讥笑。有轻薄少年画其形貌于风筝上，侯蒙见之大笑，作《临江仙》词题其上。后一举登第，官至宰相。

(1)这首词体现了侯蒙什么样的人生态度？请结合词作予以简析。

(2)《三国演义》的开篇词《临江仙》上阕“滚滚长江东逝水，浪花淘尽英雄。是非成败转头空，青山依旧在，几度夕阳红”，与侯蒙词一样，都运用了“夕阳红”的意象，但其象征意义各不相同，请作简要的比较。

3. 木芙蓉

吕本中

小池南畔木芙蓉，雨后霜前着意红。
犹胜无言旧桃李，一生开落任东风。

窗前木芙蓉

范成大

辛苦孤花破小寒，花心应似客心酸。
更凭青女留连得，未作愁红怨绿看。

【注】青女：传说中掌管霜雪的女神。

(1)两首诗都描述了木芙蓉的什么自然属性？都运用了哪种修辞手法？

(2)两首诗中木芙蓉的形象有什么不同？

4. 醉落魄·咏鹰

陈维崧

寒山几堵[①]，风低削碎中原路[②]。秋空一碧无今古。醉袒貂裘，略记寻呼处。

男儿身手和谁赌？老来猛气还轩举[③]。人间多少闲狐兔？月黑沙黄，此际偏思汝！

【注】①堵：座。②削碎中原路：形容鹰掠地飞过。③轩举：意气飞扬。

(1)这首词的上片主要是用什么表现手法来写鹰的？请作简要分析。

(2)结合下片的句子，分析词人表达了怎样的思想感情。

5.

齐安郡中偶题

杜　牧

两竿落日溪桥上，半缕轻烟柳景中。
多少绿荷相倚恨，一时回首背西风。

暮热游荷池上

杨万里

细草摇头忽报侬，披襟拦得一西风。
荷花入暮犹愁热，低面深藏碧伞中。

(1)这两首诗描写的都是＿＿＿＿＿＿＿＿＿＿时刻的景色，均以荷与＿＿＿＿＿＿＿＿＿＿为诗歌的主要意象。

(2)这两首诗都运用了什么修辞手法来刻画“荷”的形象？请指出两首诗中“荷”所表现出来的不同情感特点，并作简要分析。

6.

病　牛①

李　纲

耕犁千亩实千箱，力尽筋疲谁复伤②？
但得众生皆得饱，不辞羸病卧残阳。

禾　熟

孔平仲

百里西风禾黍香，鸣泉落窦谷登场。
老牛粗了③耕耘债，啮草坡头卧夕阳。

牛

王安石

朝耕及露下，暮耕连月出。
自无一毛利，至有千箱实。

【注】①第一首诗是诗人被罢相贬到武昌时写的。②谁复伤：谁来同情。③粗了：大致了结。

这三首诗中都描绘了“牛”的形象，其形象是否相同？请结合三首诗简要分析。

露一手过把瘾

咏物诗既要抓住所咏之物特征，再现所描绘的物象，力求形似、逼真；又要在“形似”的基础上，力求“神似”，即深入其里，摄出物象的神韵、品格来，形神兼备；还要托物言志，即借所咏之物象表心灵心境，寄托审美情感。学习、借鉴本章咏“蝉”、咏“梅”、咏“马”等托物言志诗的写法，从你最熟悉的花草虫鱼、飞禽走兽中，选两个物象，写两首咏物诗，力求形神兼备，能有所寄托最佳。愿意试一试吗？

参考答案

一、（略）

二、1.（1）此诗托小孤山言志，表达了诗人尽管身为孤臣，时处末世，也要勇敢坚毅、杀敌报国的壮烈情怀，以及自己能够力挽狂澜、取得抗元胜利的坚定信念。（2）①小孤山的“孤”与孤臣的“孤”字面相应，联想自然。②小孤山砥柱中流的地理特征与诗人砥柱中流的壮士情怀相应，托物言志。③偶然存留的孤山与末世仅存的孤臣相应，暗指南宋末年抗元将帅严重匮乏，比喻贴切。

2.（1）①侯蒙幽默诙谐。如戏称画他形貌的人为“良臣”，机智地应对别人的嘲讽。②侯蒙乐观自信。别人把他的形貌画在风筝上送入天空，他不自卑，而是想象成去“蟾宫”折桂。③侯蒙志向高远。结句含意：等到我事业有成时，“看我”怎样在“碧霄”中自由驰骋吧！（2）①侯词的“夕阳红”象征个人的时来运转，大器晚成。②《三国演义》开篇词的“夕阳红”象征历史的沧桑变化。

3.（1）描述了木芙蓉开花的自然属性。运用了拟人手法。（2）吕诗着重描写的是逍遥闲适、任由风吹雨打的形象；范诗写的木芙蓉孤苦、心酸，处境凄凉，但作者并没有把这花看作愁苦。前者是闲适之士的豪迈与大度的形象，后者是在凄苦孤独的环境中的乐观者形象。

4.（1）①主要运用了衬托的手法。②借用壁立的寒山、空旷的大地、澄碧的秋空等场景，来衬托鹰的形象。（2）①“男儿身手和谁赌？老来猛气还轩举”，表达了猛气犹存、老当益壮的情怀。②“人间多少闲孤兔。月黑沙黄，此际偏思汝”，表达了期待施展抱负、建功立业的志向。

5.(1)傍晚　西风　(2)拟人的修辞手法。前一首的“绿荷”有“恨”而“背西风”，含有诗人之恨，表露了伤感不平之情，基调凄怨低沉。后一首的“荷花”被西风吹动而躲藏于荷叶之中，似是“愁热”，却呈现娇羞之态，表露了作者怜爱喜悦之情，基调活泼有趣。

6.三首诗中“牛”的形象不同。第一首诗中所塑造的是一个流尽血汗仍愿奉献到底的牛的崇高形象。第二首诗中塑造的是一个不争不怨、知足而乐、随遇而安、悠然自得的牛的形象。第三首诗中塑造的是一个朝暮耕耘、任劳任怨、无私奉献、决不索取的牛的形象。

第三章

黄沙百战穿金甲，不破楼兰终不还
——边塞征战诗

边塞征战诗派指唐朝开元、天宝年间形成的一个以反映唐朝边界战争生活为主要内容的诗歌流派。当时唐朝国力强盛，疆域广阔。华夏民族与外族既有很广泛的交往，也时常发生战争。这些战争有两种类型：一种是保卫国家、抵抗侵略的正义战争；另一种是统治者以炫耀武力、扩大疆域为目的的非正义战争。到唐玄宗时，战争非常频繁。战争既影响到社会各方面的生活，也引起诗人的关注，并在诗中反映战争问题，这就使以战争为主题或题材的作品数量大增。在唐朝，知识分子的仕途出路除了应试及第被授予官职（通常官职很低）以外，另一条就是应将军们的征辟入幕府。有些人仕途坎坷，宦海失意，于是投笔从军，希望能够在军旅中有所建树，被将军们赏识，进而再推荐给朝廷。因而，知识分子入幕府在当时成为一种风气。还有些人做官做到了一定的职位，被皇帝派去边境带兵打仗。由于他们亲身参加军队，置身边塞，所以对军队生活和边疆生活有深入的观察和体会，并在作品中多方面地反映边塞生活，这就形成边塞征战诗派。其代表人物是高适、岑参、王昌龄、李颀等。其中成就最大的是高适和岑参，因此有人将这一流派称做“高岑诗派”。

严羽说：“唐人好诗，多是征戍、迁谪、行旅、离别之作，往往能感动激发人意。”（《沧浪诗话·诗评》）这四种诗歌题材，除迁谪与边塞诗无甚关联外，其他三种大多与边塞诗有关。林庚先生指出，边塞诗的具体内容“往往是传统的游子主题的扩展，政治视野的扩展，山水风光的扩展”。（《略谈唐诗高潮中的一些标志》）

边塞征战诗派的作者结合壮丽、辽阔的边境景象，表现驰骋沙场、建功立业的斗志豪情，抒发慷慨从戎、抗敌御侮的爱国思想，反映征夫思妇的幽怨以及边境的荒凉艰苦生活，同时也客观地反映了唐朝帝国内部的各种矛盾。边塞诗人的作品气势奔放，慷慨激昂，给人一种奋发向上的力量。边塞诗人大都具有边塞生活的切身体会。高适就曾两度出塞，岑参则“累佐戎幕”，对边地的征战生活和塞外风光有着深刻的认识，故能写出许多流传百代的佳作。王昌龄也是边塞诗派的代表人物，在形式上他多采用乐府旧题和七言绝句，他的边塞诗比较著名的有《出塞》、《从军行》等。李颀作品不多，但成就较高。他的《古从军行》是唐代边塞诗中的杰出作品，结尾两句“年年战骨埋荒外，空见葡萄入汉家”，深刻地表达了戍边战士的愤懑之情。除以上四人外，王之涣和崔颢等人，也都写过一些边塞诗，但成就不如前四者。边塞诗人深入表现边塞生活，无论是开拓诗歌的表现题材还是艺术上的创新，都取得了很大成就，大大促进了盛唐诗歌的繁荣。

由于初盛唐的边塞战争是为了抵御游牧民族的抢掠、骚扰，保卫国家的领土，保卫农业地区人民的劳动果实，是一种正义性质的战争，因此初盛唐时期的边塞诗的基调是豪放，是英勇，是积极向上，是乐观昂扬（莫砺锋）：即使是艰苦战争，也壮烈无比，“孰知不向边庭苦，纵死犹闻侠骨香”（王维）；即使是出征远戍，也爽朗明快，“黄沙百战穿金甲，不破楼兰终不还”（王昌龄）；即使是壮烈牺牲，也死而无悔，“醉卧沙场君莫笑，古来征战几人回”（王翰）。中晚唐，国势开始衰败，虽然诗人们还保持着昂扬向上的基调，但不免夹杂了几多悲壮，几多惋伤：“碛里征人三十万，一时回首月中看”（李益）；“可怜无定河边骨，犹是春闺梦里人”（陈陶）。宋王朝在民族斗争中一直处于劣势，外侮不断，国难当头，在边塞征战诗中流露出来的感情，就更多地体现为报国无门的愤懑和归家无望的哀痛：“塞上长城空自许，镜中衰鬓已先斑”（陆游），“燕然未勒归无计，羌管悠悠霜满地”（范仲淹）。

边塞征战诗的鉴赏评析应注意以下几点：

(1)把握诗歌创作的社会背景。对作者所处的时代应有所了解。如李颀的《古从军行》，此诗写当时之事，由于怕触犯忌讳，所以题目加上一个“古”字，借汉皇开边，讽玄宗用兵，对当时帝王好大喜功、穷兵黩武、视人民生命如草芥的行径加以讽刺，悲多于壮。了解诗歌的时代背景，有助于我们准确把握诗歌的主题，与诗人取得情感上的共鸣。

(2)注意区别各自的思想感情。在边塞征战的大题材下，边塞征战诗的思想内容异彩纷呈：有对建功立业的渴望，也有报效祖国的激情；有抒写征人乡愁的，也有反映闺中思妇的相思怀念之情的；有表现塞外生活的艰辛和连年征战惨烈的，也有惊异于塞外绝域那种迥异于中原风光的；有表现将士英勇善战、为国捐躯的豪情壮志的，亦有表现军中主帅“骄恣不法”、“不恤下情”，一味沉醉歌舞宴乐，疏于戒备，批评朝廷用兵失误、将非其人的；有对拓土开边、穷兵黩武的统治者予以辛辣讽刺与委婉劝谏的，也有反对不义之战，希望化干戈为玉帛，表达各民族间和睦相处的美好愿望的……

(3)分析诗歌的不同艺术风格：有的豪放旷达，有的雄壮悲慨，有的委婉清丽。

(4)了解边塞征战诗的常用意象:金鼓旌旗、烽火羽书、边关戍楼、戈矛剑戟、斧钺刀铩、长云秋月、雪山孤城、雁飞鹰扬、箭飞马走等;投笔表示弃文从武,长城表示守边的将士,楼兰表示边境之敌,吴钩表示武器或勇武豪情等。

鉴赏评析示例

1. 从军行[①]

杨　炯

烽火照西京[②],心中自不平。
牙璋辞凤阙,铁骑绕龙城[③]。
雪暗凋旗画[④],风多杂鼓声。
宁为百夫长[⑤],胜作一书生。

【注释】

①从军行:乐府《相和歌·平调曲》旧题。《乐府解题》:"《从军行》,皆军旅辛苦之辞。"②烽火:古代边防传递寇警的信号。昼则燔烟,夜乃举烽。西京:指长安。唐制,根据敌情的轻重缓急,逐级增加烽火的炬数。一炬传至所辖州县,两炬以上传至京城。③牙璋:调兵的符信,分两块,合处凹凸相嵌,叫做"牙",分别掌握在朝廷和主将手中,调兵时以此为凭。凤阙:指长安宫阙。铁骑:精锐的骑兵。龙城:亦叫"龙庭",汉时匈奴会盟祭天的地方,借指敌方要地。④凋:此处意为"使脱色"。旗画:军旗上的彩画。⑤百夫长:泛指下级军官。

【赏析】

"初唐四杰"的从军、出塞之作,表现知识分子立功边陲的壮志豪情,慷慨悲壮,令人振奋,对盛唐边塞诗的高度繁荣和成熟有一定的影响。杨炯的《从军行》,是代表作之一。这首诗描写一个士子投笔从戎、从军边塞并参加战斗的全过程。首联交代背景:报警的烽火传到长安,爱国书生的心情久久不能平静,他再也不愿把青春年华消磨在笔砚之间。颔联写出师神速:将帅领了兵符,奉命出师,立即辞京,奔赴前线;精锐的骑兵直捣龙庭,将敌人重重包围。颈联写激烈战斗:大雪弥漫,遮天蔽日,使军旗上的彩画都显得黯然失色;狂风呼啸,与雄壮的进军鼓声交织在一起。尾联抒情言志:宁愿作一个下级军官,为国效命疆场,也不愿置身书斋作一个皓首穷经的书生。这首诗情调高昂,辞彩奇丽,整饬精工的格律中充溢着豪宕雄放之气。通过对书生从戎沙场的描述和心理刻画,反映了他“壮士耻为儒”、志在沙场建功立业的雄豪气概。在初唐诗风绮靡的诗坛上，这种雄浑刚健、慷慨激昂的诗风很少见，这首诗可谓是开盛唐诗风之先声。前人评曰：“一、二总起，三、四从大处写其宠赫，五、六从小处写其热闹，方逼出‘宁为’、‘胜作’事。起陡健，结亦宜尔，但结句浅直耳。”（《唐诗成法》）林东海先生评曰：“初唐四杰多以乐府旧题作律，此亦一例。炯未尝从军，为一介书生，故借写边塞，以发文儒不及武夫之叹，结语虽浅直而激切。李太白所谓‘儒生不及征战人，白首垂帷复何益’（《行行且游猎篇》），亦有同慨。”

2. 凉州词[①]

王 翰

葡萄美酒夜光杯，欲饮琵琶马上催[②]。
醉卧沙场君莫笑[③]，古来征战几人回。

【注释】

①凉州词：又名《凉州曲》、《凉州歌》、《梁州歌》。凉州：州治在今甘肃省武威县。②葡萄美酒：指西域特产的葡萄酒。夜光杯：玉制的精美酒杯。催：劝酒。③沙场：广阔的沙地，这里指战场。

【赏析】

这首诗首联写军中欢宴：手捧着玉制的精美酒杯，满斟上凉州的名产葡萄美酒，正欲举杯畅饮，恰好传来马上弹奏的琵琶乐音劝酒助兴。末联写畅饮劝酒：尽情地痛饮吧，我醉倒在战场上，你们也别取笑；你们看，自古以来，上阵作战的人有几个活着回来的。刘永济先生评曰：“此写从军将士临发之情事也。首二句言其事，三、四句言其情。琵琶马上乐，胡地所为。蒲桃、蒲陶、葡萄一物异名，酒亦胡地所产，夜光杯用《十洲记》亦西胡所有，皆以状边塞风物。将士饮酒方酣，忽闻琵琶之声，顿起从军之感。故即接以三、四句，语似放旷，意实悲凉矣。清人施均父《岘佣说诗》谓‘作悲伤语读便浅，作谐谑语读便妙’语犹未的。玩末句何由见其为谐谑，只觉其感慨苍凉耳。”

3. 从军行[①]七首（其四）

王昌龄

青海长云暗雪山，孤城遥望玉门关[②]。
黄沙百战穿金甲，不破楼兰终不还[③]。

【注释】

①从军行:乐府诗题。《乐府解题》:《从军行》,皆军旅辛苦之辞。王诗原为七首绝句组成的组诗,这是第四首。②青海:青海湖,在今青海西宁市西。雪山:指祁连山,以其上积雪终年不化故称。孤城:唐诗中多指边城,此指河西走廊上某城。玉门关:汉置关名,在今甘肃敦煌县西北。③金甲:铁甲。楼兰:汉代西域国名,此代指入侵之敌。汉时西域楼兰王勾结匈奴,屡次遮杀通西域汉使于丝路,后傅介子奉命前往,计斩楼兰王,威慑西域,保证了丝路的畅通。

【赏析】

这首诗写河西战士在艰苦环境中仍不减克敌制胜的决心。首联写边塞风光:浩渺的青海湖,上空弥漫着浓密的长云,湖的北面,横亘着绵延千里的茫茫雪山;越过雪山,是矗立在河西走廊荒漠中的一座孤城,孤城的西面,是和孤城遥遥相对的军事要塞——玉门关。尾联用典抒情:将士们远离家乡,战斗频繁,磨穿金甲,但意志坚定;他们遥望东方,以斩钉截铁的语言向亲人表示:不打垮入侵之敌,誓不回家。全诗格调悲壮,洋溢着英雄主义的气概,是盛唐边塞诗的名篇之一。刘永济先生评曰:"写思归之情而曰'不破楼兰终不还',用一'终'字而使人读之凄然。盖'终不还'者,终不得还也,连上句金甲着穿观之,久戍之苦益明,如以为思破敌立功而归,则非诗人之本意矣。"

4. 从军行七首(其五)

王昌龄

大漠风尘日色昏,红旗半卷出辕门①。
前军夜战洮河北,已报生擒吐谷浑②。

【注释】

①大漠:沙漠。辕门:军营的门。古代行军,夜以车辕相向为门,故称"辕门"。②洮(táo)河:河名,源出甘肃临潭,东北流经岷县、临洮入黄河。吐谷浑(tǔ yù hún):鲜卑族所建立的地方政权,居住在洮水西南等处,时扰边境,后被唐高宗和吐蕃联军所败,开元时已不多存在。这里借指入侵的敌酋。

【赏析】

这首诗截取战斗中的一个片断,把一次夜袭敌军、大获全胜的战斗,有声有色地描绘了出来。首联写增援部队行军:沙漠辽阔,风起之时,尘沙飞扬,漫天遍野,明亮的月色也变得昏暗起来;将士们半卷着红旗顶风冒沙,向前挺进,直指敌营。尾联写前锋部队夜战：行军途中，捷报传来，前锋部队在洮河北与敌军夜战，已生擒敌酋大获全胜。这首诗避开正面描写，采用侧面叙述，既表明了前锋部队的英勇善战，又给人以想象的余地，充分体现了绝句的含蓄凝练。沈祖棻先生评曰："'已'字含义很丰富，前军的英勇，制胜的迅速，闻捷的喜悦，都通过它生动地渲染了出来。"

5. 出塞[1]二首（其一）

王昌龄

秦时明月汉时关，万里长征人未还[2]。
但使龙城飞将在，不教胡马度阴山[3]。

【注释】

①出塞：乐府《横吹曲》旧题。唐人乐府中还有《前出塞》、《后出塞》、《塞上曲》、《塞下曲》等，都是从此曲衍生出来的。②"秦时"句：秦和汉，月和关，互文，错举见义。犹言秦汉时的明月，秦汉时的关塞，还和过去的一样。长征：唐代戍边战士，称为"长征建儿"。言长征健儿，戍守于万里之外。③龙城飞将：分指卫青和李广。《汉书·武帝纪》："青至龙城，获首虏七百级。"《史记·李将军列传》：李广为右北平太守，匈奴呼之为"汉之飞将"。这里将"龙城"与"飞将"连用，是合二者而言。阴山：阴山山脉在河套以北，大漠以南，起自甘肃，绵亘内蒙，是古代中原的天然屏障。

【赏析】

明代诗人李攀龙推奖这首诗为唐人七绝的压卷之作。从意境的高远、思想的深刻、感情的深沉以及匠心的独运诸方面来看，它的确无愧于这一称誉。首句写景：看看天上的明月，还是秦汉时的明月，看看雄壮的关塞，也还是秦汉时的国防建筑。二句伤今：在这个从古到今景色不变的关塞中，当今的士卒也像大多数秦汉时代的士卒那样离家万里，久戍边关，望月思家而不得还家。末二句缅怀良将：如果有像卫青、李广那样的名将坚守边防，不让胡人的骑兵越过阴山来侵略，岂不是可以使许多士兵免于死亡吗？全诗"通过对边疆景物、征人心理的描绘，表现的内容是复杂的。既有对久戍士卒的深切同情和对起用良将、解除边患的真切的盼望，又流露出对朝廷不能选贤任能的不满；同时又以大局为重，个人利益服从国家安全的需要，使诗的内容更为深广，更具时代特点。"（厉贵中）刘永济先生评曰："'人未还'言师劳无功也。三、四句责将非其人，倘得李广为将，则边境自安矣。'秦时明月'句，沈归愚《说诗晬语》谓'防边筑城起于秦、汉，明月属秦，关属汉，诗中互文。'此句不过见边事乃历代所有也。"

6. 塞下曲六首(其一)

李　白

五月天山雪①,无花只有寒。
笛中闻折柳②,春色未曾看。
晓战随金鼓,宵眠抱玉鞍③。
愿将腰下剑,直为斩楼兰④。

【注释】

①天山:在今新疆维吾尔自治区内,山上冬夏积雪不消。②折柳:即《折杨柳》,古乐府《横吹曲》的曲调名。③金鼓:以金为饰的战鼓。玉鞍:以玉为饰的马鞍。④楼兰:汉西域部族名。此泛指向内地侵扰的敌人。斩楼兰:用汉朝傅介子斩楼兰王的典故,意指消灭敌人。

【赏析】

这首诗描写天山风光和边塞生活,表现了戍边将士不畏艰苦的乐观精神和慷慨报国的英雄气概。前半部分写边地苦寒,环境艰苦。首联写边塞环境:在五月内地已是夏季,而塞外的天山依然是白皑皑的积雪;看不到鲜花开放,笼罩着一片寒气。颔联渲染气氛:一阵笛声飘进将士们的耳际,将士们听出那是《折杨柳》的曲调,便立即联想到杨柳轻拂、生机盎然的春天。但是寒冷的天山脚下,无柳可折,自然也看不到春天之景。后半部分写将士英勇战斗、杀敌为国。颈联写紧张的战斗生活:清晨,在战鼓声中冲锋陷阵;晚上,抱着马鞍进入梦乡。尾联抒情言志:希望效法傅介子,用自己的佩剑,斩杀敌酋,消灭敌人,为国立功。这首诗在结构上别具一格,打破了律诗以联为单位作起承转合的常式,前二联起,三联为承,末联转合。前人评曰:"天山积雪,五月犹寒,搭上'无花'二字,便觉凄然,塞上无春,不见杨柳,添出笛中闻得,更觉悲凉。'随金鼓'、'抱玉鞍',言无休息。落句谓唯灭而后已,语似壮而情实迫也。四十字中不假雕镂,自然情致。"(《唐诗笺注》)

7. 使青夷军入居庸①

高　适

匹马行将久,征途去转难。
不知边地别②,只讶客衣单。
溪冷泉声苦,山空木叶干。
莫言关塞极,云雪尚漫漫③。

【注释】

①唐玄宗开元二十四年(736)冬，高适以封丘县尉奉使送兵于幽州之青夷军。青夷军：范阳节度使所辖边防军之一。居庸：即居庸关，在今北京西北。②不知：不管。别：区别。③漫漫：漫长，旷远，无边无际貌。

【赏析】

这是描写征途艰苦、行人孤寂的诗。首联写感受：骑着一匹瘦马走了很久很久；遥远的征途多么艰难。颔联写气候：边关幽燕之地异常寒冷，想不到与内地的差别竟如此之大；由于衣着单薄苦不堪言，这才惊讶不已。颈联写景：冬天的边关，溪冷山空，水流不畅；木叶枯干，萧瑟荒凉。尾联以情结景：不要说已经到了边关的尽头，云海雪山无边无际，还是望不到边。诗中处处写"难"，但无一处畏难。作者极写征途之"难"，正是以此衬托自己战胜这一切的豪情壮志，诗中透露出来的是昂扬奋发的斗志，积极进取的精神。前人评曰："此奉使才入居庸，尚未至青夷军。边塞途长，匹马已难，何况日夕？加一倍写法，为下'去转难'作势。不知边地早寒，尚是内地单衣。五、六但写途中景色。在行者已觉是无尽头，而所使之地尚漫漫未至，将来雨雪更苦。'莫言'二字自慰目前，亦见边塞之行路难也，怨诽之意一毫不露。"(《唐诗成法》)

8.　送李副使赴碛西官军[①]

岑　参

火山六月应更热[②]，赤亭道口行人绝。
知君惯度祁连城，岂能愁见轮台月[③]。
脱鞍暂入酒家垆[④]，送君万里西击胡。
功名只向马上取，真是英雄一丈夫。

【注释】

①碛西：即安西都护府(治所在今新疆库车附近)。②火山：又称"火焰山"，在今新疆吐鲁番附近。③祁连城：在今甘肃张掖县西南。轮台：这里是指汉置古轮台(今新疆轮台东南)。④垆(lú)：酒台里安放酒瓮的土台子，此借指酒店。

【赏析】

这首诗虽为送别之作，但其中表现的却是诗人不畏艰苦、慷慨报国的豪迈奔放的热情。首联极写旅程之艰辛：六月酷暑，出塞途中必经的火山，一定会更热；同样，赤亭路口上的行人也几乎绝迹。颔联是对行者的信任与激励：知道您经常出入边地，岂能见到轮台月亮而引起乡愁呢？颈联写送别场面：还是脱鞍稍驻，暂入酒家，饮酒话别；热酒一杯，祝您此次西行万里，击败胡人，报效国家。尾联直抒胸臆：功名请向戎马沙场上求取，这才是一个真正的大丈夫。临别赠言既是岑参勉励李氏立功扬名，创造英雄业绩，也是自己理想和壮志的表白。林家英先生评曰："这首诗熔叙事、抒情、议论于一炉，并且突破了一般送别诗的窠臼。其口语化的诗歌语言，让人感到亲切洒脱。悠扬流美的声调给人以奔放明快的诗意感受。自由活泼的韵律，跌宕有致的节奏，显示出一种豪迈的气势，传达出火一般的激情，无疑将给远行者以极大的鼓舞力量。"

9. 武威送刘判官赴碛西行军①

岑　参

火山五月行人少，看君马去疾如鸟。

都护行营太白西②，角声一动胡天晓。

【注释】

①天宝十载(751)五月，石国(在今乌兹别克塔什干一带)太子引大食部入侵，武威太守、安西节度使高仙芝将兵三十万出征。诗人于武威送其僚友刘判官赴军时所作。武威：郡名，今属甘肃。刘判官：名单。碛西：即安西都护府。②太白：星名，即金星，又叫"启明星"。相传太白星主杀伐，故诗文中多以喻兵戎。古人认为太白星的出现在某种情况下预示敌人的败亡，此言入侵的石国、大食必败。

【赏析】

这也是一首别具一格的送别诗。首联点明时间和所向：烈日炎炎，黄沙莽莽，五月的火焰山行人更少；在断绝人烟的原野上，一匹飞马掠野而过，向火山扑去。尾联预祝胜利：都护的临时行营远在太白星的西边，清晨军营的一声号角将胡天惊晓。末句以象征的手法，说"角声一动"，"胡天"就要由黑暗转向黎明，显出唐军将士气吞胡虏、威震塞外的壮志，既写出了诗人的胸襟，也歌颂了友人的勇武，从而使诗的意蕴更加深厚，更加丰富。周啸天先生评曰："此诗不落一般送别诗之窠臼。它没有直接写惜别之情和直言对胜利的祝愿。而只就此地与彼地情景略加夸张与想象，叙述自然，比兴得体，颇能壮僚友之行色，惜别与祝捷之意也就见于言外，在送别诗中堪称独具一格了。"

10. **塞上曲**

戴叔伦

汉家旌帜满阴山，不遣胡儿匹马还[①]。
愿得此身长报国，何须生入玉门关[②]。

【注释】

①不遣：不使。胡儿：这里指吐蕃、回纥入侵者。②生入玉门关：东汉班超长期驻守西域，年老时上书请归，有所谓"臣不敢望到酒泉郡，但愿生入玉门关"。戴叔伦这里反用其意。

【赏析】

这首诗借汉喻唐，歌颂了唐军威武雄壮的气势，表达了戍边将士不怕牺牲、誓欲立功报国的豪迈精神。全诗慷慨激昂，风格雄健。首句写军容之盛：大唐军队进驻阴山，漫山遍野都是军营，插满了唐军旗帜。前二句写将士斗志：将士们摩拳擦掌，敌人胆敢来侵犯，就坚决、彻底、干净消灭之，不让一人一马生还。末联用典言志：只希望以身报效国家，效命疆场，何必一定要活着回到关内呢！誓死报国，雄强豪迈之音，令人振奋。沈祖棻先生评曰："首句写军营之盛大，次句写斗志之昂扬，后两句用其（班超请归）意，显示了将士们为了崇高的事业，而不惜鞠躬尽瘁，死而后已，甚至连'生入玉门关'都可以无须，这种忘我的精神就更加突出了。"

11. **塞下曲六首（其三）**

卢　纶

月黑雁飞高，单于夜遁逃[①]。
欲将轻骑逐[②]，大雪满弓刀。

【注释】

①单于：匈奴君长的称呼。②轻骑（jì）：轻装快捷的骑兵。逐：追击。

【赏析】

卢纶的边塞诗，气魄宏大，雄壮豪迈。这首诗歌颂了将士们在月夜飞雪中追击敌人的英勇行为。首联写敌潜逃：月黑雪猛，高飞的大雁暗示敌情；一见雁飞，将军即知敌人已趁着这样一个漆黑阒寂的夜晚，悄悄地逃跑了。末联写我军追击：闻令而动的一个轻装快捷的骑兵列队欲追击逃敌，刹那间弓刀上就落满了大雪。只写欲追而不写大获全胜，故留悬念。袁行霈先生评曰："从这首诗看来，卢纶是很善于捕捉时机的。他不仅能抓住具有典型意义的形象，而且能把它放到最富有艺术效果的时刻加以表现。诗人不写军队如何出来，也不告诉你追上敌人没有，他只描绘一个准备追击的场面，就把当时的气氛情绪有力地烘托出来了。'欲将轻骑逐，大雪满弓刀'，这并不是战斗的高潮，而是迫近高潮的时刻。这个时刻，犹如箭在弦上，将发未发，最有吸引人的力量。你也许觉得不满足，因为没有把结果交代出来。但惟其如此，才更有启发性，更能引逗读者的联想与想象，这叫言有尽而意无穷。神龙见首不见尾，并不是没有尾，那尾在云中，若隐若现，更富有意趣和魅力。"关于末二句，黄生以为是倒叙："言虽雪满弓刀，犹欲轻骑相逐。一顺看，即似畏寒不出矣，相去何啻天渊？"

12. 度破讷沙[①]二首

李　益

其　一

眼见风来沙旋移，经年不省草生时[②]。
莫言塞北无春到，总有春来何处知[③]。

其　二

破讷沙头雁正飞，䴙鹈泉上战初归[④]。
平明日出东南地，满碛寒光生铁衣[⑤]。

【注释】

①度：经过。破讷沙：今内蒙古库布齐沙漠。②"眼见"句：写风移沙丘的景象。旋：立刻。不省（xǐng）：不知。③总有：即"纵有"、"即使有"。④䴙鹈（pìtì）泉：在今内蒙临河市东北。据《读史方舆纪要》载：唐代丰州有九十九泉，在西受降城北三百里的䴙鹈泉最大最著名。⑤平明：天刚蒙蒙亮。碛：沙漠。铁衣：铁甲战服。这句是说仿佛整个沙漠的耀眼光芒，都是从将士们铠甲上发出的。

【赏析】

这两首诗是李益的名作，约写于诗人四十岁左右，当时他正在灵盐丰夏等州节度使幕下任职。第一首诗写诗人途经神秘辽阔的茫茫沙漠的感受。首联写沙漠景象：沙海茫茫，狂风过处，只见沙丘立刻移动；从来不知道什么时候长过草。末联慨叹大漠的荒凉：不要说塞北没有春天，就是春天来了，又从何而知呢？这首诗语言浅显，通俗易懂，诗人选取大漠之中富有特征的景物，由无草表现无春，借无春表现出北国多风沙的气象。沈祖棻先生评曰："前两句写其地沙丘经常移动，从来不知道什么时候长过草；后两句写草既不生，春来了也无从知道，所以也不必管'塞北无春到'了，也是翻进一层，与王诗所写由于'春风不到玉门关'，所以‘笛’无须‘怨杨柳’，用意正相同。”

第二首描写军队一夜激战后，清晨回归营地途经破讷沙鸊鹈泉时的豪迈喜悦之情。首联写部队凯旋：夜行的军队，惊起栖息在沙漠的雁群，它们相唤腾空飞去；刚结束了鸊鹈泉上的一场夜战，将士们正凯旋而归。末联写将士的威武英姿：一轮红日从地平线上喷薄而出，行进的部队宛如游龙，战士的盔甲银鳞一般，在日照下冷光闪闪，而整个沙原上，沙砾与霜华也闪烁光芒，鲜明夺目。“后两句写景，用朝日用铠甲的辉煌图景，渲染了大军战胜归来的气势与豪情”。(胡大浚《唐代边塞诗选注》)周啸天先生评曰：“清人吴乔曾说：‘七绝乃偏师，非必堂堂之阵，正正之旗，有或斗山上，或斗地下者。’(《围炉诗话》)此诗主要赞颂边塞将士们的英雄气概，不写战斗而写战归。取材上即以偏师取胜，发挥了绝句特长。通篇造境独到，声情激越雄健，是盛唐高唱的余响。”

13. 塞下曲四首(其一)

李 益

伏波惟愿裹尸还[①]，定远何须生入关[②]。
莫遣只轮归海窟[③]，仍留一箭定天山[④]。

【注释】

①伏波：指东汉伏波将军马援。马援曾说：“男儿要当死于边野，以马革裹尸还葬耳!”这句是说自己要效法马援，宁愿战死沙场。②定远：指定远侯班超。班超曾说：“臣不敢望到酒泉郡，但愿生入玉门关。”这句是说何必要像定远侯班超那样活着回到关内呢！③只轮：指一辆战车。《春秋公羊传》：“匹马只轮无反者。”海窟：原意为大海，此处指瀚海，即西北塞外大沙漠，这里指塞外胡人栖息地。④一箭定天山：薛仁贵领兵连发三矢，射倒三人，敌人遂下马请降。于是军中歌道：“将军三箭定天山，战士长歌入汉关。”事见《旧唐书》本传。

【赏析】

这首诗以马援、班超、薛仁贵等杀敌为国的业绩自励，表现了作者以身许国、安定边疆的雄心壮志。首联写以身报国的赤胆忠心：要效仿伏波将军马援，宁愿战死沙场，马革裹尸还；何必要像定远侯班超那样活着回到关内呢！末联提出安边良策：千万不能派遣无能之辈戍守边塞，以免重蹈“匹马只轮无反者”的历史覆辙；必须派遣像一箭定天山的薛仁贵那样的勇武良将，去镇守边关要塞。这首诗句句用典，由于剪裁得当，一气贯穿，故贴切自然，毫无累赘板滞之感。富寿荪先生评曰：“此代边将立意，抒写报国斗志，杀敌决心。通首意气飞扬，极沉雄豪迈之志。四句皆对，句句用典，而一气浑成，无凑泊板重之迹，尤其可贵。”

14. ## 从军行

陈　羽

海畔风吹冻泥裂[1]，梧桐叶落枝梢折。
横笛闻声不见人[2]，红旗直上天山雪。

【注释】

①海：古时称塞外大水泽为海。②横笛：指军中吹笛。

【赏析】

这是一幅十分壮美的风雪行军图。首联写环境的严酷：天山脚下寒风劲吹，湖边冻泥纷纷裂开，梧桐树上的叶子已经落光，枝梢被狂风折断。末联写风雪行军：忽然从远处传来高亢嘹亮的笛声，寻声望去，只见在天山白雪的映衬下，一行红旗正在向峰巅移动。陈志明先生评曰："《从军行》兼有诗情画意之美，莽莽大山，成行的红旗，雪的白，旗的红，山的静，旗的动，展示出一幅壮美的风雪行军图。"这首诗在艺术上善于运用映衬与指代。一、二句竭力突出环境的恶劣，用浓重氛围映衬从军将士无所畏惧的精神风貌。适应氛围描写的需要，在押韵上采用了入声的韵脚，一、二、四句末一字，"裂"、"折"、"雪"都是入声"屑"韵字，韵尾为舌尖音，收音短促，适宜于抒写或悲或壮的诗情。

15. ## 雁门太守行[1]

李　贺

黑云压城城欲摧，甲光向日金鳞开[2]。
角声满天秋色里，塞上燕脂凝夜紫[3]。
半卷红旗临易水，霜重鼓寒声不起[4]。
报君黄金台上意，提携玉龙为君死[5]。

【注释】

①雁门太守行：乐府《相和歌·瑟调曲》旧题。古雁门郡：故址在今山西西北部。②黑云：浓重的云块，这里指战云，形容敌军攻城的声势。"甲光"句：太阳照射在将士金鳞般的铠甲上，光芒耀眼。③塞上：通常用以指我国北部、西北部的长城一带。燕脂：同"胭脂"，形容塞上的红土。燕脂凝夜紫：暗指战场血迹。④半卷红旗：描写奔袭敌人火速行军的情景。易水：在今河北易县境内。这里暗用荆轲悲歌典故，表现了将士们卫国杀敌的决心。"霜重"句：由于寒冷的浓霜把进

军的战鼓都浸湿了，因此鼓声低沉，打不响。⑤黄金台：战国时燕昭王所筑，上置黄金，用来招揽天下的贤才，故址在今河北易县东南。这句表现了一种“士为知己者死”的思想。提携：拿起。玉龙：指宝剑。

【赏析】

李贺这首模仿汉乐府旧题写作的新辞，表现了唐代北部地区一支边防部队为抗击敌人入侵而英勇战斗的悲壮情景，反映了中唐时期我国北部、西部复杂的民族矛盾，表达了诗人关心国家的安全统一，志欲为国效力的情怀。前四句写日落前的情景。首联写围城和突围：敌军围逼，黑云压城，城好像将要倒塌；既而黑云崩溃、红日当空，我军将士的金甲在日光下犹如片片金鳞，耀人耳目。颔联写激战情景：催战的号角声在萧瑟的秋空里回荡；暮色渐深，边塞的土地都变成紫色。后四句写驰援部队的活动。颈联写援军出击苦战：黑夜行军，偃旗息鼓，直逼易水边的敌军营垒，将士们便在战鼓声中冲入敌阵，浴血沙场。尾联抒情言志：为报答君王知遇之恩，甘愿手提宝剑为守城卫国战斗而死。这是一首慷慨昂扬的战歌，表现了将士们为唐王朝的领土完整和统一而浴血奋战、视死如归的英雄气概。全诗八句，有声有色，描绘出一场惊心动魄的战斗。诗中运用了“黑”、“红”、“金”、“紫”、“燕脂”等凝重的色彩，既加重了战斗气氛的渲染，又使得战斗画面形象威武，苍凉悲壮。周啸天先生评曰：“这首诗写得十分凝重。它是一首七古，篇幅却相当于一首七律，但读之不觉其短。首先在于诗人着重侧面的烘托，他没有采用正面书写的语言，却专重烘托气氛和展示意象，启发读者的想象和联想，自能以一当十。其次是很大的意象密度，诗中常将描述的、比喻的、象征的意象叠加，颠扑不破，耐人反复吟味。三显刷色浓重，几乎每一句都色彩鲜明，其中金黄、胭脂、紫红等艳丽的色彩，与黑、白（玉）等非彩色交织运用，构成色彩斑斓的画面效果，也是令人读不厌的。这种情况在杜、韩诗中偶尔一见（杜如‘香稻’一联），并不形成特色，而在李贺诗中则是擅长的绝活，旁人任难学到的。”

16.　水调歌①

无名氏

平沙落日大荒西，陇上明星高复低②。
孤山几处看烽火，壮士连营候鼓鼙③。

【注释】

①水调歌：古代乐曲名。②大荒：最荒僻遥远的地方。陇：即陇山，是六盘山南段的别称，位于今陕西省陇县西。③烽火：边塞用来报警的烟火。连营：军营相连。鼓鼙（pí）：军鼓。

【赏析】

这首诗写西域戍边将士半夜时分闻报敌情、候令出击的情景。首联写边地风光：一望无垠的荒凉大漠，落日在遥远的地平线上缓缓西沉；日落而星出，群星从高到低缓缓移动，一切景物都销声匿迹，只有陇山之上明星闪烁。尾联写边地军情：在这宁静的深夜，哨兵忽然看到几处孤山上燃起了报警的烽火，军情紧急；警报传来，连营军士临危不乱，一切准备工作都在极短时间内从容就绪，单等军令下达，鼙鼓擂响，即出战迎敌。一个"候"字写出了军令还未到，连营壮士在转眼之间已准备就绪的情景，突出了唐军的军纪严整、训练有素，故临危不乱，反映出全军将士骁勇善战和从容对敌的大无畏气概。张金海先生评曰："这首诗全以纯客观的笔调写景叙事，绝毫不带有作者的主观感情色彩，但是由于它采用层层渲染烘托衬垫的艺术手法，造成环境气氛上的有张有弛，再配以结构、语势上的起伏跌宕，故仍能紧紧抓住读者，扣人心弦。"

17. 古从军行

李 颀

白日登山望烽火，黄昏饮马傍交河[①]。
行人刁斗风沙暗，公主琵琶幽怨多[②]。
野云万里无城郭，雨雪纷纷连大漠。
胡雁哀鸣夜夜飞，胡儿眼泪双双落[③]。
闻道玉门犹被遮，应将性命逐轻车[④]。
年年战骨埋荒外，空见蒲桃入汉家[⑤]。

【注释】

①望烽火：指观察敌情，守候待命。饮马傍交河：即饮马于交河边。交河在今新疆吐鲁番西北，这里借以泛指西北边地。②行人：出征战士。刁斗：古代军中使用的铜制炊具，白天煮饭，夜里敲击巡逻。公主琵琶：据《汉书》载，汉武帝为同西域少数民族和亲，封江都王刘建之女刘细君为公主，远嫁西域乌孙国王昆莫，细君为解途中寂寞，令人在马上弹奏琵琶。这里指军营中响着由羌胡乐器演奏出来的凄凉的乐调。③胡儿：指军营里的少数民族青年。④"闻道"句：据《史记》记载，汉武帝太初元年，命贰师将军李广利攻大宛以取良马，久战不利，李广利上书请求收兵，武帝闻之大怒，派人斩断玉门关，并下令"军有敢入者辄斩之"。这里是说当朝统治者依然无休止地进行战争。遮：阻挡。逐轻车：跟着轻车将军继续打下去。逐：追随。轻车：原指汉武帝时轻车将军李蔡，此泛指将军。⑤空见：只看见。蒲桃：即葡萄。原产于西域，汉武帝伐大宛，始由西域带回中原。

【赏析】

这是一首著名边塞诗。诗人叙写征人思归不得的痛苦，以及对统治者穷兵黩武、不恤士卒的怨愤。首联写紧张的从军生活：白天爬上山去观望四方有无举烽火的边警；黄昏时候又到交河边上让马饮水。二联写夜晚所闻：风沙弥漫，一片漆黑，只听得见军营中巡夜的打更声和那如泣如诉的幽怨的琵琶声。三联渲染环境：军营所在，四顾荒野，无城郭可依；雨雪纷纷，以至与大漠相连。四联写胡儿、胡雁的凄苦：大漠荒凉，胡雁夜夜哀鸣；战争不息，土生土长的少数民族将士都哀啼落泪，何况远戍到此的中原戍卒呢？五联写班师复员无望：皇帝穷兵黩武，一意孤行，听说入关之路已被阻断；只有跟着本部的将军去与敌军拼命。六联写连年征战的结果：连年征战，无数战死将士的骸骨埋葬在荒漠野外；只看见西域葡萄遍布皇帝离宫别馆之旁。极言统治者重物轻人，好大喜功，草菅人命。沈德潜评曰："以人命换塞外之物，失策甚矣。为开边者垂戒，故作此诗。"（《唐诗别裁》）周啸天先生评曰："诗中写征夫之苦，不采用客观叙述角度，而用第一人称语气写成，有如泣如诉之感……《从军行》加一'古'字，仿佛只是沿袭古题，对汉代历史教训进行反思，然而借古鉴今的用意是很清楚的，可谓婉而多讽，发人深省。此诗多用骈句，调声上兼注意双声（"刁斗"、"琵琶"），叠词（"纷纷"、"夜夜"、"双双"、"年年"），重复（"胡雁"、"胡儿"）等手段，使得全诗音韵谐婉，唱叹生姿。"

18.　凉州词

王之涣

黄河远上白云间，一片孤城万仞山①。
羌笛何须怨杨柳，春风不度玉门关②。

【注释】

①黄河远上：一作"黄沙直上"。孤城：这里指玉门关。万仞：极言其高。仞：古代长度单位，以八尺或七尺为一仞。山：指祁连山，在河西走廊南侧。羌笛：又作"羌管"，管乐器，原出古羌族。杨柳：即《折杨柳》，乐府诗题，属《横吹曲》。度：过。玉门关：故址在今敦煌西北小方盘城，是西域输入玉石必经之路，因而得名。

【赏析】

这首诗通过描写西北边塞的壮丽景象，表现了戍边将士的独特感受。首联写景：纵目望去，汹涌澎湃波浪滔滔的黄河竟像一条丝带迤丽飞上云端；就在这黄河上游的万仞高山中露出一片城墙，孤高地矗立在那里。尾联抒情：羌笛吹着悲伤的《折杨柳》曲，好像在怨恨这荒凉严寒的边地春光来得迟；不要这样幽怨了，要知道春风是刮不到玉门关外来的。全诗将征人久戍的幽怨，隐含在壮丽荒寒的背景描写和羌笛之声的叙绘中，描景蕴情，绘声传情，含蓄形象。全诗意境开阔，气势雄浑，慷慨悲凉，以其撼人心魄的艺术效果赢得无数读者的青睐。刘永济先生评曰："此诗各本皆作'黄河远上'，惟计有功《唐诗记事》作'黄沙直上'。按玉门关在敦煌，离黄河流域甚远，作河非也。且首句写关外之景，但见无际黄沙与白云相连，已令人生荒远之感。再加第二句写其空旷辽阔，愈觉难堪。乃于此等境界之中忽闻羌笛吹《折杨柳》曲，不能不有'春风不度玉门关'之怨词。非实指边塞杨柳而怨春风也。《升庵诗话》谓：'此诗言恩泽不及于边塞，所谓君门远于万里也。'唐代常有吐蕃之乱，西边大部分地区每被吐蕃侵占，长年戍守之苦，朝廷所不知也。此诗人所以作为诗歌代其吟叹，冀在上者或闻之也。"

19. 从军行七首(其一)

王昌龄

烽火城西百尺楼，黄昏独坐海风秋[①]。
更吹羌笛关山月，无那金闺万里愁[②]。

【注释】

①"烽火"句：即城西百尺烽火楼。海风：此指青海湖吹来的风。②关山月：笛曲名，《乐府解题》："《关山月》。伤离别也。"无那：无奈，指无法消除思亲之愁。金闺："闺中"的美称，指战士的家室。

【赏析】

这首诗写戍边战士在秋日黄昏的戍楼上闻笛而起乡思。首联写独坐戍楼的感受：黄昏时候，荒寂的原野，四顾苍茫，只有这座百尺高楼；独坐戍楼，凭高眺远，湖风扑面，秋意袭人。尾联写闻笛曲而思亲：在这寂寥的环境中，传来阵阵呜呜咽咽的笛声——以伤离为主题的乐曲《关山月》；那万里之外的深闺妻子对自己的思念之愁无法消除——不言自己思亲怀乡，却说妻子思念自己，对面着笔，翻进一层，委婉曲折，含蓄蕴藉。沈祖棻先生评曰："此诗先写独坐思家，次写吹笛寄怨，再写家人念己，步步逼近，层层深入，以表夫妇相忆之情。"刘永济先生评曰："唐代诗人作边塞词者较多，大抵写边塞荒寒、戍卒辛苦、伤离念远之情。王昌龄、岑参尤长于作此类诗词……(此)首言边烽不息，黄昏登楼，满耳秋风，已十足悲凉，此时更闻羌笛吹出《关山月》曲，安得不生金闺万里之愁。"

20. 从军行七首(其二)

王昌龄

琵琶起舞换新声，总是关山旧别情①。
撩乱边愁听不尽，高高秋月照长城②。

【注释】

①关山：双关《关山月》曲名。②"撩乱"句：曲中缭乱的边愁没完没了。撩乱：指心绪烦乱。边愁：即关山旧别情。

【赏析】

这首诗抒写战士思念家乡的边愁之情，生动感人。首联从宴乐写起：随着舞蹈的变换，琵琶又翻出新的曲调；琵琶尽可换新曲调，但主题仍旧，无非《关山月》离别情。尾联写士兵不堪愁闷，步出营帐，月下徘徊：边愁缭乱，弹的人，弹不尽；听的人，听不尽。古老雄伟的长城绵亘起伏，秋月高照，东升又西落。这首诗写"边愁"，刻画心理细致深刻，一波三折(换新声——旧别情——听不尽)，末句以景结情，宕开一笔，使诗情得到升华。全诗意境雄浑开阔，情调悲凉沉郁，自非温柔缱绻的儿女之情可比。刘永济先生评曰："琵琶之新声，亦撩人之怨曲，满腹离绪之人，何堪听也，故有第三句。此诗末句骤读之似与上三句不相连贯，乃诗人用暗接之法。盖离人每以月为异地、两情相联系之物，故谢庄《月赋》有'美人迈兮音尘阙，隔千里兮共明月'之句，又如杜甫月夜思家有'今夜鄜州月，闺中只独看'之作，李白牛渚忆人有'登舟望秋月，空忆谢将军'之诗，一写独看，一写已空忆；而张九龄望月有'清迥城边月，流光万里同。所思如梦里，相望在庭中'之篇，则万里相望也。凡此皆因月生感之作，王诗末句忽接写月，正以见边愁不尽者，对此'高高秋月'但'照长城'，愈觉难堪也。句似不接，而意实相连，此之谓暗接。"

21. 塞上曲

戎　昱

胡风略地烧连山，碎叶孤城未下关①。
山头烽子声声叫②，知是将军夜猎还。

【注释】

①胡风：指西北边塞的北风。略地：大风从大地上扫过。烧：指为打猎而烧的野火。碎叶：古城名，在吉尔吉斯北部托克马克附近。下关：关闭城门。②烽

子：瞭望敌情、守卫烽火台的士兵。

【赏析】

这是一首独辟蹊径的边塞诗。它并未写将士们报国杀敌的忠贞，也未表现征戍生活的艰险和将士久戍思归的哀愁，而是描写边地将领夜猎，暗寓对将领疏于戒备的讽刺。其意境是全新的。首联写将军夜猎和边城疏于戒备：北风呼啸着掠过大地，山火漫延，那是戍边将军为打猎而烧的野火；边塞孤城——碎叶城入夜都还没有关闭城门。尾联写将军夜猎归来：忽然，负责瞭望敌情哨兵的阵阵喧闹声，从远处山上烽火台里传来；原来是将军夜猎之后开始返回边城了。边防要塞，敌人随时都有可能来侵扰。戍边将军却沉湎于狩猎，武备必然松弛，讽刺是深刻的，诗人的忧虑和不安也溢于言外。艺术表现上，诗人用"以少总多"的手法反映现实。诗人对碎叶城守将寻欢作乐的描写，实际上是对当时边关许多将领不思防务的讽刺。全诗自然、平淡、质朴。

22.

塞上听吹笛

高　适

雪净胡天牧马还①，月明羌笛戍楼间。
借问梅花何处落，风吹一夜满关山②。

【注释】

①牧马：指入侵者。古代西北游牧民族每当秋高草黄时，借口牧马而内侵。牧马还：胡马北还，边烽暂息，指敌人的骑兵被击退。②梅花：《梅花落》曲的简称。这里把"梅花落"三字拆开来用，含有双关意，既指悠扬的笛声，又把笛声比作飘落的梅花。"风吹"句：是说风吹着梅花（传送着笛声）一夜之间就布满了关山。

【赏析】

这是一首反映战争间歇期间守边士兵生活的小诗。首联写的是实景：胡天北地，天气晴朗，积雪融尽。当秋高马肥时，借口牧马到内地来骚扰的胡人已经被击退，边境烽火暂息，相安无事。天空洒下了明月的清辉，这时，不知是谁忽然在戍楼中吹起羌笛来了，吹的曲子是《梅花落》。尾联虚写笛声引起了征人的乡思：听到《梅花落》，自然想起故乡的梅花，请问梅花落在哪里呢？胡天是没有梅花的，但在此时此地，想象中的梅花之落，应当是一夜之间，被北风吹下，散满关山吧。诗人以惯常的边塞闻笛的表现手法，巧妙地将"梅花落"三字拆用，使这首诗具有了美妙的意境，使一片冷酷的边关沙场具有了一些温和柔媚的色彩。沈祖棻先生评曰："听到的是四处飘扬的笛声，而仿佛看到一夜之间吹满关山的花片，这种现实的听觉与想象的视觉的通感和交织，就使得诗中所要表现的边塞特定环境中壮丽苍凉的景色更为突出，与久戍思乡的情调非常吻合。诗中用自问自答以突出所要表现的情景，唤起读者特别注意，也是诗人们常用的表现手段之一。”

23.　碛中作①

岑　参

走马西来欲到天，辞家见月两回圆②。
今夜未知何处宿，平沙莽莽绝人烟。

【注释】

①碛(qì)：原指浅水中的沙石，此指沙漠。②走马：骑马赶路。西来：指赴安西、北庭都护府。欲到天：极言目的地的遥远，好像要走到天边似的。两回圆：指已经走了两个月。

【赏析】

天宝十三载(754)，岑参二度赴西北边疆，出任北庭都护府都护、安西节度使封常清幕府判官。《碛中作》当为途中所作。作品表现了西域大漠的荒凉空旷，以及戎马生涯的艰苦，同时也显示了诗人从军边塞的壮志豪情。首联叙行踪及乡思：走马疾行，西来“欲到天”边，而距目的地尚远；离家已两月了，月圆人不圆。尾联由思亲转到眼前：大漠野旷苍凉，莽莽万里，荒无人烟，真不知今夜宿于何处呢？以景结情，寓情于景，寓苍凉于壮阔，含蓄隽永。这首诗景色虽荒凉，但格调高昂，没有低沉的叹息与怨望，只有诗人无所畏避、竭力尽心、报国立功的豪情壮志，自是盛唐气象。俞陛云先生评曰：“凡塞外行役者，多言恋阙思家之意。李陵所谓‘胡笳夜动，牧马悲鸣，皆足助人忉怛’也。此诗但言沙碛苍茫，而回首中原，自有孤客投荒之感。首二句言策骑西来，已月圆两度，而长征未已，几欲至天尽。后二句申足上意，言此去宵枕抱鞍，料无宿处，则碛中黄云白草外，绝无人迹可知矣。”

24.　征人怨

柳中庸

岁岁金河复玉关，朝朝马策与刀环①。
三春白雪归青冢，万里黄河绕黑山②。

【注释】

①金河：又名“大黑河”，流经今呼和浩特、托克托一带。因水中泥色似金，故

名“金河”。玉关:即玉门关。马策:即马鞭。刀环:刀柄上的铜环。②青冢:即王昭君墓,最重要的一处在今内蒙古呼和浩特市南。传说塞草皆白,唯此冢草青,故名“青冢”。黑山:又名“杀虎山”,在今呼和浩特市附近。

【赏析】

这首诗描写了塞外辽阔壮观的自然环境和征人长期生活战斗在边地的劳苦与艰辛,表现了诗人对卫边将士们的深切关心和同情。首联记事:年复一年,东西奔波,往来边城,时在金河,时在玉关;日复一日,跃马横刀,征战不已,唯有战刀马鞭相伴。尾联写景:仍有白雪的三春之时,征人们又来到了青冢;滔滔万里的黄河,绕过重重黑山,复又奔腾向前。首联从时间角度,写征人长年累月奔波转战的艰苦——怨恨无时不有;尾联从空间角度,写征戍之地寒苦荒凉——怨恨无处不在。诗中描述的征人所行之地、所从之事、所见之景,不着一个“怨”字,而“怨”气无时不有,无地不在,如泣如诉,凄恻哀婉,感人肺腑。这首诗格律严谨工整。全诗两联各自为对,全诗四句内部又自对,尤其是尾联的对仗尤其讲究:数字对(“三”、“万”)颜色对(“白”、“青”、“黄”、“黑”)同时出现在一联之中,十分精工。沈祖棻先生评曰:“后两句既可理解为写自然风景,同时也可以理解为承上两句,写人的行动,即在春天还下着雪的时候人才返回青冢;伴随着万里黄河,人又从远道绕到黑山。其形象是非常富于暗示性的。而诗人所要表达的征人之怨,则只用‘岁岁’、‘朝朝’、‘复’、‘与’等字轻轻点出。”

25.

夜上受降城闻笛[①]

李　益

回乐烽前沙似雪[②],受降城外月如霜。
不知何处吹芦管[③],一夜征人尽望乡。

【注释】

①受降城:指西受降城,故址在今内蒙杭锦后旗乌加河北岸。按唐代有东、西、中三受降城,为抵御突厥,武后景云中朔方军总管张仁愿以拂云祠为中受降城,去东西四百里各建东、西受降城。三受降城相连而成一道坚固的塞上屏障。②回乐烽:回乐县的烽火台。回乐县在今宁夏回族自治区灵武县西南。③芦管:即芦笛,管乐器名,出于西域,胡人卷芦叶而吹。

【赏析】

这首诗通过描写征人月下听芦笛的画面,细腻地抒发了将士们久戍边地的思乡之情。首联写月下景色:远眺,回乐城外,烽火台下,沙漠在月光下反射着白光，犹如落了一层厚雪；近看，受降城外，一切景物都笼罩在月光之中，仿佛披上一层秋霜。尾联写所闻所感：正当诗人凝望着夜色时，不知何处响起了芦笛声，幽怨凄凉的芦笛声，划过寒冷寂静的夜空，打动着将士的心；久戍思归的将士们长夜难眠，都在月光下回望故乡。这首诗将色、声、情融为一体，以情绘色，以情摹声，同时又以声映情，以声传情，虚实结合，而又含蓄不尽。俞陛云先生评曰："对苍茫之夜月，登绝塞之孤城，沙明讶雪，月冷凝霜，是何等悲凉之境？起笔以对句写之，弥见雄厚。后二句申足上意，言荒沙万静中，闻芦管之声随朔风而起，防秋多少征人，乡愁齐赴，则己之郁伊善感，不待言矣。"

26.　从军北征

李　益

天山雪后海风寒，横笛遍吹《行路难》[①]。
碛里征人三十万，一时回首月中看[②]。

【注释】

①海风：指从青海湖上吹来的风。《行路难》：乐府诗题，属《杂曲歌辞》。《乐府解题》："《行路难》备言世路艰险及离别悲伤之意。"②碛：沙漠。一时回首：一齐回头，同时回头。月中看：意谓看不见家乡，只能遥望月亮。

【赏析】

这首诗选取一个特定的行军画面，描写了一支出征队伍听到笛声一齐望月的情景，生动地表现了将士们的思乡之情。首联写征途的艰辛和闻笛生情：大漠沙浪翻腾，天山雪后苦寒，加以青海湖上吹来的冷风，真是"风头如刀面如割"；当此不胜萧萧之寒夜，横笛吹奏咏叹忧患的《行路难》曲子，此吹彼和，响彻夜空。尾联写军中引起的共感：笛声四溢，充塞于荒凉戈壁滩，勾起戍边将士的乡思，三十万沙漠征人，一时月中回首，怅望家园，万绪悲凉。程千帆先生评曰："写征人怀乡之情，而气象阔大，使人读后，感受到的是悲壮，而非衰飒的情调。杜牧《边上闻笛》云：'游人一听头堪白，苏武争禁十九年？'用古虽工，却显得有些凄凉了。"沈祖棻先生评曰："这首诗与《夜上受降城闻笛》两诗都是写征人因听乐而思乡，也同样兼写情景，因景及情，写出在特定环境中将士们的普遍情绪，但在表现手法上，却各有妙处。前一首前两句写景，后两句写情；后一首则是首句写景，余三句写情；前一首用一联工整的对句写地点、景物、气候，着意刻画，加倍渲染，而不嫌其多；后一首虽然也同样写了地点、景物、气候，却用一句包罗。'天山'、'海'，相当于'回乐烽'、'受降城'，'雪后'、'风寒'相当于'沙似雪'、'月如霜'，而不觉其少。'横笛'句，即是'不'句，'碛里'两句，则又等于'一夜'句。'一夜'句言简意赅，已将要表达的东西说全了；可是‘碛里’两句，却以‘三十万’加强征人的共同感受，‘回首月中看’突出当时的景色和由之而产生的心情，也并不使人感到多余或松泛。诗人在这些地方所表现的高度技巧，是值得重视的。”关于末二句，清黄生评曰：“回首，望乡也，却藏一‘乡’字。闻笛思乡，诗中常意，硬说三十万人一时回首，便使常意变新。”

27. 塞下曲

许　浑

夜战桑乾北，秦兵半不归①。
朝来有乡信，犹自寄寒衣②。

【注释】

①桑乾：即桑乾河，永定河上游，流经山西北部与河北省西北部。秦兵：指唐朝关中地区的士兵，因长安属秦地故称。②“朝来”二句：唐沈彬《吊边人》：“白骨已枯沙上草，家人犹自寄寒衣。”陈陶《陇西行》：“可怜无定河边骨，犹是春闺梦里人。”可以参读。乡信：来自故乡的书信。

【赏析】

这首诗通过征夫战死，家人仍寄寒衣一事，写出战争所造成的悲剧，表达了诗人对牺牲者及其家人的深切同情，谴责了统治者的穷兵黩武。首联写夜战及结果：朔风凛冽，戍边将士在桑乾河北与敌军深夜浴血奋战；天晓回营，有半数将士为国捐躯，再也没有回来。尾联以寄寒衣突现悲剧：在成千上万的牺牲者中，有一位战士，在他牺牲后还有家信寄来；信中告诉他御寒的衣服已经寄出。刘文忠评曰：“诗中纯用白描手法，四句纯是叙事，不发任何议论，而倾向性都从作者提炼出来的典型事件上自然流露出来。艺术风格显得自然、平淡、质朴。但平淡并不浅露，思想深刻，很耐人寻味，又能平中见奇，善作苦语，奇警动人。‘朝来有乡信，犹自寄寒衣’，令人不忍卒读，也不忍回味，悲剧的气氛很浓。”俞陛云先生评曰：“自昔边患，以汉唐为多，唐代回纥吐蕃，迭扰西北，尤征戍频繁。沙场雪满，深夜鏖兵，迨天晓回营，折损已近半数。而秦中少妇，犹预量寒意，远寄征衣，不知梦里征人，已埋桑乾河畔矣。若张籍诗中：‘欲寄疑君在’，韦庄（应为陈陶）诗‘犹是春闺梦里人’，则全军皆没，诗尤沉痛。”

28.

陇西行[1]

陈 陶

誓扫匈奴不顾身，五千貂锦丧胡尘[2]。
可怜无定河边骨[3]，犹是春闺梦里人。

【注释】

①陇西行：乐府旧题名，内容多写边塞生活。②不顾身：司马迁《报任安书》说李陵"常思奋不顾身，以徇国家之急"。貂锦：貂裘锦衣，汉代羽林军的服饰，这里借指精锐部队。《报任安书》："李陵提步卒不满五千，深践戎马之地。"③无定河：黄河中游支流，在今陕西北部。因急流挟沙，深浅不定，故名。

【赏析】

这首诗以汉代李陵伐匈奴全军覆没的事实为题材，以汉代唐，反映了战争给人民带来的苦难，表现了诗人的厌战情绪。首联写悲壮激战的场面：将士们誓死要横扫那疯狂入侵的敌人，个个冲锋陷阵，奋不顾身，五千将士在塞外全部为国捐躯。尾联写战争带来的痛苦：由于家人不知亲人的存亡，可怜无定河边那些已经枯朽的白骨，依然还是那春闺梦中思念的亲人。哀乐相形，虚实相衬，产生了强烈的悲剧效果。傅庚生先生评曰："故以'春闺'为衬，若余句之力量不足以压倒读者因'春闺'而引起的缠绵缱绻之情，则其悲喜之正鹄消失；今既有'貂锦丧胡尘'、'无定河边骨'等句为诗中之主句，攘'春闺'以为宾辅，重又笼之以'梦'字，皆所为益以助其哀远矣。"

29.

塞路初晴

雍 陶

晚虹斜日塞天昏，一半山川带雨痕。
新水乱侵青草路[1]，残烟犹傍绿杨村。
胡人羊马休南牧，汉将旌旗在北门[2]。
行子喜闻无战伐[3]，闲看游骑猎秋原。

【注释】

①新水：新下的雨水。侵：漫流。②羊马：司马迁《史记·匈奴列传》："（匈奴）随畜牧而转移，其畜之多则马牛羊。"休：不要。南牧：侵犯南方。汉将：指代唐军。北门：国之北门，指唐朝北方边防前线。③无战伐：没有战争。

【赏析】

这首诗写塞北旅途中所见雨过天晴的景象，和平宁静，生机盎然，表现了对于“无战伐”的喜悦之情。前四句是一幅塞北雨霁的晚景图：一弯晚虹斜挂西天，一轮夕日正悠悠下沉，黄昏慢慢地降临边关，远处的山川如被洗过一样，带着清新；眼下的道路，爬满青草，那新落的雨水从草间悄无声息地流过；前方的村庄，绿树萦绕，笼着轻烟。颈联警告胡人贵族：正告胡人贵族，不得南侵，妄动干戈；在大唐的北方前线，帝国强大的戍边部队正严阵以待。尾联抒情：听说皇帝正在与胡人贵族议和，塞北没有战争，可喜可贺；正好悠闲轻松地在塞外秋野观猎。潘百齐评曰：“这首诗格调清朗，语言精练，对仗工整，显示了诗人推敲苦吟的功夫，而且意境优美，形象完整，在描写边塞风情的诗作中，别具一格。”

30. 前出塞九首(其六)

杜　甫

挽弓当挽强①，用箭当用长。
射人先射马，擒贼先擒王。
杀人亦有限，列国自有疆②。
苟能制侵陵，岂在多杀伤③？

【注释】

①挽：拉开。②“杀人”二句：作战的目的不在于多杀敌方的士兵，在于保卫自己的疆土，各国本来就有各自的疆界。③“苟能”二句：只要能制止敌人的侵扰和欺凌就行了，不应该多杀人。

【赏析】

本诗表现了诗人主张各守本土，相安无事，反对侵略，也反对以“反侵略”为名向外扩张。前半引用民间谣谚，概括了克敌制胜的战斗经验：拉弓应当选择劲弩；射箭应该使用最好的箭。射杀敌人的骑兵必须先射马；擒拿敌寇也必须先抓敌酋。后半言不必滥杀的原因：作战的目的不在于多杀敌方的士兵，而在于保卫自己的疆土，因为各国本来就有各自的疆界。只要能够制止敌人的侵扰和欺凌就可以了，用兵的目的难道是多杀人？傅经顺评曰：“从艺术构思说，作者采用了先扬后抑的手法：前四句以通俗而富哲理的谣谚体开势，讲如何练兵用武，怎样克敌制胜；后四句却写如何节制武功，力避杀伐，逼出‘止伐为武’本旨。先行辅笔，辅笔与主笔之间，看似掠转，实是顺接；看似矛盾，实为辩证。因为无可靠的武备，就不能制止外来的侵略；但自恃强大武装而穷兵黩武，也是不可取的。所以诗人主张既拥有强兵，又以'制侵陵'为限，才符合最广大人民的利益。"王文濡评曰："以前三句引起第四句，而主意在末二句，言'挽强'、'用长'方得弓箭之要，即'擒贼先擒王'之理。故杀人不在多，立国俱各有界，朝廷果有制敌之道，正不必劳师以用武也。仁人之言，托讽深婉。"(《历代诗评注读本》)莫砺锋先生评曰："杜甫在这首诗中表示了他对战争的认识，这是一种把人道主义与爱国主义统一起来的思想……主张我们应有强大的国防，要有强弓长箭的好武器，还要有擒贼擒王的好战略，用这种威慑力量来制止敌方的侵略意图。杜甫还主张只要我们守卫好自己的疆土就行了，国与国之间应该和睦相处，不用追求过多消灭敌人，这就在战略思想中又增加了人道主义的道德诉求。"

31.　塞下曲四首(其一)

常　建

玉帛朝回望帝乡，乌孙归去不称王①。
天涯静处无征战，兵气销为日月光②。

【注释】

①玉帛：玉器和束帛，古代祭祀、会盟、朝聘时所用的礼品。执玉帛而朝，是一种宾服和归化的表示。这里指朝见帝王时敬献的礼品。朝回：朝拜之后回国。望：回望，依依不舍的样子。乌孙：汉代西域国名，与西汉王朝通婚友好。不称王：指自己不再称王，以臣服于汉王朝。②兵气：战争的气氛。

【赏析】

这首诗以汉武帝与乌孙国结好的历史为题材，称颂了化干戈为玉帛的太平景象，表现了诗人对各民族间和睦相处的美好愿望。首联平述史实：敬献上礼品，朝拜汉帝回国途中，乌孙使臣朝拜西归后，不时依依不舍地回望京城长安；乌孙与汉朝世代友好，永不称王。尾联表达对和平的向往与渴望：玉门关外的茫茫大漠，曾经是积骸成阵的兵争要冲，如今却享有和平宁静的生活；战争的阴霾消散净尽，日月的光华照彻寰宇。羊春秋先生评曰："这首诗以高瞻远瞩的历史眼光，站在民族和睦的高度，讴歌了化干戈为玉帛的和平生活。汉武帝曾经采纳张骞的建议，与乌孙结好，从此不以兵戎相见，而以玉帛相聘，在一段时间内，出现了民族团结、边境安宁的太平景象。诗人对这段民族交往的历史，作出了由衷的歌颂；同时也对唐玄宗好大喜功，开边不已，不断发动穷兵黩武的不义战争，进行有益的讽喻。既写得冠冕堂皇，又写得委婉含蓄，淡言微讽，耐人寻味。"

32. **穷边[1]词二首(其一)**

姚　合

将军作镇古汧州，水腻山春节气柔[2]。

清夜满城丝管散，行人不信是边头[3]。

【注释】

①穷边：荒凉偏僻的边地。②汧(qiān)州：州治即今陕西千阳县。"水腻"句：边塞的春天，山清水秀，春光明媚。③边头：边塞。

【赏析】

这首诗描写了边城的风景秀丽，人民生活的安定康乐，借以赞扬边将的镇守之功。首句点明赞颂的对象：将军戍守边塞汧州城，为使边地安宁日夜操劳。二、三句侧面写将军的政绩：春光柔媚，山清水秀；节气柔和，风雨以时。身在边镇，入夜，丝管之声悠闲地在满城荡漾。末句写行人感想：看到这春意盎然、歌舞升平的景象，竟然不相信这是边塞之地。全诗力避直接称誉将军，甚至也未借"行人"之口表示，完全将之寓于形象的描绘之中，使每一形象中都包蕴着这层含义。这就使诗人由衷的赞美表达得既含蓄蕴藉，又浓郁热烈。刘永济先生评曰："此美边将能安边也，故不为寒苦之词。"

鉴赏评析实践

一、从思想内容角度给本章诗歌分类。

二、归纳边塞征战诗中常见的意象。

三、阅读下面几首诗词，然后回答问题。

1. **凉州词(其一)**

张　籍

边城暮雨雁飞低，芦笋初生渐欲齐。

无数铃声遥过碛[1]，应驮白练[2]到安西。

【注】①碛(qì)：沙漠。②练：白绢，丝织品的一种。

(1)"无数铃声遥过碛"一句表现了怎样的边塞景象？

(2)本诗运用了衬托对比和虚实相生的艺术手法，请简要分析。

2.　从军北征

李　益

天山雪后海风寒，横笛遍吹《行路难》。

碛里征人三十万，一时回首月中看。

(1)根据诗歌的内容判断这是一首唐诗还是宋诗，为什么？

(2)解释第一句中的“海”字。

(3)用200字左右的篇幅具体分析本诗“寓情于景”的表现手法及妙处。

3.　出　关①

徐　兰

凭山俯海古边州，旆②影风翻见戍楼。

马后桃花马前雪，出关争得不回头？

【注】①关：指居庸关。②旆(pèi)：旌旗。

(1)诗的前两句，有版本作“将军此去必封侯，士卒何心肯逗留”，与本诗相比，你更喜欢哪一种？请简要说明理由。

(2)“马后桃花马前雪”一句在艺术表现上有什么特点？请作简要分析。

4.　从军行七首(其二)

王昌龄

琵琶起舞换新声，总是关山旧别情。

撩乱边愁听不尽，高高秋月照长城。

(1)“琵琶起舞换新声”与“边愁”是否矛盾？为什么？

(2)“高高秋月照长城”与前三句写法上有何不同？这样的写法有什么好处？

5.　征人怨

柳中庸

岁岁金河复玉关，朝朝马策与刀环。

三春白雪归青冢，万里黄河绕黑山。

(1)为什么说这是一首边塞诗？结合诗句具体说明。

(2)诗题为“征人怨”，通篇虽无“怨”字，但句句有“怨情”，请作简要赏析。

露一手过把瘾

你也许没有去过塞外，但是通过文学作品的阅读和影视作品的欣赏，对塞外雄奇壮美的风光应该还是有所了解的。浩瀚的大漠、广袤无垠的草原、蓝天、白云、奔腾的骏马、成群的牛羊、星罗棋布的蒙古包……请放飞想象，写两首古诗，再现迥异于中原地区的塞外绝域的壮丽风光。

参考答案

一、(略)

二、(略)

三、1.(1)长长的驼队行进在广袤的沙漠上。(2)远与近、高与低、动与静、抑与扬的衬托对比。前两句实写，后两句以虚写为主，虚中有实。

2.(1)这是一首唐诗，因为唐代边境战事频繁，许多男子被征去戍边，故唐人留下了不少脍炙人口的边塞诗。从这首诗所写的内容看，应该是唐代的一首边塞诗。(2)"海"指沙漠，与岑参诗句"瀚海阑干百丈冰"的"海"意思一致。(3)这首边塞诗运用了"寓情于景"的表现手法，抒写了戍边将士的思乡之情，首句勾画了一支远征军队活动的广阔背景。雪后的天山，刺骨的寒风，浩瀚的沙漠，景物雄阔苍凉，有力地烘托出了行军的环境气氛。第二句以一曲《行路难》及一个"遍"字，丰富了首句的内涵。而笛声的哀怨与环境的苍凉，更能撩起征人的惆怅和愁思。三、四句承接第二句，由笛声引出了"回首月明中"的典型动作。士兵们在月光中望什么？也许是他们相对而视，热泪夺眶而出……全诗是一个壮阔而又悲凉的行军场景，诗中将景色、动作、声音、感情四者融合在一起，寓情于景，情生景中，含蓄蕴藉，耐人寻味。

3.(1)更喜欢本诗。本诗前两句点出居庸关的雄壮气势，景物描写鲜明生动，为后面抒怀做了铺垫。"将军"两句缺乏形象感，并且与全诗思乡的情感内容不相称。(2)①将关内桃花烂漫与关外白雪茫茫两个场景聚集到征马这一关节点上，描写生动，对比鲜明。②"桃花"与"雪"分别代指家乡的温馨与塞外的清冷生活，在诗中具有象征意义，蕴含了思乡的情感。

4.(1)不矛盾，这样的对照写法更能显示出听者深重的"别情"与"边愁"，这别情与边愁是任何欢乐的新曲都无法排遣的。(2)前三句叙事抒情，后一句写景。以景作结，寓情于景，创造意境，含蓄蕴藉。

5.(1)诗句中有金河、玉关、青冢、黄河、黑山等边塞地名，写了征人的戍边生活。(2)怨年年岁岁频繁调动，怨时时刻刻练兵备战，怨气候酷寒，怨景色单调。

第四章

千古兴亡多少事？不尽长江滚滚流
——咏史怀古诗

咏史怀古诗是我国古典诗歌的一个重要题材。诗人以历史事件、历史人物、历史陈迹为题材，融合对自然、社会、历史的感触，借登高望远、咏叹史实、怀念古迹来达到感慨兴衰、寄托哀思、托古讽今等目的。就其内容而言，咏史怀古诗或喟叹朝代兴亡的变化，借古讽今，以历史来鉴戒现实；或凭吊古迹，抒发个人的块垒不平；或评论古人，表达自己对历史事件的看法；也可以只抒写一种笼统而深重的历史失落感，感慨岁月倏忽变幻，人生飘忽，江山永恒，而即便是人类曾经创造出的“繁华”业绩，在浩瀚流转的历史长河中也不过是过眼烟云而已（如萨都剌《满江红·金陵怀古》）。咏史怀古诗包括述史和咏怀两部分，是两者的有机统一。它是诗，又是诗化的史论。

古代咏史怀古诗歌往往题为“咏史”、“怀古”、“览古”、“××古”等，有的干脆以历史地名或人物为题。自东汉班固首撰“咏史”篇章以后，咏史怀古诗歌创作渐渐蔚然成风，形成潮流，名人名作不断涌现。左思《咏史》八首，可为咏史怀古诗的滥觞。在唐代，几乎每位诗人都涉足咏史怀古诗苑。杜甫、刘禹锡、李商隐、杜牧、温庭筠皆是咏史名家。值得重视的是，唐代后期出现了一批专门写历史题材的诗人，《全唐诗》中，汪遵有咏史怀古诗 61 首，胡遵有 152 首，周昙有 193 首。宋代以后，咏叹古人古事以抒发自己见解与怀抱，更成为诗坛时尚。历史上的重要人物与事件以及遗迹，没有不形诸笔端的。清初诗人归庄，思接千载，拢纷纭史事于笔下，写出了长篇咏史曲《万古愁》与《击筑余音》，令人惊叹。据对唐代以后诗歌的查检，仅论史绝句就有 4000 多首，内容涉及远古至近代的史事人物。（见羊春秋、何严《历代论史绝句选·编后》）又据《历代歌咏昭君诗词选注》一书作者的统计，历代专门以王昭君事迹为题材的咏史怀古诗词（不包括提到昭君但非专咏昭君的诗篇），就有 766 篇。由此可见古代咏史诗歌丰富情状之一斑。

后代作家对尘封的往事发思古之幽情，一定有现实的原因或触发感慨的媒介。如苏轼的《念奴娇·赤壁怀古》讲的是苏轼被贬黄州，到当地一处叫“赤鼻矶”的地方（传闻就是当年三国的古战场赤壁）凭吊，这赤鼻矶也可以说是触发诗人感想的媒介。诗人站在浩浩古战场、滚滚长江边，抒发了对历史、人生的深沉感慨。时光不再，英雄易逝，而那潇洒儒雅、指挥若定的周郎，更激起诗人双鬓染霜而功业未就的伤己之情。辛弃疾的《永遇乐·京口北固亭怀古》，讲的是诗人登上京口北固亭，从历史上的孙权、刘裕以京口为基地坚持抗击北方劲敌，联想到南宋小朝廷的苟且偷安，自己报国无门，这京口北固亭是引发诗情的现实原因。也有的咏史怀古诗只是对历史作冷静的理性思考与评价，或仅是客观的叙述，诗人自身的遭遇不在其中，诗人的感慨只是画外之音而已。如刘禹锡的《乌衣巷》，今昔对比，表达了历史沧桑感；刘禹锡的《石头城》，寄托的则是国运衰微的感慨。

隋慧娟先生指出，咏史怀古诗词的题材决定了诗词的内容具有很强的历史性。以朝代论，其咏写的对象多为春秋吴国、六朝、隋代、安史之乱、南唐后蜀等，主旋律即在揭示这一历史时期盛衰的原因，以前朝君主荒淫亡国的史实儆诫当时君王。以地点论，其咏写对象多为前代的京都，如姑苏、咸阳、洛阳、金陵、汴京等；发生过重大历史事件的地点，如骊山、赤壁、新亭、隋堤、马嵬、华清宫、汴河等；以及历代帝王与名人的故居、陵墓、祠庙，如湘妃祠、乌江亭、陈琳墓、李白坟等。这些地点都带着发人深省的历史文化内涵，而成功的咏史怀古诗又在不断地丰富这一内涵。

咏史怀古诗词以历史为题材，但又不是历史，二者有着本质的不同。咏史怀古诗词区别于历史的特质就是它言志抒怀的独特内涵。“诗言志”是中国古典诗歌的一个古老传统，咏史怀古诗词作为古典诗词的一个重要题材类型，自然继承了这一传统。当然，这里所谓的“志”，含义比之先秦已经有所扩大。它既指与政教相联系的认识态度或者理想抱负，也包括个体的思想、感情和意愿。咏史怀古诗词的创作大多出于三种目的，一是借咏史怀古表达对现实政治的关怀，二是借之抒发自己的理想抱负，三是借之阐发对人生意义的思考。其中前二者，都是和政治密切相关的。这是因为中国文学的主流是寒士文学，而这个特殊阶层的思想情感则更多倾注在国家政治、社会生活上。因此，政治的主题乃是咏史怀古诗词中最重要的主题。我们甚至可以说，咏史怀古诗词是另一种意义上的政治抒情诗，它在很多时候都投射着现实政治的影子。（《唐宋诗词》导读）莫砺锋先生说：“唐代诗人都是自命不凡的，诗人又大都是命运欠佳的，于是怀才不遇便成为诗坛上整体性的牢骚。因此，他们选择历史上怀才不遇的典型人物贾谊和怀貌不遇的王昭君作为吟咏的对象。因为在封建社会里，男人以才能而见重于社会，女性却只能以容貌见重于社会。女性有美貌而不被重视，跟男性的怀才不遇，两者的意义是一样的。怀古诗发生的背景一定是一个有古迹的地方，这个地方在古代曾经发生过重要的历史事件，留下了古代的宫殿或古战场的遗址，或者古代某些重要的历史人物曾在这里活动过，留下了他们的故居，或是他们的坟墓。凡是有这些古迹的地方，就是产生怀古诗的环境，诗人走到这里，缅怀历史，他们就会写诗表达心中的感受。”

隋先生和莫先生的精辟论述是我们准确解读咏史怀古诗词的金钥匙。清人吴乔在《围炉诗话》中提出咏史诗有两条标准，一是思想内容要“出己意”，一是艺术表现要“用意隐然”——有含蓄的诗味。这两条标准，也应重视。

咏史怀古诗的鉴赏评析应注意如下几点：

(1)要了解作者的生平、史实、创作时的有关背景，要认真读注解，这是准确赏析的前提。

(2)要抓住历史人物或事件与时局以及诗人自己身世之间的连接点，从而把握诗人的写作意图和感情。

(3)了解咏史怀古诗的情感抒发模式：借古讽今，揭示今不如昔；崇敬古人，要效法古人；怀古伤今，揭露社会现实；反思历史，警示后人。

鉴赏评析示例

1. **会稽山**[①]

胡 曾

越王兵败已山栖[②]，岂望全生出会稽。
何事夫差无远虑，更开罗网放鲸鲵[③]。

【注释】

①会稽山：在今浙江中部。②栖(qī)：这里指藏身。③何事：为什么。鲸鲵(ní)：鲸。

【赏析】

这首诗对春秋时发生在会稽山的有关吴越两国的史事进行了评论，表达了作者深沉的痛惜。首联言吴王夫差的绝对优势：夫椒一战，越王勾践战败，藏身于山中；勾践自己也没有想到能活着走出会稽。尾联讥吴王鼠目寸光：为什么夫差如此短视，不听伍子胥的忠谏，居然允和，网开一面，放虎归山，使勾践在绝望中获得一线生机，卧薪尝胆，终于灭了吴国。吴王刚愎自用，拒谏允和，使吴国功亏一篑，最后反为越国所灭。作者在深深惋惜的同时，提示人们必须以吴王前事为鉴诫，穷寇该追则追，决不可放虎归山，更不可养虎为患。“这首诗运用史实，

好像信手拈来，或叹或诫，自然平实，议论客观而又褒贬鲜明，语言通俗易懂，体现了平易浅显的风格。”（潘百齐）

2.

越中览古[①]

李　白

越王勾践破吴归[②]，战士还家尽锦衣。
宫女如花满春殿，只今惟有鹧鸪飞[③]。

【注释】

①越中：指会稽（今属浙江），春秋时越国都城。②勾践：越王。据《史记·越王勾践世家》载：春秋时吴越是世仇，越王勾践为吴国所败，做了吴王的奴隶，亲自给夫差充当马前卒，“卧薪尝胆”、“十年生聚，十年教训”，终于消灭了吴国。③鹧鸪：鸟名，胸前有白圆点，背上紫赤毛夹杂。

【赏析】

这是一首凭吊古迹、抒发感慨的吊古之作。首句点明题意：卧薪尝胆，十年生聚，十年教训，越王勾践终于报仇雪恨，灭了吴国，凯旋而归。二、三句分写战士还家和勾践还宫：论功行赏，战士们一个个都卸下了铠甲，衣锦还乡；不可一世的越王大造宫殿，逐渐荒淫逸乐，如花的美女占满了宫殿。结句一转：而今威严的越王、如花的宫女、衣锦还乡的战士、巍峨的王宫，这一切都化为乌有，只有那鹧鸪在宫殿的废墟上飞来飞去。四句诗，前三句一气直下，极写繁盛，最后一句急转直下，极写其衰。作者运用无情的反跌，突出事功不足恃，繁华不常有，唯有时间是永恒的、自然是永恒的。俞陛云先生评曰：“咏勾践平吴事，振笔疾书，其异于平铺直叙者。以真有古茂之致；且末句以‘唯有’二字，力缩全篇，诗格尤高。前三句言平吴归后，越王固粉黛三千，宫花春满；战士亦功成解甲，尽锦而归。曾几何时，而霸业烟消，所余者惟三两鹧鸪，飞鸣原野，与夕阳相映耳。”

3.

苏台览古[①]

李　白

旧苑荒台杨柳新，菱歌清唱不胜春。
只今惟有西江月，曾照吴王宫里人[②]。

【注释】

①苏台：即姑苏台，吴王夫差与西施行乐之处。故址在今江苏苏州市姑苏山。②西江：指上游方向的长江，以方位称之。吴王宫里人：指西施。吴王：指夫

差。

【赏析】

这首诗是玄宗天宝七载(748)春作者游苏州时作。相传吴王夫差与西施在姑苏台春宵宫中为长夜之饮，终因荒淫误国，此诗即讽其事。首联写吴苑、苏台的荒废：昔日繁华的吴苑、苏台早已残破、荒凉，只有那杨柳年年春天又发新芽，柳色青青。二句写当前景色：船娘们竞唱菱歌，无限的春光之中，回荡着歌声的旋律。末两句从今月说到古宫人：只有悬挂在从西方流来的大江上的那轮明月，是亘古不变的；只有它，才照见过吴宫的繁华，看见过像夫差、西施这样的当时人物，可以作历史的见证人罢了。这首诗四句，以前三句写今，而以末一句写古，吊古而并不伤今，与《越中览古》正好相反。关于这两首诗，沈祖棻先生评曰："此两诗都是览古之作，主题相同，题材近似，但越中一首，着重在明写昔日之繁华，以四分之三的篇幅竭力渲染，而以结句写今日之荒凉抹杀之，转出主意。苏台一首则着重写今日之荒凉，以暗衬昔日之繁华，以今古常新的自然景物来衬托变幻无常的人事，见出今昔盛衰之感，所以其表现手段又各自不同，从这里也可以看出诗人变化多端的艺术技巧。"

4.　**乌栖曲**①

李　白

姑苏台上乌栖时②，吴王宫里醉西施。
吴歌楚舞欢未毕，青山欲衔半边日。
银箭金壶漏水多，起看秋月坠江波③。
东方渐高奈乐何④！

【注释】

①乌栖曲：是乐府《清商曲词·西曲歌》旧题，内容以男欢女爱为主。李白这首诗借用旧题来讽刺宫廷里通宵达旦的淫靡生活。②乌栖时：指黄昏乌鸦归巢栖息时。③"银箭"二句：言吴王与嫔妃通宵达旦地吃喝玩乐、无休无止。银箭金壶：古时计时用的器具。金壶为铜制，里面贮水，底下有小孔使水下漏。水中插一枝箭，刻明度数，随着水下漏，水平面下降，箭上升度数也就变化，以表明时间。坠：落。④"东方"句：言太阳虽升，对吴王的行为又能怎么办呢？高："皜"的假借字，皜即皓，光明，明亮。

【赏析】

这首诗，作者借吴王夫差与西施在姑苏台春宵宫中为长夜之饮，终因荒淫亡国史实，讽唐玄宗的沉湎声色，迷恋杨贵妃。首联写宫内外的情景：日落西山，暮霭沉沉，归巢的乌鸦栖息于幽暗的林中；烛光摇曳，姑苏台上吴宫内，美女西施醉态朦胧，风情万种。二联写宴乐过程中时间的流逝：轻歌曼舞，朱颜微酡，享乐还正处于高潮之中，却忽然意外地发现，西边的山峰已经吞没了半轮红日，暮色就要降临了。三联续写吴宫荒淫之夜：铜壶漏水越来越多，漫长的秋夜渐次消逝；一轮秋月，在时间的默默流逝中越过长空，此刻已经逐渐黯淡，坠入江波，天色已近黎明。最后一句以冷冷的一句煞尾：东方已经发白，天就亮了，寻欢作乐还能继续下去吗？刘学锴先生评曰："这首诗在构思上有显著的特点，即以时间的推移为线索，写出吴宫淫逸生活中自旦至暮，又自暮达旦的过程。诗人对这一过程中的种种场景，并不作具体描绘渲染，而是紧扣时间的推移、景物的变换，来暗示吴宫荒淫的昼夜相继，来揭示吴王的醉生梦死，并通过寒林栖鸦、落日衔山、秋月过江等富于象征暗示色彩的景物隐喻荒淫纵欲者的悲剧结局。通篇纯用客观叙写，不下一句贬词，而讽刺的笔锋却尖锐、冷峻，深深刺入对象的精神与灵魂。《唐宋诗醇》评此诗说：'乐极生悲之意写得委婉，未几而麋鹿游于姑苏矣。全不说破，可谓寄兴深微者……末缀一单句，有不尽之妙。'这是颇能抓住本篇特点的评论。"

皮日休《馆娃宫怀古》（其一）故意运用指桑骂槐的曲笔，明嘲勾践，暗讽夫差，构思新颖，委婉含蓄。原诗如下：

绮阁飘香下太湖，乱兵侵晓上姑苏。
越王大有堪羞处，只把西施赚得吴。

诗的大意为：华丽的馆娃宫内，弦歌不绝，罗縠轻飘，倩影袅娜，芳香四溢，由山上直飘下太湖；犯上作乱的越军凌晨出其不意进袭，直到爬上姑苏台，吴人方才发觉。勾践，你也够让人感到羞耻的了，怎么靠一个西施就把吴国灭亡了。明嘲勾践，暗讽吴王夫差只知享乐而亡国。用曲笔比直接指斥高明多了。

5.

吴　宫①

李商隐

龙槛沉沉水殿清，禁门深掩断人声②。
吴王宴罢满宫醉③，日暮水漂花出城。

【注释】

①吴宫：即馆娃宫，春秋时吴王夫差为西施所建的宫殿，故址在今江苏苏州西南灵岩山上。②龙槛：水边有栏杆的亭轩建筑。水殿：建在水边或水中的宫殿。禁门：宫门。③吴王：指夫差。

【赏析】

这首诗借咏史讽喻现实。诗人生于晚唐，有感于“社稷将危，天下将倾”，心怀“欲回天地”之大志，而不能有回天之举，只好以诗寄托感慨，警示当权。此诗写吴王夫差荒淫误国。首联写吴宫的沉寂、沉静：昔日宫中最热闹的龙槛和水殿现在却悄然不见人踪，只见在沉沉暮色中隐现着建筑物的轮廓与暗影；平日黄昏时分，正是宫中华灯初上、歌管相逐、舞姿翩跹的时刻，现在却宫门深闭，悄无人声，简直像一座无人居住的空殿。三句点明原因：原来吴宫刚刚结束一场狂欢极乐的盛宴，吴王及满宫的嫔妃都已烂醉如泥。末句以景结情：日暮时的吴宫，悄无人声，只有御沟流水，在朦胧中潺潺流淌，漂送着瓣瓣残花流出宫城。以日落西山、残花漂流的景象，暗写了吴之亡国。关于这个细节，刘学锴先生评曰：“这样一个细节，如果孤立起来看，可能没有多少实际意义；但把它放在‘吴王宴罢满宫醉’这样一个背景上来描写，便显得很含蕴而耐人咀嚼了。对于一座华美的宫城，人们通常情况下总是首先注意到它的巍峨雄伟的建筑、金碧辉煌的色彩；即使在日暮时分，首先注意到的也是灯火辉煌丝管竞逐的景象。只有当吴宫中一片沉寂，暮色又笼罩着整个黑沉沉的宫城时，才会注意到脚下悄然流淌的御沟和漂在水面上的落花。如果说，一、二两句写吴宫黄昏的沉寂还显得比较一般，着重于外在的描绘，那么这一句就是传神之笔，写出了吴宫日暮静寂的神韵和意境。而这种意境，又进一步反衬了‘满宫醉’前的喧闹和疯狂。顺着这层意蕴再往深处体味，还会隐隐约约地感到，这‘日暮水漂花出城’的景象中还包蕴着某种比兴象征的意味。在醉生梦死的疯狂享乐之后出现的日暮黄昏的沉寂，使人仿佛感到覆亡的不祥暗影已经悄然无声地笼罩了整个吴宫，而流水漂送残花的情景则更使人感到吴宫繁华的行将消逝，感受到一种‘流水落花春去也’的凄怆。姚培谦说：‘花开花落，便是兴亡景象。’(《李义山诗笺注》)他是领悟到了作者深寓在艺术形象中的微意的。”

6.　　西　施

罗　隐

家国兴亡自有时，吴人何苦怨西施①。

西施若解倾吴国②，越国亡来又是谁？

【注释】

①时：即时会，指促成国家兴亡成败的各种复杂因素。西施：西施的名字最早见于东汉赵晔的《吴越春秋》，在此以前的《左传》、《国语》、《史记》中都没有西施其人。自《吴越春秋》后，西施作为一个“美人计”的主角，故事遂越演越多。吴

人：春秋战国时吴国官僚士大夫。②解：能。

【赏析】

历来咏西施的诗篇多把亡吴的根由归之于女色，客观上为封建统治者开脱或减轻了罪责。这首诗旨在翻历史旧案，旗帜鲜明地驳斥“女人是祸水”、“女人亡国”的传统论调，闪耀着新的思想光辉。鲁迅先生说：“我一向不相信昭君出塞会安汉，木兰从军就可以保隋；也不相信妲己亡殷、西施沼吴、杨妃乱唐那些古老话。我以为在男权社会里，女人是决不会有这种大力量的，兴亡的责任都应该男的负。”(《阿金》)首联摆出自己一反世俗的观点：家国的兴亡成败自有其客观的政治、经济等各种各样的复杂因素；你们自己误了国家大事，何必把亡国的罪名推到西施这样一个弱女子身上呢？尾联用逻辑推理方式创造诗境：如果说，西施是颠覆吴国的罪魁祸首，那么，越王并不宠幸女色，后来越国的灭亡又能怪罪谁呢？在与常理相悖中生出灵趣。作者以敏锐的感受力和观察力，一反世俗见解，故作翻案语，其笔下的西施，以新的面貌出现于历史舞台，令人回味。作者反对嫁罪妇女的态度是一贯的，陈伯海先生指出：“僖宗广明年间(880～881)，黄巢起义军攻入长安，皇帝仓皇出逃四川，至光启元年(885)才返回京城。诗人有《帝幸蜀》一首绝句记述这件事：‘马嵬山色翠依依，又见銮舆幸蜀归。泉下阿蛮应有语，这回休更怨杨妃。’‘阿蛮’即‘阿瞒’的通假，是唐玄宗的小名。前一回玄宗避“安史之乱”入蜀，于马嵬坡缢杀杨贵妃以杜塞天下人口。这一回僖宗再次酿成祸乱奔亡，可找不到新的替罪羊了。诗人故意让九泉之下的唐玄宗出来现身说法，告诫后来的帝王不要诿过于人，讽刺是够辛辣的。联系《西施》作比照，一咏史，一感时，题材不同，而精神实质并无二致。这样看来，《西施》的意义又何止为历史作翻案而已。”

7.

西施滩①

崔道融

宰嚭亡吴国，西施陷恶名②。
浣纱春水急，似有不平声③。

【注释】

①西施滩：在今浙江诸暨县，临浣水，有浣纱石，相传西施常在此浣纱，西施滩因此得名。②宰嚭(pǐ)：春秋时吴国太宰伯嚭，越国通过他送给夫差珍宝和包括西施在内的美女，使求和成功，从而获得了休养生息的机会。“西施”句：过去不少诗人持“女人祸水”的观点，认为西施使吴国灭亡。诗人在这里为西施辩诬。陷：指替人承担。③不平：指对西施亡吴这一说法的不平。

【赏析】

这也是一首为西施辩诬，对传统观念大胆质疑，立意新颖、情理交融的咏史怀古诗。首联澄清史实，为西施辩诬：以吴王夫差和伯嚭为代表的腐朽统治集团导致了吴国的灭亡；千百年来却一直让西施这个弱女子替人承担了亡国的罪名。尾联抒情：春天到了，江河水涨，发出如泣如诉的声音，诉说着世事的不平。以理服人，又以情动人，情理浑一。与罗隐的《西施》相比，崔诗着重以强烈的感情激起人们对美女西施的同情，罗诗则是以逻辑的推理来为美女西施洗涮历史的污垢。关于这两首咏史怀古诗，刘永济先生评曰："比较起来，两诗的意境相似，又各具特色。罗诗议论充分，能联系'时运'来分析国家的兴亡，这比崔诗似觉深入一层；崔诗发议论，不仅诉诸理智，而且诉诸感情，将理智和感情自然地糅合在一起，这较之罗诗又有其高出一筹的地方。"陆龟蒙也有一首《吴宫怀古》，旨在为西施翻案，兹录如下：

香径长洲尽棘丛，奢云艳雨只悲风。
吴王事事堪亡国，未必西施胜六宫。

诗的大意为：香径、长洲这些当年吴王夫差的游乐之处，今天已是荆棘丛生，萧瑟荒凉；当年吴王夫差穷奢极侈，迷恋女色，狂欢淫秽之所，如今只剩下凄清风声的悲鸣。吴王夫差所作所为都是亡国之举，何况西施也并非真的就美过其他宫妃，为什么一定要把吴亡归罪于弱女子西施呢？周本淳在评罗隐《西施》时，认为陆作胜于罗作："为西施鸣冤，不为无见，然此全为议论，较陆作尤刻露少诗味。"

8.　　息夫人①

王　维

莫以今时宠，能忘旧日恩。
看花满眼泪，不共楚王言。

【注释】

①息夫人：即息妫(guī)，又称"桃花夫人"，春秋时息侯之妻。据史载：楚文王为掳息妫而灭息国，息妫入楚宫后生二子，却始终不说话，楚王问之，对曰："吾一妇人而事二夫，纵弗能死，其又奚言？"(《左传·庄公十四年》)息夫人虽为楚王生育二子，但并不能抹消掉内心的羞愧和悔恨，只能以无言表示自己微弱的抗议。

【赏析】

这是一首以息夫人为题材的咏史怀古诗，突出息夫人消极反抗的一面。首联叙事，出语口气坚决：我不会因为今日得到你的宠爱，而忘掉旧日息侯对我的恩情；尾联抒情：在富丽华美的楚宫里，看着本来使人愉悦的姹紫嫣红的花朵，息夫人却是满眼泪水；任你楚王如何“宠”爱，我却是始终都不愿和你讲话。新宠不足以收买息夫人的心，反衬了旧恩的珍贵难忘，显示了淫威和富贵并不能征服弱小者的灵魂，塑造了一个虽不得不委身事人而心不许人的息夫人的形象。诗人为受欺凌的弱小者立言，词严义正，难能可贵。傅庚生先生评曰：“取息妫归楚生二子未言事为题材，写幽怨之情；以为息夫人能不以楚文王之宠，遽忘息侯之恩，诗中有颂赞之意，未尝有微词也。”

9. **题息夫人庙**[①]

邓汉仪

楚宫慵扫黛眉新[②]，只自无言对暮春。
千古艰难唯一死，伤心岂独息夫人！

【注释】

①息夫人庙：故址在今湖北汉阳县北桃花洞。②慵（yōng）：困倦；懒。此句言息夫人被掳入楚宫后，无情无绪，心烦意乱，本无心施朱抹粉，但慑于楚王的淫威，又不得不强打精神，梳妆打扮。

【赏析】

这也是一首以息夫人为题材的咏史怀古诗，诗人进一步挖掘了息夫人的内心世界，并由此引申开去，使该诗具有了普遍的人生哲理和浓厚的时代气息。首联写息夫人被掳入楚宫后的境况：心烦意乱，旧恩难忘，本无心施朱抹粉，但在荒淫好色的楚王威逼之下，又不得不强打精神，梳妆打扮；面对万花纷谢的暮春景色，难忘故国故君之恩、失身失节之痛，只能以不与楚王讲话来表示微弱的抗议。尾联由此引申生发，概括出具有普遍意义的人生哲理：千古以来最艰难的就是殉节而死，何必以“大义”责人，以“不死”责人？有时，忍辱苟活也是不得已的，面对生与死的艰难抉择，伤心的难道仅仅只是息夫人？傅庚生先生评曰：“此诗意尤深厚。帝王专制时代，人以名节相高，云臣云妾，为君或夫个人之附庸。虽天下靡然从风，然值国亡家破之时，果能君辱臣死、夫殁妻殉者，终属寥寥无几。须眉男子，有所难能，何必于息姬一弱女子苦诛求也？此诗沉稳而涵容，其宅心也以恕，可师者不直诗篇而已。今日时迁事异，于宋人所谓‘饿死事小，失节事大’云云既久所鄙夷不取，观点自又不同；身在庐山中却能出此诗意，自非大仁大知莫办，致足贵也。”

10.　题桃花夫人庙[①]

杜　牧

细腰宫里露桃新，脉脉无言几度春[②]。
至竟息亡缘底事？可怜金谷坠楼人[③]。

【注释】

①桃花夫人庙：即息夫人庙。②细腰宫：春秋时楚灵王喜欢细腰美人，所以称楚王宫为细腰宫。露桃：桃花，因桃花多生于露井旁。脉脉：同“默默”。③至竟：毕竟，到底。缘：因为。底事：何事。金谷：指金谷园，西晋巨富石崇的花园。永康元年(300)，赵王司马伦废杀贾后以后，石崇被免官。一次，司马伦亲信孙秀强索乐妓绿珠，石崇不肯。孙秀矫诏收石崇下狱。临捕前，石崇对绿珠说：“今日我为你获罪了。”绿珠哭道：“我愿意效死在您面前。”说罢坠楼而死，不久石崇也被杀。

【赏析】

这首咏息夫人的诗，重在强调息夫人屈从的一面。首联叙事：楚王宫后花园里，露井旁桃花年年开放，景色宜人；困居深宫的桃花夫人，一年又一年地默默无言面对烂漫春光，追念故国故君，心情悲痛惆怅。三句转而质询：息国灭亡的原因到底是什么呢？四句不正面回答，而是引出绿珠：可惜刚烈的绿珠为殉情而在金谷园跳楼而死。以绿珠对强权反抗刚烈，反衬息妫屈从苟生的懦弱，对绿珠、息妫的褒贬都寓于结句的深情一叹之中，语意深远，含蓄蕴藉。傅庚生先生评曰：“(此诗)深责息国之因息妫而亡，息妫乃不能死，有愧于晋坠楼以殉石崇之绿珠也。实则至竟息亡缘息弱，今时错怪息夫人。然牧之犹不过徇俗立论，且词句间尚是平和。袁枚则衍绎其意以咏绿珠云：

人生一死谈何易，看得分明胜丈夫。
犹记息姬归楚日，下楼还要侍儿扶。

则尖刻漓薄之至，生二千载下，乃以文字冷嘲一介生时蒙辱、死后赍恨之妇人，真乡曲之儇子也。《白雨斋词话》云：‘无论作诗作词，不可有腐儒气，不可有俗人气，不可有才子气。人第知腐儒气，俗人气之不可有，而不知才子气亦不可有也。尖巧新颖，病在轻薄，发扬暴露，病在浅尽。腐儒气、俗人气，人犹望而厌之：若才子气则无望而悦之矣，故得病最深。’所谓‘聪明反被聪明误’也，此可为袁才子流辈之针砭。”

以息夫人为题材的咏史怀古诗还有：清人吴天章《桃花夫人》诗云：“桃花夫人好颜色，月中飞出云中得。新感恩仍旧感恩，一倾城矣再倾国。”孙文定《咏息夫人》诗云：“无言空有泪，儿女粲成行。”王士祯称王维诗是“更不著判断一语，此盛唐所以为高。”称杜牧诗是“则正言以大义责之”，称吴天章诗“妙于调笑”，称孙

文定诗“谐语令人颐解”。(《渔洋诗话》)

11. **咏怀古迹五首(其三)**

杜　甫

群山万壑赴荆门,生长明妃尚有村[①]。
一去紫台连朔漠,独留青冢向黄昏[②]。
画图省识春风面,环佩空归月夜魂[③]。
千载琵琶作胡语,分明怨恨曲中论[④]。

【注释】

①赴:山脉相连,势于奔腾。荆门:山名,在今湖北宜都县西北。这句的意思是,群山万壑由三峡迤逦东下,直至荆门。明妃:即昭君,晋人为晋文帝司马昭避讳,对之改称为“明妃”,唐人遂因袭而下。王昭君,名嫱,西汉元帝时的宫人。竟宁元年(前33),汉与匈奴和亲,昭君被派遣出嫁呼韩邪单于。②紫台:即紫宫,汉代宫室名,这里泛指汉廷宫殿。连朔漠:犹言“远达北国”。朔漠:朔方以北的大漠,代指匈奴。青冢:即昭君墓。③“画图”句:汉元帝命画工画宫女容貌,宫女皆贿画工以求画得美,独昭君不贿,画工故意把她画得丑。后来匈奴来求亲,元帝按图筛选,决定遣昭君。临行,元帝发现昭君是个美人。省识:辨认。春风面:指青年女子的美丽面容。环珮:指昭君的首饰。这句话的意思是:昭君已埋身朔漠,只有在月夜里能听到她魂魄归来的环珮声。④琵琶:来自西北民族的一种弹拨乐曲。这句话的意思是:自昭君没世以来,历代一直弹奏着由昭君故事谱成的带有北国风味的琵琶曲。论:诉说。

【赏析】

这首诗对昭君的先被压抑埋没,后被和番远嫁、埋骨北国荒原的不幸身世表示了深切的同情。首联写昭君村:群山万壑由三峡迤逦东下,奔赴荆门;那荆门山附近的秭归香溪旁,就是明妃的出生地昭君村。颔联写昭君和番远嫁、埋骨荒原:一离开汉廷宫殿就远达塞北荒漠,一辈子生活在异国殊俗的环境中;死后葬在塞外,茫茫荒漠上,仅留下一个墓草长青的坟冢独对着塞外的黄昏。颈联写昭君的身世家国之情:汉元帝只凭图画辨识宫女的容貌,结果造成昭君的遗恨,空使她怀念故土,月夜魂归。尾联点明主题——昭君怨:王嫱虽死,其遗恨之音传之千载,怨恨之情在琵琶乐曲中很分明地表现出来。诗人借咏昭君村、怀念昭君来抒写自己的怀抱;“借历史往事来讽刺现实。昭君以容貌出众,不肯贿赂画工,因而遭到丑化,被排挤出宫;诗人以才华超群,不肯媚事权贵,因而抑居下僚,志不得伸。萧条异代,千古同感,这就是借历史陈迹来抒写自己的怀抱。”(羊春秋)

清人仇兆鳌评曰："此怀昭君材也。上四记叙遗事，下乃伤吊之词。生长名邦，而殁身塞外，比足该举明妃始末。五、六，承上作转语，言生前未经识面，则殁后魂归亦徒然耳，唯琵琶写意，千载留恨而已。朱翰曰：'起处，见钟灵毓秀而出佳人，有几许珍惜。结处，言托身绝域而作胡语，含许多悲愤。曲之诉论，正指昭君怨诗，不作后人词曲。'黄生曰：'此诗风流摇曳，杜诗之极有韵致者。'"（《杜诗评注》）林东海先生评曰："三章咏明妃村，借以写'一去紫台'之怨，却暗寓忠荩之恳。故唐汝询谓：'此篇温柔深邃，杜集中之最佳者。'"（《汇编唐诗十集》）

12.　　　　　　　　　**咏　史**[①]

戎　昱

汉家青史上，计拙是和亲[②]。
社稷依明主，安危托妇人[③]。
岂能将玉貌，便拟静胡尘[④]。
地下千年骨，谁为辅佐臣[⑤]。

【注释】

①诗题一作《和蕃》。据《唐诗纪事》卷二十八记载，唐宪宗朝，北狄频入寇边境，大臣奏议和亲有利，宪宗皇帝说，记得戎昱有《咏史》一篇云……并说："此人若在，便与朗州刺史。"还说："魏绛（春秋时晋国大夫，力主和戎）之功，何其懦也！"大臣遂息和亲之议。②青史：古代以竹简记事，故称史籍为"青史"。拙：愚笨。和亲：指封建王朝利用婚姻关系与边疆各族统治者结亲和好。③社稷：古代帝王、诸侯所祭的土神和谷神。多用为国家的代称。"社稷"二句意为：国家依靠明主才能保平安，而把国家安危寄托在妇人身上（指和亲政策）是靠不住的。④玉貌：如玉的容貌，指美女。拟：打算。胡：古代称北方和西方的民族如匈奴等为"胡"。尘：烟尘，指战争。静胡尘：意谓制止少数民族统治者的侵扰。⑤千年骨：指汉朝的臣子。辅佐臣：辅助君主的大臣。

【赏析】

这首诗借咏汉而讽唐，直截了当地指出对匈奴的和亲政策是汉代历史上最拙劣的决策。首联以"汉"喻唐，直斥唐代"和亲"之误：有汉历史上，最拙劣的政策就是"和亲"，因为"和亲"愈盛，入侵愈繁。颔联单刀直入：国家的治理要靠英明的皇帝，和亲就是把国家的安危托付给妇人，这是靠不住的。颈联揭实质：怎能打算用美女和亲的政策，来消除边境少数民族的侵扰呢？企图以女色乞取国家安全更荒唐！尾联严肃责问：那埋在地下至今已有千年之久的"汉"代臣僚们，都早已化为一堆白骨了，这本不足为惜；值得追问的是，制订执行和亲政策的人，难道算得上辅佐皇帝的忠臣吗？无情揭露和亲政策，愤激指责朝廷执政，而主旨却在讽喻皇帝作出英明决策和任用贤臣。诗人所要反对的是以屈辱的和亲条件以图苟安于一时。边境各族应该和平相处，但是一个国家的君臣不能发愤图强，巩固边防，而靠以美女换和平，实在是很可悲、很羞耻的，而且这样取得的和平也未必能长久。正如屈同仙《燕歌行》所说："昭君远嫁已多年，戎狄无厌不复和。"你要"和亲"，他不肯"和"，奈何！议论尖锐，讽刺辛辣，是这首诗的显著特点。《说诗晬语》评曰："议论须带情韵以行，勿近伧父面目耳。戎昱《和蕃》云：'社稷依明主，安危托妇人，'亦议论之佳者。"林东海先生评曰："此诗虽浅直，然议论正大光明，意气激昂，亦足以感人。故徐充云：'此诗词严义正，虽善史断者，不能过也。'(周敬《唐诗选脉会通评林》)议论入理者，亦可为好诗。"

13.

王昭君(其二)

白居易

汉使却回凭寄语，黄金何日赎蛾眉[①]？
君王若问妾颜色，莫道不如宫里时！

【注释】

①却回：返回。凭：请托。寄语：捎口信。蛾眉：女子眉目姣好，这里指美女王昭君。

【赏析】

这首诗咏昭君出塞，写其殷切思汉之情。首联写昭君寄语：当办完公事的汉使即将离开匈奴启程回国的时候，昭君郑重地请他带个口信给皇上：朝廷什么时候用黄金将她赎买回去？尽管她已长期远嫁匈奴。尾联叮嘱使者：倘使皇帝问起自己的容貌，可千万不要说已远不如当年在宫里那么动人。这首诗"突出而委婉地写出了王昭君对于祖国的殷切依恋，渴望回到祖国怀抱的心情；并且从侧面揭露了统治者的无情和好色"(沈祖棻)。白居易有《王昭君》二首，第一首为：

满面胡沙满鬓风，眉销残黛脸销红。
愁苦辛勤憔悴尽，如今却似画图中。

残黛：女子因年岁渐大或心情郁闷而草草画眉。画图：汉元帝使画工毛延寿画宫女之形，按图召幸，王昭君不肯贿赂画工，而被画得丑陋。

关于这两首诗，刘永济先生评曰："后一首从前一首生出。前言'却似画图中'，后言'莫道不如宫里时'，足见昭君苦心，却亏诗人想到。"《唐风定》评曰："咏昭君，别出一想，温柔悱恻，怨情无限。"

类似的还有清朱彝尊的《明妃曲》：

明妃曲

朱彝尊

上林消息断归鸿，记抱琵琶出汉宫。
红颊近来憔悴甚，春风更逊画图中。

王英志先生评曰："这首《明妃曲》与前人咏昭君之什相比，有其新意。杜甫曰'画图省识春风面'，认为从画图中还是可以大致看出昭君之美貌；白居易曰'如今却似画图中'，言其容颜愁苦憔悴已与画中一样；王安石则云'意态由来画不成'，言人的美妙之神是难以表现的。朱氏则曰'春风更逊画图中'，极言其'红颊近来憔悴甚'，还比不上丑化她的画图中的样子。此诗独出性情，刻意求新，因为他认为'一心专事规摹，则发乎性情也浅'（《忆雪楼诗集序》）。作者之所以如此写昭君之'憔悴'，乃寄托其思故国而又愧偷生的难言之隐痛。"

唐人咏昭君的诗很多，下面两首是写昭君故国之思的，录以备考。

王昭君

崔国辅

汉使南还尽，胡中妾独存。
紫台绵望绝，秋草不堪论。

紫台：汉宫名。绵望：缠绵久远的相望。"秋草"句：言昭君无法回到汉朝，只留下了长满青草的坟墓，令人不忍说起。

明妃曲四首（其二）

储光羲

胡王知妾不胜悲，乐府皆传汉国辞。
朝来马上箜篌引，稍似宫中闲夜时。

传：演奏传唱。箜篌：古乐器名。引：乐曲。

14. 毛延寿[①]

周　昙

不拔金钗赂汉臣，徒嗟玉艳委胡尘[②]。
能知货贿移妍丑[③]，岂独丹青画美人。

【注释】

①毛延寿：为西汉画师，曾奉元帝诏命为宫人画像，以备元帝据以选择宫人入侍。②玉艳委胡尘：指美人王嫱被远嫁匈奴。③妍丑：美丑。毛延寿常索贿为宫女画像，以贿赂多少而画得美貌或丑陋。

【赏析】

这也是一首以昭君为题材的咏史怀古诗。首联叙事:王昭君不屑用财物贿赂画师毛延寿,美人空叹,不得不远嫁塞外匈奴。尾联议论:这样用钱财贿赂画工就可以改变容貌美丑的现象,难道仅仅是为宫廷美人画像的毛延寿这类画师?这首诗别具一格,妙就妙在尾联,它从毛延寿受贿营私舞弊这个个别现象推衍引申,由点到面,由具体而抽象,概括出一个普遍的规律:受贿营私舞弊这类丑恶现象正侵蚀整个社会的肌体,无处不在!它能引起读者的强烈共鸣,产生多种联想:或从昭君不肯贿赂,毛延寿丑化昭君而兴起对小人残害忠良的谴责;或借昭君的“不遇”来寄托个人的愤慨;还可以让我们联想到封建社会中大批才杰之士,空负怀抱,不被识用,横遭埋没的普遍状况等等。作者有感而发,借古讽今,能从昭君出塞这个老题材翻新“出己意”,难能可贵。

15. 明妃曲二首(其一)

王安石

明妃初出汉宫时,泪湿春风鬓脚垂[①]。
低徊顾影无颜色,尚得君王不自持[②]。
归来却怪丹青手,入眼平生未曾有[③]。
意态由来画不成[④],当时枉杀毛延寿。
一去心知更不归,可怜着尽汉宫衣。
寄声欲问塞南事,只有年年鸿雁飞[⑤]。
家人万里传消息,好在毡城莫相忆[⑥]。
君不见咫尺长门闭阿娇,人生失意无南北[⑦]。

【注释】

①泪湿春风:泪流满面。春风:指面。杜甫《咏怀古诗》“画图省识春风面”。鬓脚:鬓的边沿。②低徊:留恋。顾影:回头看自己的影子。无颜色:因伤心落泪,脸上失色。“尚得”句:还能够引得君王不能克制他自己的感情。③丹青手:画师。入眼:眼看到的。④意态:风度。⑤塞南:指边塞以南汉王朝所管辖的地方。“只有”句:相传鸿雁可以传信,但明妃只见雁飞,不见信至。这两句表达昭君怀念故土的忧思。①毡城:指匈奴所在地。游牧民族以毡为帐篷。②咫(zhǐ)尺:距离很近。咫:古代的八寸为咫。长门:长门宫。阿娇:汉陈婴的孙女,武帝的表妹。武帝小时很爱她,曾说如果娶了阿娇为妻,就要造一座金屋将她藏起来。后了阿娇做了皇后,却因年长失宠,退居长门宫。无南北:不分东西南北。

【赏析】

这首诗从一个独特、新颖的角度处理昭君远嫁匈奴这个历史题材，彻底“翻案”，别出新意。前八句写“去时”，展示出昭君出塞及其前因后果，而她绝代佳人的神采也宛然可见：明妃初出汉宫之时，泪水汪汪，双鬓沾湿。她低头徘徊，左顾右盼，虽因悲伤失去往日的颜色，惊人的美貌仍使君主不能自持。他回过头来责怪画师：这样的美人我平生未见无人比，你为什么画得不真实？其实明妃绝代风神，画笔怎么能模拟？当时杀了毛延寿，未免太冤屈！接着写去后。中间四句写昭君不忘故国，不忘亲人：明妃深知绝无回到故乡之希望，然而，她仍然眷恋于汉，不改汉服，着尽汉宫衣。她多想托鸿雁打听塞南的事啊，但年年怅望，明妃只见雁飞，不见信至。末四句写家人传语：家里人万里外为她传消息，你还是安心在毡城过日子，汉宫的生活再也不要回忆。你难道不见阿娇同君王近在咫尺，却被君王遗弃，关闭在冷清清的长门宫里？人生失意分什么南方北地。曹雪芹在《红楼梦》中是这样评点这首诗的：“做诗不论何题，只要善翻古人之意。若要随人脚踪走去，纵使字字精工，已落第二义，究竟算不得好诗。即如前人所咏昭君之诗甚多，有悲挽昭君的，有怨恨延寿的，又有讥元帝不能使画工图貌贤臣而美人的，纷纷不一。后来王荆公复有‘意态由来画不成，当时枉杀毛延寿’，永叔有‘耳目所见尚如此，万里安能制夷狄’，二诗俱能各出己见，不袭前人。”（《红楼梦》六十四回）

这首诗内涵丰富，不易把握，前人见仁见智，甚至为人误解，受人攻击。如何把握这首诗的意蕴？闻涛、沙裕忠先生评曰：“一首杰作往往具有多义性，使读者能从不同的角度发现、挖掘。此诗歌颂明妃的爱国思乡深情，同情她的悲剧遭遇，当然也含蓄地批评了造成这一悲剧的汉元帝，讽刺他的薄情寡恩。其深层意蕴，是借女子之失宠，喻指士之不遇，抒发士子怀才不遇、坎坷失意的悲哀。结尾几句揭示，即使做了官，身在朝廷，得近君王，也未必能够施展才华，‘人生失意无南北’，概括了这种怀才不遇的悲剧的广泛性、普遍性，是很能引人共鸣的。至于说作者是否借歌颂明妃不以恩怨易心而针砭当时某些人的投敌叛国，可以见仁见智，不必强求一致。就艺术表现来说，此诗选材、构思、开头、结尾，诗意的转折飞跃，都有独到之处。描绘王昭君的风神意态与怀乡爱国心理，笔墨不多，却精彩动人，‘意态由来画不成’一句，又揭示出精辟的画理。”

针对王安石《明妃曲》二首，欧阳修有两首和诗，也很有名，照录如下：

和王介甫明妃曲二首

欧阳修

胡人以鞍马为家，射猎为俗。
泉甘草美无常处，鸟惊兽骇争驰逐。
谁将汉女嫁胡儿？风沙无情面如玉。
身行不遇中国人，马上自作思归曲。
推手为琵却手琶，胡人共听亦咨嗟。
玉颜流落死天涯，琵琶却传来汉家。
汉宫争按新声谱，遗恨已深声更苦。
纤纤女手生洞房，学得琵琶不下堂。
不识黄云出塞路，岂知此声能断肠。

汉宫有佳人，天子初未知。
一朝随汉使，远嫁单于国。
绝色天下无，一失难再得。
虽能杀画工，于事竟何益？
耳目所及尚如此，万里安能制夷狄？
汉计诚已拙，女色难自夸。
明妃去时泪，洒向枝上花。
狂风日暮起，漂泊落谁家？
红颜胜人多薄命，莫怨春风当自嗟。

第一首写“汉宫”不知边塞苦；第二首写和亲政策之“计拙”，借汉言宋，有强烈的现实意义。

16. 王昭君二首(其一)

刘献廷

汉主曾闻杀画师，画师何足定妍媸①？
宫中多少如花女，不嫁单于君不知！

【注释】

①“汉主”句：本句为“曾闻汉主杀画师”的倒装。曾闻：曾经听说，并不确定。妍媸：美丑。

【赏析】

在众多的咏昭君诗歌中，这是一首“出己意”的别有开掘之作。首句叙事：曾经听说因丑画昭君，汉元帝怒杀画师毛延寿。后三句议论：宫中的一个小小画师怎能决定谁美谁丑？如果君王不是只见画而不见人，又怎么会上当受骗呢？后宫里有多少像昭君一样如花似玉的美女，没有遇到出嫁单于这样的事，君王不是都不知道嘛！“故国三千里，深宫二十年”，又是谁之过？以昭君为题材的咏史怀古诗，往往是或谴责毛延寿，以为其可杀：“何时得见汉朝使，为妾传书斩画师。”（唐・崔辅国）或怨叹君王轻信画师：“画工虽巧岂堪凭，妍丑何如一见真？”（宋・徐均）或惋惜昭君不肯贿赂画工：“明妃恃有倾城色，不贿画工空自惜。”（明・李学道）清刘献廷这首诗，于此前之说之外，又别有开掘。“作者没有像前人那样将责任归咎于毛延寿一类的小人弄权或惋惜昭君自己的命运不济，而是矛头直指‘君王’，从而揭示了封建社会中这类悲剧的底蕴，这正是本诗较同类题材其他作品别有开掘的所在。”（魏中林）

明江阴士子《昭君词》也是为画工开脱的，但境界远不如刘诗，也录以备考：

昭君词

江阴士子

骊山举火因褒姒，蜀道蒙尘为太真。
能使明妃嫁胡虏，画工应是汉忠臣。

17. **明　妃**

吴　雯

不把黄金买画工，进身羞与自媒同①。
始知绝代佳人意，即有千秋国士风②。
环珮几曾归夜月？琵琶惟许托宾鸿③。
天心特为留青冢，春草年年似汉宫。

【注释】

①黄金买画工：据《西京杂记》，元帝后宫既多，不得常见，乃使画工图形，案图召幸之。诸宫人皆赂画工，多者十万，少者亦不减五万。独王昭君不肯，遂不得见。自媒：为自己说好话，炫耀自己以求取悦于人。②国士：一国中才能最优秀的人物。国士风：即国士的高风亮节。这种人择主而事，故“可就见，不可屈致也”。如吕望垂钓渭水之滨以待文王；韩信夜逃，萧何月下相追；孔明高卧，先主三顾而起。昭君不肯赂画工，乃不愿有损人格，自谋取容。③“环珮”句化用杜甫《咏怀古迹》中“环珮空归月夜魂”诗句，昭君的琵琶声，杜诗表达的是“恨帝始不见遇”的怨恨之情。据《后汉书・南匈奴传》：呼韩邪死，其前阏氏子代位，欲妻之，昭君上书求归，成帝敕令从胡俗遂复为后单于阏氏。“惟许”写尽昭君处境的

窘迫，只有南来北往的宾鸿可以带来家园的气息。

【赏析】

这也是一首“出己意”的别有开掘之作。前人咏昭君多从昭君出塞、留恋汉廷君恩入手，这首诗却从昭君“不把黄金买画工”切入，别具新意。首联叙事：让那些宫女们去贿赂画工邀宠吧，昭君是不愿用黄金去贿赂画工的，因为自己只求堂堂正正地进身，羞于用这种卑鄙的伎俩达到邀宠的目的。颔联议论：至此我们才知道昭君不贿画工之意，如同千秋国士一样，只待识者自来，不屑于自荐，更耻于自夸。颈联化用杜甫诗句却反用其意：既然已出塞，既然不贿赂画工，羞与自媒同，昭君的魂灵何曾还在月夜回到汉邦？昭君那深沉的怨恨，只有托琵琶之声，让南飞的鸿雁携归故国。尾联以景结情：昭君思汉之情，只有上苍知道，使她坟上的青草年年如在汉一般，让青草告诉天下，告诉后人，昭君生前死后无时不在思念故土。这首诗前四句以扬的手法写昭君的高尚，后四句写昭君的悲剧命运，造成情绪上抑的效果，两相并举，令人读之生悲。沈德潜评曰：“吊明妃并写怀抱，方脱前人束缚。”（《清诗别裁》）昭君的不幸，实乃国士之不遇，实乃朝廷的昏暗无日。“进身羞与自媒同”是写明妃，同时也抒发诗人自己的怀抱。

18. 题乌江亭①

杜　牧

胜败兵家事不期，包羞忍耻是男儿②。
江东子弟多才俊，卷土重来未可知③。

【注释】

①乌江亭：故址在今安徽和县东北乌江浦，相传是项羽兵败自刎之处。唐会昌年间，杜牧任池州刺史，过乌江亭，写了这首咏史怀古诗。②不期：不能预料，不可料想。包羞忍耻：容忍羞辱的宽大胸怀。男儿：大丈夫。③江东：指长江东南的今江苏南部一带地区，亦称“江左”，这里是当年项羽跟从叔父项梁起兵的地方。才俊：才能卓越的人。卷土重来：指失败之后，加以整顿，以求重新发展。这个成语出自这首诗。

【赏析】

项羽溃围来到乌江，亭长建议渡江，但他觉得愧对江东父兄，悲愤自杀。诗人针对项羽兵败身亡的史实，批评他不能总结失败的教训，惋惜他的“英雄”事业归于覆灭，同时暗寓讽刺之意。首句开门见山地点出一个常识：胜败乃兵家常事，它是不能预料的。次句指出应该如何对待：忍辱负重，卧薪尝胆，能经得起失败的挫折，才是真正的大丈夫。三、四句设想推论：江南的父老弟兄多是国家的栋梁之材，如果采纳亭长的建议，重返江东，再整旗鼓，重新崛起也还完全是有可能的。议论不落前人窠臼，是杜牧咏史怀古诗的特色。这首诗明是批评项羽胸怀不广，不能“包羞忍耻”，不能像勾践之栖于会稽，韩信之出于胯下。诗人实际上是借题发挥，鼓励人们要有卷土重来，重新崛起的决心、信心和勇气，百折不挠，知难而上。这就是它的真正艺术价值。胡仔曰：“牧之题咏，好异于人，如《赤壁》云：‘东风不与周郎便，铜雀春深锁二乔’；《题四皓庙》云：‘南军不袒左边袖，四皓安刘是灭刘。’皆反说其事。”（《苕溪渔隐丛话》）吴景旭也评曰：“牧之数诗，（指《乌江亭》、《赤壁》、《四皓》）俱用翻案法，跌入一层，正意益醒，谢叠山所谓‘死中求活’也。”（《历代诗话》）唐胡曾也写了一首《乌江》，录以备考：

乌　江

胡　曾

争帝图王势已倾，八千兵散楚歌声。
乌江不是无船渡，耻向东吴再起兵。

19.　**叠题乌江亭**

王安石

百战疲劳壮士哀，中原一败势难回①。
江东子弟今虽在，肯为君王卷土来？

【注释】

①壮士：指项羽。中原一败：指项羽垓下之败。

【赏析】

王安石惯于做翻案文章，这首诗针对杜牧“江东子弟多才俊，卷土重来未可知”的说法，针锋相对地提出自己的看法：项羽人心丧尽，江东子弟不可能为他而卷土重来。前三句概述史实，末句点题：连年征战，劳顿疲惫的项王心力交瘁，无限哀伤；垓下一战，败势已定，势难挽回；当年追随项王起事的八千江东子弟即使个个都还健在，可是项王人心丧尽，江东子弟再也不可能为他卷土重来。杜牧以诗人的眼光，从败不馁的角度立意，说明大丈夫男子汉要经得起失败、挫折的考验，要有包羞忍耻的顽强毅力；王安石以政治家的眼光，从当时形势的角度立意，指出项羽已失去人心，不会再有成功的希望。在史识上，王安石高出一筹。从艺术角度看，杜牧的诗先提出对问题的正确看法，再概述史实，最后急转直下，一气呵成，全诗气势宏伟，同时在惋惜、批判、讽刺之余，点明道理——如何对待失败和挫折；王安石以三句概述史实，最后一句点题，提出与杜牧相反的看法，但因为缺少杜牧那种简练的叙事和顿挫的笔法，以及曲折回环的咏叹，所以显得平铺直议。总之，他们各有所长，各有所短。都穆评曰："王荆公诗云：(诗略)反樊川之意，似为正论。然终不若樊川之死中求活。"(《南濠诗话》)

20. **夏日绝句①**

李清照

生当作人杰，死亦为鬼雄②。
至今思项羽，不肯过江东③。

【注释】

①夏日绝句：一作"乌江"。②人杰：人中的豪杰。鬼雄：鬼中的英雄。《楚辞·九歌·国殇》："身既死兮神以灵，魂魄毅兮为鬼雄。"③"至今"句：项羽兵败垓下，本可渡江重整旗鼓，但他深感愧对江东父老，因此宁死不肯渡江。

【赏析】

这是一首借古讽今、发抒悲愤的咏史怀古诗，诗人盛赞项羽宁愿自刎乌江、也不愿苟且受辱的英雄气节。首联"人杰"、"鬼雄"并举，大气磅礴，掷地有声：活着应作人中的俊杰，死后要成为鬼中的英雄。尾联颂项羽讽南宋君臣：至今我还深深缅怀项羽，兵败垓下，本可渡江重整旗鼓，可他宁死也不肯逃往江东。诗人借项羽"不肯过江东"的悲壮行为，指斥以宋高宗为首的统治集团的逃跑行为。"寥寥二十字，取材于历史，着眼于现实，气势豪迈，寓意深刻；关于如何对待生、死问题的简练概括，尤发人深省。"(霍松林)何满子先生评曰："举出项羽的不肯南渡，正是对怯懦畏葸、只顾逃命苟安的南宋君臣的辛辣讽刺。诗在字面上只是对千年以前的英雄发感慨，但对时事的沉痛悲愤的谴责之情却溢于言表。"

初唐诗人于季子也有一首《咏项羽》肯定项羽全赵、灭秦的功劳，称赞他死得壮烈。

咏项羽

于季子

北伐虽全赵，东归不王秦。
空歌拔山力，羞作渡江人。

俞陛云先生评曰："全赵句，言项羽奋迹之始，王秦句，言失策之终。后二句之意，千里江东，六朝皆恃作金汤，而盖世之雄，独弃而不顾。宁为玉碎，不作瓦全，凛然强矫之气，千载如生。于短歌对句中，包举其生平，笔力殊劲。"

21. 过项羽庙

陈　洎

八千子弟已投戈，夜帐犹闻怨楚歌①。
学敌万人成底事，不思一个范增多②？

【注释】

①八千子弟：最初跟随项梁、项羽起兵击秦的江都旧部。“夜帐”句：项羽被围垓下，夜间营帐中闻汉军四面皆楚歌，乃大惊道：“汉皆已得楚乎，是何楚人之多也？”怨，指楚歌中对项羽的怨恨之声。②“学敌”句：项羽少时，曾言：“剑一人敌，不足学，学万人敌。”万人敌即军事韬略。底事：何事。范增：项羽主要谋士，尊为“亚父”，年七十辅佐项羽称霸，屡劝羽杀刘邦，羽不听。后羽中刘邦反间计，怀疑范增有二心，增愤而离去，途中疽发于背而死。

【赏析】

这首咏史怀古诗，讽刺项羽有勇无谋、刚愎自用，不知依靠智囊团，招致垓下之困、乌江自刎。首联叙事：夜里我从项羽庙前经过，想起这位楚霸王的成败，心潮起伏。追随项羽起兵的江东八千子弟，早已向刘邦放下了干戈。至今我好像还听见当年月夜营帐之中回响的怨楚悲歌。尾联议论：项羽，你学万人敌要雄霸天下，究竟做成了什么？你从没想过，你的胸襟竟不能容纳智囊范增一个。“诗从八千子弟投戈、夜帐四面楚歌落笔，既叙史事，又展现出形象感人的画面，先把读者引入一个生动具体的历史氛围中，然后再以唱叹之笔，抓住一点发抒议论。这样写咏史诗，就不枯燥，有诗味。‘万人’和‘一个’，对比鲜明，更突出了讥刺意味，其艺术表现，直承唐代杜牧的咏史七绝。”（闻涛，吴倩）金性尧先生评曰：“范增是项羽的智囊，成大事就须依靠智囊。项羽却疑范增而信项伯，最后乌江自刎，难道真像他说是‘天亡我也’吗？曾巩《垓下》云：‘泫然垓下真儿女，不悟当从一范增。’亦以项羽不听范增之言为失著。”（《宋诗三百首》）

22. 长沙过贾谊宅

刘长卿

三年谪宦此栖迟，万古惟留楚客悲①。
秋草独寻人去后，寒林空见日斜时②。
汉文有道恩犹薄，湘水无情吊岂知③？
寂寂江山摇落处，怜君何事到天涯④！

【注释】

①三年谪宦：指贾谊遭贬做了三年长沙王太傅。栖迟：像鸟儿那样飞不起来，言贾谊的失意。楚客：流落到楚地的客子，长沙古代在楚国境内。这里既指贾谊，也指诗人自己。②人去后：指贾谊已死去八百年。此处也暗自化用了《鹏鸟赋》中“野鸟入室兮，主人将去”之语。日斜时：指刘长卿来访贾谊宅的时间，也化用了《鹏鸟赋》中“庚子日斜兮，鹏集余舍”之语。③汉文：即汉文帝。有道：英明伟大，有人君的道德与才干。恩犹薄：汉文帝曾在一年之中超迁贾谊为大中大夫，然而经不起别人对贾谊的谗毁，将他贬为长沙王太傅，致其忧郁而死，故曰“恩犹薄”。“湘水”句：屈原自沉汨罗江，江通湘水，所以贾谊贬长沙路经湘水时曾作《吊屈原赋》以凭吊屈原，兼抒发自己心中的孤愤。④摇落：指草木凋零。宋玉《九辩》：“悲哉，秋之为气也，草木摇落而变衰。”君：指贾谊。何事到天涯：因何事放逐到这里。犹言原本不应该被逐到这里。此处既写贾谊，也写自己。

【赏析】

这是诗人遭贬途经长沙凭吊贾谊的咏怀古迹之作，诗人联系与贾谊遭贬的共同遭遇，明吊贾谊，暗伤自己，句句同情贾谊的遭遇，切合贾谊的身世，又句句在哀伤自己的迁谪，抒发自己的悲愤，巧妙地将自己的抑郁情怀融化在诗歌形象中，含而不露，深而不晦，所以为妙。首联点题：贾谊蒙冤被贬，在长沙只淹滞了三个年头，但万古同悲，给流落到楚地的客子留下了无限哀愁。颔联写过贾谊宅所见之萧条冷落的景色：八百年后，重过旧宅，只寻到秋风瑟瑟中的一片衰草，只见落日余晖洒照在寒林梢。颈联议论：“有道”的汉文帝犹不能重用贾谊，遇到昏聩无能的当今皇上（唐代宗），那就更谈不上什么恩遇了；贾谊在湘水边凭吊屈原，可屈原哪里能知道呢？于今我在这里吊贾谊，贾谊亦然不知。尾联吊古伤今，怜人怜己：暮色苍茫，江山寂寥，秋风过处，黄叶纷纷，可怜的你呀，本不应到此，却因何事被放逐到这里？我和你都是无罪的啊！悲慨幽咽，令千古词客一洒同情之泪。“这首怀古诗表面上咏的是古人古事，实际上还是着眼于今人今事，字里行间处处有诗人的自我，但这些又写得不那么露，而是很讲究含蓄蕴藉的。诗人善于把自己的身世际遇、悲愁感兴，巧妙地结合到诗歌的形象中去，于曲折处微露讽世之意，给人以警醒的感觉。”（徐竹心）程千帆先生评曰：“悼念贾谊，同时也就是申诉自己类似的不幸。全诗处处双关，上文已明言‘谪宦’，下文又故意问‘何事到天涯’，言外自露抱屈之意。‘怜君’是自怜，用笔含蓄，构思巧妙。”林东海先生评曰：“悲极怨极，贾生之谪长沙，亦无此深悲极怨。所以然者，第作者借贾生以寄怨也。时作者以非罪谪南巴，经长沙而有此作。故其悲贾生正以自悲也。诚如前人所评：‘语语打到自家身上，怜贾正所以自怜也。’（《唐诗摘抄》）

'说贾即是自说。'(《唐诗成法》)诗之真谛，须自言外求之。"

23. **自夏口至鹦鹉洲望岳阳寄元中丞**①

刘长卿

汀洲无浪复无烟，楚客相思益渺然②。
汉口夕阳斜渡鸟，洞庭秋水远连天③。
孤城背岭寒吹角，独树临江夜泊船④。
贾谊上书忧汉室，长沙谪去古今怜⑤。

【注释】

①夏口：今湖北武昌。鹦鹉洲：位于武昌黄鹤楼东北面的长江中。元中丞：一作"阮中丞"、"源中丞"，即源休，曾任潭州(今湖南长沙)刺史，后官御史中丞，因事配流溱州(今四川綦江县南)，久之移岳州(即岳阳)。时刘长卿任鄂岳转运留后，驻鄂州，巡行岳州，得与源休往还，归至夏口，作此诗以寄。②汀洲：此处指鹦鹉洲。无浪复无烟：没有风浪也没有烟云。楚客：作者自称。鄂州属楚地，故以自谓。益：更加。渺然：遥远的样子。③汉口：汉水入长江入口，在夏口西，隔江相对。斜渡鸟：鸟儿斜飞过江。洞庭：指源休所在。中间二联写景，均是上句写眼前之景，下句写想象中源休所在岳阳的景象。④孤城：指汉阳城。背岭：汉阳城北靠龟山。寒吹角：秋夜吹角，其声凄凉，似有寒意。角：号角，军中吹乐器。树：一作"戍"。⑤"贾谊"句：贾谊曾多次上书汉文帝，评论时政，主张削弱诸王势力，加强中央集权，但不被重用，谪贬长沙王太傅。此以贾谊比源休，故曰"古今怜"——怜贾谊，怜源休，亦自怜。

【赏析】

刘长卿对贾谊可谓情有独钟，在《新年作》、《长沙过贾谊宅》和这首诗中，接连三次提到贾谊被贬长沙的史实。所以如此，盖由同病相怜。这首诗对贬于岳阳的元中丞，表示怀念和同情，同时表达了自己无辜被贬的悲愤之情。首联由眼前的景联系到被贬于洞庭湖畔岳阳城中的元中丞：鹦鹉洲附近的江面，没有风浪，也没有烟云；客居楚地，更加思念远在岳阳同是无辜遭贬的友人元中丞。中间两联写景：上句写眼前所见景色；下句写想象中元中丞所在岳阳的景象。颔联上句写自夏口至鹦鹉洲所见晚景，下句写洞庭湖畔秋景：一道残阳洒在汉口及其附近的江面上，归巢的鸟儿纷纷斜飞过江；遥想此时的洞庭湖畔秋水连天，水天一色。颈联上句写眼前所闻，下句想象元中丞在岳阳的境况：寒风中从背倚龟山的汉阳城中传来阵阵号角声；此时友人正独居临江的戍楼，注视着傍晚戍楼下停靠的来往船只。尾联以被贬长沙的贾谊比元中丞：贾谊上书皇上，为国分忧，却无端被贬为长沙王太傅,令古今士子凄然涕下。这首诗地名多,区域广,时间跨度也大。但诗人立足于从夏口至汀洲这一段途中,紧扣"望"字,由眼前所见之景,联想到友人在岳阳的境况,使全诗条理清楚,次序井然,呈现出跳跃感。金圣叹评曰:"'夕阳度鸟',写为时既已无及,'秋水连天',写为地又颇不近。然则,但好相思,不好相过,固不待更说者也。妙写'望'字,'寄'字也。"(《选批唐才子诗》卷二)林东海先生评曰:"其时作者在鄂,中丞在岳,故诗思萦纡于两地之间。首联之妙在写夕望岳阳,虽风平浪静,江上无烟,却望而不见,搔首踟蹰,益加相思。中二联写景,景中含情,悠扬绵远,不胜漂泊之感。结以贾谊之谪,与前楚客相照映,写二人共有之迁谪意。或以为失之直,然非以迁谪意作结,则前三联无纽带,必泛泛然少情致。其妙处在谋篇,不可于字句求之。"

24.

贾　生

李商隐

宣室求贤访逐臣,贾生才调更无伦①。
可怜夜半虚前席,不问苍生问鬼神②。

【注释】

①宣室:汉未央宫前殿正室,汉代皇帝祈神求福的地方。访:咨询。才调:才气、才能。无伦:无与伦比。②可怜:可惜。虚:徒自。前席:古人席地而坐,当谈话投机时,会情不自禁地向前移动。不问苍生:不询问有关国计民生的事。苍生:百姓。问鬼神:《史记·贾生列传》:"后岁余,贾生征见。孝文帝方受厘,坐宣室。上因鬼神事,而问鬼神之本。贾生因具道所以然之状。至夜半,文帝前席。"李商隐这首诗即针对这段文字而发。

【赏析】

这是一首借古讽今的咏史怀古诗。诗中赞扬了贾谊的政治才干,讽刺了汉文帝的徒有求贤之名,而无真正用贤之实。作品不仅讽古,更是刺今,它讽刺了晚唐统治者热衷于拜佛求道,荒于国计民生。另外,诗人也以贾谊自比,抒发了屈沉下僚、怀才不遇的悲愤。首联叙事:汉文帝为了寻求贤才,在宣室这种祀神"斋戒"的地方召见了被贬了官的贾谊,可谓求贤若渴,虚怀若谷;为何不召满朝文武,独召逐臣呢?因为贾谊少年才俊、意气风发、华彩照人,在当时实在没有人能比得上啊!尾联议论:贾谊娓娓而谈,汉文帝越听越入神,几次把席子向前移动,尽量靠近贾谊,可惜这一切都是徒然无用的;因为不是为了询求治国安民之道,却是为了"问鬼神"的本源问题,这样的郑重垂询有什么用呢?这首诗欲抑之,先扬之;讽汉文实刺唐帝,怜贾生实亦自悯。冯孟亭说:"义山退居数年,起而应辟，故每以逐客逐臣自喻。”（《唐宋诗举要》引）周振甫先生评曰：“求贤访问，这是贾谊得遇贤君；只问鬼神，不能施展贾谊的才能，那么所谓遇贤君是空的，同于不遇。诗里有这样的含意，有这样深沉的感慨，这就不是抽象的议论了。”（《李商隐选集》）

王安石也写有一首《贾生》：

一时谋议略施行，谁道君王薄贾生？
爵位自高言尽废，古来何啻万公卿。

诗的大意是：贾谊谋略中不少被汉文帝采纳，可见汉文帝不重视贾谊的说法是错误的。贾谊虽身不见用，而其谏议却被采纳，他的才能已经得到了肯定，个体人生价值已经在某种程度上得到实现。因此，比起那些“爵位自高言尽废”的成千上万的公卿来，贾谊并未遭到鄙薄。如何准确把握王安石这首诗的意蕴？程千帆先生评曰：“借古事以发抒他对宋神宗的知遇之恩，如果仅将其看成了翻李商隐的案，那就被王安石瞒过了。”（《古今诗选》）。

25.　咏怀古迹五首（其五）

杜　甫

诸葛大名垂宇宙，宗臣遗像肃清高①。
三分割据纡筹策，万古云霄一羽毛②。
伯仲之间见伊吕，指挥若定失萧曹③。
运移汉祚终难复，志决身歼军务劳④。

【注释】

①宗臣：被后代尊仰的大臣，这里指诸葛亮。②纡：迂回曲折。筹策：筹供决策。意即诸葛亮的筹策当经过反复考虑，纡回曲折的过程才制定的。羽毛：指鸾凤。云霄：云天。鸾凤在云天高飞。③伊吕：指商代开国功臣伊尹和周代开国功臣吕尚（姜太公）。失萧曹：汉代开国功臣萧何和曹参都为之失色。④祚（zuò）：皇帝的地位，此处有“气数”之意。“志决”句：言诸葛亮因繁忙的军务而积劳成疾最后死于征途。歼：消灭，此处指死亡。

【赏析】

这首诗与其他咏诸葛亮的诗词不同之处是，除总写诸葛亮名垂宇宙的声望功绩以外，还以四个历史人物与之对比，以突出诸葛亮的伟大、崇高。首联总写诸葛亮的声望：诸葛亮的大名在宇宙里流传，不受时间和空间的限制；进入祠堂，瞻望诸葛亮遗像，不由肃然起敬，遥想一代宗臣，高风亮节，更添敬慕之情。颔联概括诸葛亮的一生：替刘备制定的三分天下的策略，是他经过反复考虑、迂回曲折的过程才制定的；在万古的历史长河中，他像在高空中飞翔的唯一鸾凤，奇功伟业，历代敬仰。颈联再加申说：诸葛亮的人品和伊尹、吕尚不相上下，而胸有成竹，从容镇定的指挥才能却使汉初名相萧何、曹参为之黯然失色。尾联慨叹诸葛亮大功不成：尽管有诸葛亮这样决心恢复汉朝的杰出“宗臣”，但是世运已转移，汉朝“气数”已尽，终于未能恢复“汉祚”，反而因事务繁忙，积劳成疾而死于征途。诗人在热烈赞扬诸葛亮雄才大略的同时，对其壮志未遂叹惋不已。傅经顺先生评曰：“这首诗，由于诗人以自身肝胆情志吊古，故能涤肠荡心，浩气炽情，动人肺腑，成为咏古名篇。诗中除了‘遗像’是咏古迹外，其余均是议论，不仅议论高妙，而且写得极有情韵。三分霸业，在后人看来已是赫赫功绩了，而对诸葛亮来说，轻若一羽耳；‘萧曹’尚不足道，那区区‘三分’就更不值挂齿，如此曲折回宕，处处都是抬高了诸葛亮。全诗议而不空，句句含情，层层推进：如果把首联比作一雷乍起，倾盆而下的暴雨，那么，颔联、颈联则如江河奔注，波涛翻卷，愈涨愈高，至尾联蓄势已足，突遇万丈绝壁，瀑布而下，空谷传响——‘志决身歼军务劳’——全诗就结于这动人心弦的最强音上。”林东海生先评曰：“咏武侯庙，借以自喻其‘鞠躬尽瘁’之志。”

26. 蜀相

杜甫

丞相祠堂何处寻？锦官城外柏森森①。
映阶碧草自春色，隔叶黄鹂空好音②。
三顾频烦天下计，两朝开济老臣心③。
出师未捷身先死④，长使英雄泪满襟。

【注释】

①锦官城：成都的别称。古代成都以产锦闻名，朝廷在成都设有锦官，故称之“锦官城”。武侯祠在成都市西南。柏森森：武侯祠前有老柏一株，相传为诸葛亮所手植。森森：高长茂盛的样子。②映阶：指绿草遮映着路阶。自春色：自呈春色，言无人观赏。空好音：白叫得好听，言无人品听。以上两句突出了祠庙的荒僻寂静。③三顾：诸葛亮隐于襄阳隆中时，刘备曾三次亲往拜请。频烦：多次麻烦打扰。两朝：指先主刘备和后主刘禅。开济：开创大业和匡济艰危。也就是刘备时的创业与刘禅时的守成。④“出师”句：建兴十二年(234)春诸葛亮出师伐魏，据五丈原(今陕西郿县西南斜谷口)，与魏军相持百余日。这年八月，病死军中。

【赏析】

这首诗，作者表达了对三国时蜀丞相诸葛亮的深深敬意，缅怀他生前的显赫功勋，并寄予了无穷的感叹，也蕴藉着诗人匡时济世的抱负和失望的心情。首联自问自答：诸葛亮丞相的祠堂到哪里去寻找？锦官城外祠内祠外古柏苍苍，翠影蔽日，显得庄严、肃穆。颔联写景：祠前阶下，铺映着的萋萋芳草，春色自是同当年一样；树上枝头，轻啼出婉转莺语，空有好音。颈联概括武侯一生功绩：刘备三顾茅庐，在隆中即为先主定下三分天下的大计；一生忠心耿耿，佐先主开创大业，辅刘禅匡济时危，为蜀国事业"鞠躬尽瘁，死而后已"。尾联惋惜武侯早逝：为光复大业，武侯六出祁山，北向伐魏，功业未尽，病逝于征途中，使仰慕和追怀武侯的历代志士仁人泪满衣襟。这首诗前四句写景，后四句抒情，然而无论写景抒情，它都有一个基点，那就是全诗始终寄寓着忧国忧民的感情。在写景中，蕴含着诗人忧念时世的沉重心情。在追念中，寄托着诗人的政治理想，这也正是诗人对胸怀天下、济时扶危的诸葛亮极度崇敬、爱慕，对诸葛亮的不幸结局痛惜的原因。仇兆鳌评曰："上四祠堂之景，下四丞相之事。首联自问自答，记祠堂所在。草自春色，鸟空好音，此写祠庙荒凉，而感物思人之意自在言外。'天下计'，见匡时谋略；'老臣心'，见报国苦衷。有此两句之沉挚悲壮，结作痛心酸鼻语，方有精神。宋宗忠简公(宗泽)临殁时诵此二语，千载英雄有同感。"林东海先生评曰："杜公于诸葛武侯三致意焉，多次赋诗颂之，美其才，慕其忠，赞其功，叹其出师未捷，志决身歼，盖亦所以自喻也。颔联写碧草春色，黄鹂好音，只着一'自'字一'空'字，便知其悼念情深，含蓄不尽。结联'出师未捷身先死，长使英雄泪满襟'，常为古来失路英雄所共鸣，唐之王叔文、宋之宗泽，临终前均诵此二句以寄意。虽千载之下，犹有同感者也。"

杜甫还有《武侯庙》、《诸葛庙》诗二首，兹录以备考：

武侯庙

杜　甫

遗庙丹青落，空山草木长。
犹闻辞后主，不复卧南阳。

刘永济先生评曰："首二句写庙景，'丹青落'，庙宇髹(xiū)漆剥落也。'草木长'，庙外景物荒芜也。后二句咏武侯，'辞后主'，武侯出师有表辞后主也。'卧南阳'，武侯为国有鞠躬尽瘁之心，不以后主昏庸而生退居之志也。曰'犹闻'，有千载犹生之意，写武侯之英灵如在也。"

诸葛庙

杜　甫

久游巴子国，屡入武侯祠。
竹日斜虚寝，溪风满薄帷。

君臣当共济，贤圣亦同时。
翊(yì)戴归先主，并吞更出师。
虫蛇穿画壁，巫觋(xī)缀珠丝。
欻(xū)忆吟《梁父》，躬耕也未迟。

仇兆鳌评曰："上四，咏庙中景物。中四，遡武侯往事。下则对庙而感怀也。'虫蛇'二句，承中段来，言当时勋业如此，而遗庙凄凉，但见画壁空穿，蛛丝缀入耳，与竹日二句不为犯重。躬耕未迟，盖借孔明以自况。黄生曰：诸葛时年尚少，虽躬耕以待际会，何迟之有？'欻忆'二字，因己而思及诸葛，《先主庙》诗'迟暮堪帷幄'，又因诸葛而转及于己，与此正可参看。"

27. 八阵图

杜 甫

功盖三分国，名成八阵图[①]。
江流石不转，遗恨失吞吴[②]。

【注释】

①三分国：指当时分割天下而成的魏、蜀、吴三国。这句是说能佐刘备成鼎足三分之大业，诸葛亮功居第一。八阵图：由天、地、风、云、龙、虎、鸟、蛇八种阵势所构成的军事操练和作战的阵图，相传为诸葛亮所创立，其故址在今四川奉节西南长江边。②石不转：指诸葛亮所布的八阵图石阵虽经数百年江流冲刷，岿然不动。失吞吴：刘备的过失就在于冲动伐吴，致使猇亭惨败。诸葛亮未能阻止此行，故曰"遗恨"。

【赏析】

这是一首以议论为主的咏史怀古诗。诗人面对八阵图遗迹，追想诸葛亮的功业，而对当年那一场龙争虎斗的战争表现了深沉的感慨。前三句是褒，是赞扬；后一句是贬，是惋惜。首句高度概括了诸葛亮的历史功绩：诸葛亮在确立魏、蜀、吴三分天下、鼎足而立局势的过程中功绩最为卓越，起了关键性的决定作用，功劳盖世，无与伦比。次句极写诸葛亮的军事才能：他创制的八阵图成就了他世代不朽的名声。三句写眼前实景：诸葛亮所布的八阵图石阵虽经数百年江流冲刷，至今仍岿然不动。这句既写出了八阵图遗迹的神奇色彩，也抒发了凭吊的感情："石不转"三字也是诸葛亮对蜀汉政权和统一大业坚如磐石之心的象征，无论时间的江流如何冲刷，时局的风浪如何激荡，他的忠贞之心都如这石堆一样不可移易、动摇、变更！其次这江流不转之石也是诸葛亮生平之志未能完成、统一大业未得实现的写照。这散而复聚、长年不变的八阵图石堆的存在，似乎又是诸葛亮对自己赍志以殁表示惋惜、遗憾的象征。末句微刺刘备：先主刘备失策于吞吴，破坏诸葛亮联吴抗曹的根本策略，方使统一大业中途夭折而成了千古遗恨。这首诗不仅语言形象生动，而且感情色彩浓郁，诗人将“伤己垂暮无成”之情渗入其中，使怀古与述怀相融为一，在对古人的吟叹中震颤着自己壮志未酬的余音。刘永济先生评曰：“首句极赞武侯，次句入题，三句就八阵图说。‘江流’句，从句面看似写聚石不为水所冲激，实已含末句‘恨’字之意。末句说者聚讼，大概不出两意：一则恨未吞吴，一则恨失于吞吴。沈德潜《唐诗别裁》评此诗曰：‘吴蜀唇齿，不应相仇。“失吞吴”，失策于吞吴，非谓恨未曾吞吴也。隆中初见时，已云“东连孙权，北拒曹操”矣。’沈乃主后一说者，盖鼎足之势，在刘备不忍一时之愤伐吴兵败，致蜀失吴援而破裂，遂使晋能各个击破。由此言之，沈说是也。‘石不转’有恨不消之意，知此句五字亦非空设。杜甫运思之细，命意之高，于此可见。”

28. **经五丈原**①

温庭筠

铁马云雕共绝尘，柳营高压汉宫春②。
天下杀气屯关右，夜半妖星照渭滨③。
下国卧龙空寤主，中原得鹿不由人④。
象床宝帐无言语，从此谯周是老臣⑤。

【注释】

①五丈原：在今陕西郿县西南三十里的渭水南岸。诸葛亮于蜀后主建兴十二年(234)春，领兵伐魏，屯兵于此，与司马懿对峙于渭南，两军相持百余日，八月，诸葛亮病死于军中。②铁马云雕：喻威武雄壮的军队。铁马：犹铁骑；云雕：指云旗和雕旗。云旗上画有虎熊，雕旗上画有鹰隼。绝尘：脚不沾尘土，形容行军迅疾。柳营：即细柳营，在今陕西临潼县境，汉文帝时名将周亚夫曾屯兵于此，以壁垒森严著称，这里喻指诸葛亮的军营。高压汉宫：指诸葛亮屯兵五丈原，对长安一带造成极大的威胁。此以“汉宫”喻魏国。③杀气：是秋天的肃杀之气和诸葛亮兵威的双关语。关右：函谷关以西之地，这里即指五丈原。妖星：指彗星或流星。古人认为彗星或流星一类天象的出现，预示着灾难将临。相传诸葛亮死时，其夜有火星“赤而芒角”坠落在渭水之南。④下国：古代以中原的诸侯国为上国，与西南的蜀汉相对，故以蜀国为下国。卧龙：指诸葛亮。徐庶把诸葛亮推荐给刘备时，称他为“卧龙”，意为隐居的俊杰。寤：通“悟”，使之醒悟。“悟主”指写《出师表》开导刘禅而言。中原得鹿：指魏终灭蜀。古人称争夺天下叫“逐鹿”。不由人：非人力所能挽回。⑤象床宝帐：指五丈原诸葛亮祠庙中神龛内的陈设。

谯(qiáo)周:蜀国大臣,字允南,诸葛亮死后,深受后主宠信。魏景元四年(263),魏将邓艾攻蜀,谯周力主投降,反对抵抗,刘禅采纳他的意见而降魏。老臣:德高望重的大臣。

【赏析】

这首诗是诗人经过五丈原这一历史遗迹兴发感慨而作,既表达了诗人对诸葛亮的敬慕,又讽刺了刘禅、谯周的投降误国,也寄托了诗人对唐王朝国势衰颓的忧愤。诗的前半,以强烈的感情色彩,描绘了想象中的诸葛亮率领的北伐军的声威。首联写蜀汉大军凌厉气势:蜀汉建兴十二年(234)春天,诸葛亮率领蜀汉伐魏的雄师,威武整肃,以排山倒海之势,飞速北进,蜀汉大军屯驻于五丈原后,给魏国司马懿部以极大的压力,使其不敢轻易出战。颔联转写诸葛亮之死:蜀魏两军对峙于五丈原,已从春天延续到了秋季,旷日持久,难分胜负;相传有一"赤而芒角"的大星夜半从东北流来,坠落于渭水南岸的五丈原营中,这是诸葛亮病逝军中的征兆。诗的后半以史家之笔,发史家之论,指明形成诸葛亮"出师未捷身先死"悲剧结局的历史原因及其必然性。颈联采用倒叙手法,回溯诸葛亮生前的事:诸葛亮竭智尽忠,辅佐后主刘禅,时相劝谏,仍无法使后主刘禅从昏庸中醒悟过来,他对刘禅的开导、规劝又有什么用呢?诸葛亮虽然致力于蜀汉统一全国的事业,可是事难由己啊!强盛的魏国灭蜀吞吴统一全国是历史的必然。尾联由五丈原的武侯庙生发开去,收束全诗:诸葛亮一死,蜀汉国势便江河日下,可是供奉在祠庙中的诸葛亮像已无言可说、无计可施了;刘禅不听诸葛亮生前的告诫,宠幸谯周,邓艾伐蜀,围成都时,在谯周的怂恿下,后主降魏。"当时罗宽率领重兵据守白帝城,霍弋率领强兵镇守夜郎,蜀汉还没有完全挫败。写后主听谯周的劝降,含有不胜悼惜的感情。这里也显示出诸葛亮一生系蜀汉的安危,在他生前,蜀汉的大军对魏国具有高压的形势,他死后就走向屈辱投降,构成了强烈的对照。"(周振甫)诗人采用含而不露的手法,将谯周这个卖国投降者称作"老臣",是"诮之比于痛骂"(沈德潜语)。诗人暗暗地把谯周误国降魏和诸葛亮匡扶世主作了比较,读者自然可以想象到后主的昏庸和谯周的卑劣了,收到了比痛骂更强烈的效果。前人评曰:"结句结束上文者,正法也;宕开者,别法也。上官昭仪之评沈宋,贵有余力也。'曲终人不见,江上数峰青',贵有神远也……温飞卿《五丈原》诗以'谯周'结武侯,《春日偶成》以'钓渚'结旅情。刘长卿之'白马翩翩春草绿,邵陵西去猎平原',宕开者也。"(《围炉诗话》)林东海先生评曰:"诸葛武侯于先主,但'鞠躬尽瘁,死而后已',精神可嘉,而徒劳无功。颈联'下国卧龙空寤主,中原逐鹿不由人',写出无限感慨,无穷怨恨。结联以谯周收束,岂止愤然,直欲痛煞。祠庙神灵'无言语',即起武侯于九原,亦当无言语。三字妙不可言。"

29.

筹笔驿[①]

李商隐

猿鸟犹疑畏简书，风云长为护储胥[②]。
徒令上将挥神笔，终见降王走传车[③]。
管乐有才真不忝，关张无命欲何如[④]？
他年锦里经祠庙，梁父吟成恨有余[⑤]。

【注释】

①筹笔驿：在绵州绵谷县（今四川广元县）北九十里。诸葛亮出兵伐魏，曾驻此筹划军事。驿：驿站，古时供给传递文书者暂驻、换马的交通站。②“猿鸟”句：言诸葛亮军纪严明，猿鸟也畏其禁令。犹疑：还好像。简书：指军中的文书命令。储胥：军营的藩篱、栏栅之类，即军中的壁垒。③上将：指诸葛亮。挥神笔：挥笔疾书军令或草拟军事计划。降王：指向魏将邓艾投降的蜀后主刘禅。传车：这里指押送刘禅的车子。④管乐：指春秋时的管仲和战国时的乐毅。诸葛亮居隆中时，常自比管仲、乐毅。不忝（tiǎn）：无愧，指不比管仲、乐毅差。关张：指蜀汉大将关羽、张飞。无命：寿命不长。关羽和张飞都死在诸葛亮伐魏之前。⑤他年：往年，即写此诗的前五年，李商隐曾到过成都，瞻仰了成都的诸葛亮武侯祠，并写了《武侯庙古柏》。锦里：在成都城南，是武侯庙的所在地。梁父吟：乐府曲调名。诸葛亮曾写有《梁父吟》，以抒发自己的政治抱负。最后这句是说：自己读了诸葛亮的《梁父吟》，为他深深地感到遗憾。

【赏析】

这首诗赞颂了诸葛亮的政治、军事才能，对他因逢刘禅这样的昏主，又失去了关羽、张飞这样的良将，致使北伐中原、兴复汉室的宏愿未能实现，表示了极大的惋惜。首联极写诸葛亮的军威和军纪：猿猴飞鸟等动物们好像至今还畏惧诸葛军令的威严，而不敢轻易靠近这筹笔驿；风起云涌等诸多自然气象也像是长久地卫护着这诸葛军营的藩篱、木栅。颔联写诸葛亮之神智，却不能使蜀国免于灭亡：可叹啊，诸葛亮虽鞠躬尽瘁地筹划军事，英明果断地指挥决策，但“终见”刘禅降魏蜀亡，长途乘驿车被押解洛阳。颈联写诸葛亮之才识，却因关、张早亡，失却羽翼：可叹啊，诸葛亮的确是卓越的政治家、军事家，能跟管仲、乐毅并比而毫不逊色；但是关羽、张飞过早地命丧黄泉，使他失去得力臂膀，又怎能单独支撑危局呢？尾联抒情：回想自己当年到锦里的武侯祠凭吊，写了怀古伤今的诗篇，吟哦诸葛亮的《梁父吟》，犹觉遗憾无穷。“恨有余”是这首诗的灵魂与诗眼，为了突出这个“恨”字，诗人采用了一扬一抑、抑扬交替的艺术手法。纪昀评此诗说：“起二句极力推尊，三、四句忽然一贬，四句殆自相矛盾。盖由意中先有五、六二句，故敢如此离奇用笔。”宋弼则以此诗与杜甫的《蜀相》比美：“起二句本意已尽，下面无可措手矣；三、四句作开笔，五、六收转，两意相承，字字顿挫；七、八振开作结。与少陵‘丞相祠堂’作，不可妄置人优劣也。”诗中的“恨有余”，不单是指诸葛武侯，同时也指诗人本身的家国之恨。刘学锴先生评曰：“此诗内容实更接近于杜之《咏怀古迹》第五首。‘伯仲之间见伊吕，指挥若定失萧曹’，即此诗‘管乐有才无不忝’之意；而‘运移汉祚’之前提下仍强调其‘志决身歼军务劳’之主观精神品质；李作则深慨才人志士之无能为力，突出诸葛亮所遇之客观条件。晚唐政治腐败，危机深重，才智之士因客观环境限制，既难成大业，且往往不免遭受排挤打击，李德裕之遭遇即其显例。作者于吊古中常融有现实感慨。”(《李商隐诗歌集解》)林东海先生评曰：“诸葛亮之忠诚神智，为历来诗家所景仰，盛赞之诗盈筐累箧。然播人口者，应数老杜、小李之作。杜甫之《蜀相》，与义山之《筹笔驿》，皆沉郁顿挫，饶有余味，令人一唱三叹。有志之士，读来几欲泪下。义山瓣香子美，此作亦颇得其神，笔法变化，有‘龙跳虎卧之势’(纪昀《瀛奎律髓刊误》)，如有神力。故方东树《昭昧詹言》云：‘义山此等诗，语意浩然，作用神魄，真不愧杜公。前人推为一大家，岂虚也哉！’”

30.

筹笔驿

罗 隐

抛掷南阳为主忧，北征东讨尽良筹①。
时来天地皆同力，运去英雄不自由②。
千里山河轻孺子，两朝冠剑恨谯周③。
唯余岩下多情水，犹解年年傍驿流。

【注释】

①“抛掷”句：先主刘备三顾茅庐，诸葛亮抛弃了在南阳的隐居生活，出山佐刘备建功立业。北征东讨：主要指武侯六出祁山北征伐魏，东讨是陪衬。②时：与下句的“运”，都是“时运”的意思，在此都指客观形势。③孺子：指后主刘禅。他听信谯周降魏，断送了蜀国的千里河山。两朝冠剑：指刘备、刘禅两朝的文臣武将，主要是指诸葛亮。谯周，三国巴西西充(今四川阆中西南)人，字允南。通经学，善书札。诸葛亮领益州牧，任为劝学从事，后任中散大夫、光禄大夫。炎行元年(263)劝后主降魏，受魏封为阳亭侯。入晋，任骑都尉、散骑常侍。

【赏析】

同李商隐的那首《筹笔驿》一样，罗隐的这首诗也写得很好。首联点题：先主三顾茅庐，诸葛亮抛弃了在南阳的隐居生活，为刘备分忧，出山辅佐刘备建功立业；北征东讨，运筹帷幄，谋划都非常好。颔联点明“时运”与事业成败的关系：时来，天助地助，赤壁一战，孙刘联军大败曹操；时运不济，英雄也不由自主，虽六出祁山北征伐魏，依然是无果而终。颈联进一步说明运去导致蜀灭亡：魏将邓艾率军攻蜀，后主刘禅听信谯周降魏，蜀国千里江山，被孺子阿斗轻轻地断送了；武侯泉下有知，一定非常痛恨谯周。尾联以景结情：筹笔驿亭的岩下水，还在多情地傍驿流着，好像还在怀念诸葛亮。周振甫先生评曰：“这里把诸葛亮规划的胜利和挫折归于时运。李商隐《筹笔驿》：‘管乐有才真不忝，关张无命欲何如？’也认为北伐的所以不能成功，由于关张无命，不能帮助他北伐，也归到命运。温庭筠《经五丈原》：‘下国卧龙空寤主，中原逐鹿不由人。’他称蜀国为“下国”，称魏国为“中原”，含有“上国”的意思。下国和中原相抗，含有大小强弱不同的意味，所以说‘中原逐鹿不由人’，即认为偏处西南的弱小的下国要跟中原强大的魏国逐鹿，这是非人力所能办到的，这就不把北伐的不能成功归之于时运或天命了。这样的看法胜过两篇《筹笔驿》的看法。”林东海先生评曰：“与李义山同题前后赋咏，义山赞诸葛之才智，昭谏叹诸葛之运命，各有所指，各有其妙。其颔联‘时来天地皆同力，运去英雄不自由’，为一篇之主旨。亦俗所谓‘谋事在人，成事在天’也。清孙原湘《霸王之墓诗后》颈联‘时来雉亦烹功狗，事去人争笑沐猴’，亦拟其意旨仿其句法。似皆出于项羽所谓‘此天之亡我，非战之罪也’（《史记·项羽本纪》）。结联寄情于流水，余韵无穷。余成教《石园诗话》谓：‘昭谏《筹笔驿》诗，亦七律中最佳者，议论亦颇似义山。’似不为过。”

31.　赤　壁①

杜　牧

折戟沉沙铁未销，自将磨洗认前朝②。
东风不与周郎便，铜雀春深锁二乔③。

【注释】

①赤壁：在今湖北蒲圻县西北的长江南岸，三国时孙权、周瑜用火攻大破曹操于此。作者所处的赤壁则在黄州（今湖北黄冈），古人或附会为赤壁大战处。②将：拿。认前朝：辨认出是前朝的遗物。③东风：赤壁鏖战，周瑜用部将黄盖计实施火攻，适逢东南风，大火向西北延烧，曹兵大败。周郎：即周瑜，“瑜时年二十四，吴中皆呼周郎”。（《三国志·周瑜传》）铜雀：台名，建安十五年（210）曹操所建，因楼台顶端立有巨大铜雀而得名。二乔：三国时东吴乔公的两个女儿，大乔嫁孙策，小乔嫁周瑜。

【赏析】

作者以著名的赤壁之战为题材发议论，一反众人歌颂周瑜的旧套，而提出火烧赤壁的成功，只不过得之于天意与偶然的时机而已。同时还从反面假想了周瑜失败后的情景，立论精辟新颖，别出心裁。首联借残戟兴起对前朝人物和事迹的慨叹：沉埋沙土多年的断戟头尚未蚀灭，终于出土了，把覆盖在它表面的沙、锈打磨干净后辨认出是前朝的遗物，引起人们对历史的追忆。尾联议论：若非借助东风的力量，赤壁一战周瑜未必能胜，二乔未必能保全，那春意盎然的铜雀台上，说不定就添上了两位绝代佳人。诗人强调"东风"的作用，不从正面描写周瑜的胜利，而从反面假想其失败，别有含意，其中包含诗人自身的体会。杜牧确有济世之才，尤善谈兵，渴望成就一番事业，可是一辈子受顽固保守的大官僚的压抑，不得有所为。诗人借凭吊史事以抒发自己的抑郁不平之气，寓意深沉，发人深省。霍松林先生评曰："杜牧深谙兵法，独具史识，故咏史诗多作翻案文章，此诗后两句及《题乌江亭》'江东子弟多才俊，卷土重来未可知'，皆发前人所未发。虽以议论入诗，而风华蕴藉，言近旨远，自饶情韵。"

周曾的《咏史·赤壁》则热烈地赞美了周瑜在赤壁这场决定性战役中的不朽功绩，并且通过战争场面的描写，使周瑜形象跃然纸上，全诗如下：

咏史·赤壁

周　曾

烈火西焚魏帝旗，周郎开国虎争时。
交兵不假挥长剑，已挫英雄百万师。

32.　**【双调】蟾宫曲·咏史**

阿鲁威

问人间谁是英雄？有酾酒临江，横槊曹公①。紫盖黄旗②，多应借得，赤壁东风③。更惊起南阳卧龙④，便成名八阵图中⑤。鼎足三分⑥，一分西蜀，一分江东。

【注释】

①"有酾(shī)酒"二句：化用苏轼《前赤壁赋》："酾酒临江，横槊赋诗，固一世之雄也。"酾酒：洒酒于江，以示凭吊。横槊：横握长矛。槊：长矛。曹公：指曹操。②紫盖黄旗：形如黄旗紫伞的云气，古人认为出现这种云气，是降生帝王的兆头。《三国志·吴志·三嗣主传》建衡三年裴松之注引《江表传》曰："黄旗紫盖见于东南，终有天下者，荆、扬之君乎？"③赤壁东风：三国东吴大将周瑜借助东风，火烧曹操的战船，打败了曹操的百万大军，遏止了曹军的南下，形成了三国鼎立的局

面。④南阳卧龙:诸葛亮曾隐居南阳卧龙岗,时称“卧龙先生”。后应刘备之邀,出山辅佐刘备统一天下。⑤“便成名”句:化用杜甫《八阵图》诗:“功盖三分国,名成八阵图。”八阵图:诸葛亮所部署的阵形。⑥鼎足三分:言魏、蜀、吴三方对峙,犹如鼎之三足。

【赏析】

这支曲子以昂扬的气概,大开大合的笔墨,再现了曹操、孙权、诸葛亮的风采,歌颂了他们的英雄业绩,表达了自己由衷的仰慕之情和建功立业的愿望。起句凌空劈入:试问人世间,谁是真正的英雄?“有酾酒”七句将读者的思绪引到风云变幻、英雄辈出的三国时代:叱咤风云、身经百战的曹操,不仅武功盖世,而且文采斐然,戎马倥偬,仍酾江临江,横槊赋诗;虚幻的王气不足凭信,东吴之所以能建立王业,是因为孙权赤壁一战,借助东风,火烧了曹军的战船,遏止了曹操的攻势。更有那胸怀奇才、隐居南阳的卧龙诸葛亮,因刘备三顾茅庐而出山,“功盖三分国,名成八阵图”。“鼎足”三句综括前曲:正是这样三位英雄人物,势均力敌,因此形成天下鼎足三分的局面,一分在西蜀,一分在江东。赵山林先生评曰:“纵观全篇,诗人以大开大合之笔,再现了三国人物的历史风采,歌颂了他们的英雄业绩,含蓄地表达了自己追慕古贤、大展经纶之宏愿。感情基调是雄健的、高昂的。”

33. 登金陵凤凰台①

李 白

凤凰台上凤凰游,凤去台空江自流。
吴宫花草埋幽径,晋代衣冠成古丘②。
三山半落青天外,一水中分白鹭洲③。
总为浮云能蔽日,长安不见使人愁④。

【注释】

①凤凰台:旧址在今南京市南的凤凰山上,据说南朝刘宋元嘉年间曾有三只凤凰飞降此山,于是人们便在那里修了凤凰台以纪其瑞。②吴宫:三国时孙权所建的吴国的宫殿。吴国是历史上第一个在金陵建都的王朝。埋幽径:指宫廷中的路径被乱生的花草所掩盖,极言时过境迁,宫殿荒废无人之状。晋代:司马氏建立的王朝,开始建都于洛阳,史称“西晋”。永嘉之乱后,西晋被匈奴人所灭,司马睿逃到金陵重新建国,史称“东晋”,是在金陵(时称建康)建都的第二个王朝。衣冠:指有头脸的上层人物,此指东晋的豪门贵族,如王、谢世家。③三山:在今南京市西南长江东岸,以有三峰得名,长江自西南流来,此山突出江中,当其冲

要。半落青天外：极言其高。一水：指长江。白鹭洲：旧址在南京城西的长江中，故曰“中分”。④浮云：比喻在朝的奸谗小人。蔽日：比喻蒙蔽君主。长安不见：表示自己报国无门。这两句比喻小人当道，谗佞蔽明。

【赏析】

关于这首诗的写作缘起与作品的内容，宋代刘克庄说：“古人服善，李白登黄鹤楼，有‘眼前有景道不得，崔颢题诗在上头’之语，至金陵乃作《凤凰台》诗以拟之。今观二诗，真敌手棋也。”（《后村诗话》）这首诗有意仿效崔颢的《黄鹤楼》，比较二诗，“崔诗直举胸情，气体高浑；白诗寓目山河，别有怀抱。其言皆从心而发，即景而成，意象偶同，胜境合擅”（《唐宋诗醇》）。这首诗前半借登凤凰台吊古而生发感慨；后半写景抒情，抒发自己在政治上失意的忧愤心情。首联点题：想当年，有凤来仪象征着六朝的兴盛；如今凤去台空，六朝的繁华也一去不复返了，只有长江的水仍然不停地流着，大自然才是永恒的存在！颔联吊古：站在台上俯视城中，只见昔日吴国繁华的宫殿庭院已经杂草丛生，一片荒凉；晋代王导、谢安那些衣冠楚楚的豪门贵族也已埋入坟丘，化为尘土。颈联写景：极目远望，只见大江边南北相连的三座山峰半隐半显，仿佛在空中坠下；白鹭洲匍匐江中，把江水分成两股。尾联抒情：由于谗佞当道，蒙蔽君主，自己空有才华，报国无门，忧思郁结，惆怅不已。羊春秋先生评曰：“诗的前半幅点题和吊古。凤去台空，长江依旧；吴宫花草，已埋幽径；晋代衣冠，亦成古丘。无限今昔之感，溢于楮墨。后半幅写景并抒情。三山时隐时露于青天之外，一水又分又合于白鹭之洲，写景如画，情在景中，意谓三国六朝如梦，只有这三山一水依旧。一结感慨遥深，在吊古览胜之中，寄寓着强烈的伤时之感。总之，诗人十分自然地把历史的掌故、眼前的景物、心中的烦忧，交织在一幅画面、一个载体中，使人在强烈的历史感和时代感中，受到深刻的启迪。”

34. 石头城[①]

刘禹锡

山围故国周遭在[②]，潮打空城寂寞回。
淮水东边旧时月，夜深还过女墙来[③]。

【注释】

①石头城：故址在今南京清凉山一带。战国时是楚国的金陵城，三国时孙权重建，并改名为“石头城”。②故国：故都，指石头城。周遭：指石头城上四周残破的城墙。③淮水：指秦淮河。旧时：指六朝时。女墙：城墙上的城垛。

【赏析】

周啸天先生说："金陵，六朝均建都于此。这些朝代，国祚极短。在它们悲恨相续的史实中包含极深的历史教训，所以金陵怀古后来几乎成了咏史诗中的一个专题。在国运衰微之际，更成为关心政治的诗人常取的题材。若论写得早又写得好的篇章，不能不推刘禹锡的《金陵五题》。《石头城》就是这组诗的第一章。"诗人以历史遗迹石头城为题材，通过对群山、江潮和明月的拟人化描写，表达了诗人带有某种虚无色彩的浓重的兴亡之感。首句写山：夜幕笼罩之下，六朝故都以及周遭山势依旧安卧其间。次句写潮：长江潮水拍打着城郭，又缓缓地寂寞地退了回去。三、四句写月：秦淮河东边上空的明月从女墙上照射过来，这明月过去也映照过繁华的石头城；明月依旧，淮水依旧，城墙依旧，然而物是人非，繁华散去，如今只有一片苍凉。"诗人选择了夜深人静时的寂寞景象以表现历史感觉上的冷落荒凉，把石头城置于沉寂的群山、回荡的潮声和朦胧的月色中，将亘古如斯的自然现象和不断变更的人事相对照，而又不拘泥于一朝一姓的兴亡，便使故国萧条的意中之景具有更为深广的概括力，形成了浑厚悲凉的意境。"（葛晓音）沈祖棻先生评曰："首二句总写江山如旧，人事全非，气势莽苍，情调悲壮，所以特别得到白居易以下历代读者的激赏。此诗的写法与李白的《苏台览古》同，而与其《越中览古》异，可以参照。"

35. 乌衣巷[①]

刘禹锡

朱雀桥边野草花[②]，乌衣巷口夕阳斜。
旧时王谢堂前燕[③]，飞入寻常百姓家。

【注释】

①乌衣巷：在今南京市秦淮河南岸，原是东吴戍守石头城士兵的军营，由于当时的士兵都穿黑衣，故名为"乌衣巷"，后为东晋时王、谢两大家族所居的里巷。②朱雀桥：为乌衣巷入口附近秦淮河上的一座浮桥，面对朱雀门。③王谢：指东晋的王导和谢安。王谢两姓是六朝时的世家望族，都居住在乌衣巷。

【赏析】

《乌衣巷》是《金陵五题》中的第二首。诗人借朱雀桥、乌衣巷的今昔变迁，抒发了盛极必衰、沧海桑田的无限感慨。首二句写景，烘托环境，渲染气氛：昔日人来人往的朱雀桥边杂乱地生长着野草野花；本来是高门士族聚居区的乌衣巷在夕阳残照的余晖下，已经没有了往昔的高贵与繁华。末二句借燕子寻故巢，含蓄地抒发沧海桑田的无限感慨：昔日王谢繁华的门第，今非昔比，已经换成了寻常百姓人家了；然而燕子依旧飞来做巢，栖息在寻常百姓人家。“末二句更出人意料地将盛衰之感寄托在飞燕的去向上，诗人抓住燕子爱栖息旧巢的特点，暗示出王谢堂已变成寻常百姓家，这一今昔对比便包含了人事沧桑的无限感慨。”（葛晓音）傅庚生先生评曰：“寥寥二十八字，写尽华屋山丘、沧海桑田之感。才写‘朱雀桥’，便凑以‘野草花’，既以状其荒芜景象，亦为‘百姓’作衬也。及写‘乌衣巷’，又接以‘夕阳斜’，既以象征门第之衰落，亦为‘燕子’作衬也。前两句语不离宗，后两句乃寄深慨，则昔日豪华之印象，适以助此日之荒凉耳。”

36. 台城

刘禹锡

台城六代竞豪华，结绮临春事最奢①。
万户千门成野草，只缘一曲后庭花②。

【注释】

①台城：吴、晋、南朝历代皇帝的宫城，旧城在今南京市鸡鸣山北。晋宋间谓朝廷禁省为“台”，故称“台城”。六代：指吴、东晋、宋、齐、梁、陈。结绮、临春：都是陈朝宫廷里的楼阁名。陈后主荒淫无道，宠爱张丽华、孔贵嫔等人，他特意修了结绮、临春、望仙三阁，阁高三丈，皆以檀香木为之，又饰以金玉，间以珠翠，微风一吹，香闻数里。他自己住临春阁，张丽华住结绮阁，孔贵嫔等住望仙阁，复道交通，互相往来。②万户千门：指庞大豪华的皇家宫殿。后庭花：全名《玉树后庭花》，是陈后主时御用文人及乐工们编制的以赞美张丽华、孔贵嫔为宗旨的新乐曲。这里是以此乐曲代指陈后主的一切荒淫误国行为。

【赏析】

这是《金陵五题》中的第三首。作品回顾了在金陵建都的六个王朝的主子们昔日的豪华奢侈、荒淫误国，以致使他们的国家像走马灯似的依次换去，如今只剩下空落落的一片历史陈迹了。首句总写台城，综言六代：六朝三百多年间近四十位帝王们，不思治理国家，只图奢靡，竞相修建无数争奇斗巧、富丽堂皇的皇宫，台城是他们的“竞豪华”的见证。次句突出结绮、临春两座高楼：陈后主陈叔宝和他所宠幸的贵妃们居住的结绮、临春两座凌空高楼，建筑极其宏伟奢华。三句记楼台今昔：今日台城杂草丛生，颓垣断壁，满目凄凉，与往昔“万户千门”的极度繁华形成了强烈的对比。结句论述陈叔宝失国因由。“万户千门”为何“成野草”？那都是因为一曲《玉树后庭花》所误的啊。“前两句夹叙夹议，后两句以具体的形象作出强烈对比。‘万户千门’承上‘结绮临春’来。诗人说‘一曲《后庭花》'断送了金陵最后一个王朝，当然不是指这支曲子本身，而是指这支曲子所代表的陈后主的整个逸乐沉沦生活。"（沈祖棻）刘永济先生评曰："冯班谓'陈亡则江南王气尽矣。首句自六代说起，不止伤陈叔宝也。'按禹锡《金陵五题》，此所录三首皆有惩前毖后之意。诗人见盛衰无常而当其盛时，恣情逸乐之帝王们以及豪门贵族，曾不知警戒，大可伤悯，故借往事，再三喟叹，冀今人知所畏惮而稍加敛抑也。否则古人兴废成败与诗人何关，而往复低回如此。"

37.
金陵怀古

刘禹锡

潮满冶城渚，日斜征虏亭[①]。
蔡洲新草绿，幕府旧烟青[②]。
兴废由人事，山川空地形[③]。
《后庭花》一曲，幽怨不堪听[④]。

【注释】

①冶城：据《金陵记》说，冶城是东吴时期的以冶制吴刀、吴钩等兵器而著名的古迹，故址在今南京市朝天宫一带。征虏亭：故址在今南京市玄武湖北，以东晋征虏将军谢石等曾在此饯行送别而得名。②蔡洲：位于长江中心的一个小岛。东晋军阀苏峻曾一度袭破金陵，企图凭借天险，建立霸业。不久陶侃、温峤起兵讨伐之，舟师四万次于蔡洲，激战累日，击败苏峻，使晋室转危为安。幕府：指金陵城的门户幕府山，由晋代丞相王导在此建立幕府屯兵驻守而得名。③兴废：指国家的盛衰。人事：人力所能及的事，人为之事。④后庭花：玉树后庭花的简称，是南朝的亡国之音。

【赏析】

诗人于唐敬宗李湛宝历二年（826）冬天，由和州返洛阳途中经金陵时，横观山川景物，仰思历史变迁，俯察社会形势，遂于冬末春初写成此诗，托"怀古"抒情而警示执政者。首联写的是晨景和晚景：清晨放眼江边，只见潮水浩荡已淹没冶城洲渚；傍晚观赏征虏亭，唯见日影西斜中一片荒凉。颔联融古今事与眼前景为一体：看啊，从前屯兵的蔡洲一带，如今新草竟冒寒而吐翠，绿莹莹充满生机；那向称金陵门户的幕府山正雄视大江，山顶上升起袅袅青烟，光景依然如旧。颈联议论：国家的兴亡更迭，取决于"人事"——执政者政治、经济等举措啊，山川地形之险是不足凭恃的！尾联寓鉴诫亡国之意于音乐形象之中：就在这金陵古城中，耳际又传来《玉树后庭花》的靡靡之音啊！这相传是南朝陈后主陈叔宝所作的亡国之曲，使人产生深沉的怨恨之感，实在难以听下去！"诗人以《玉树后庭花》尚在流行暗示当今唐代的统治者依托关中百二山河之险，沉溺在声色享乐之中，正步着六朝的后尘，其后果是不堪设想的……《贞一斋诗说》说：‘咏史诗不必凿凿指事实，看古人名作可见。’刘禹锡这首诗就是这样，首联从题前摇曳而来，尾联从题后迤逦而去。前两联只点出与六朝有关的金陵名胜古迹，以暗示千古兴亡之所由，而不是为了追怀一朝、一帝、一事、一物。至后两联则通过议论和感慨借古讽今，揭示出全诗主旨。这种手法，用在咏史诗、怀古诗中是颇为高明的。”（吴汝煜）林东海先生评曰：“秦始皇时望气者云：‘五百年后，金陵有都邑之气。’（见《元和郡县图志》）三国诸葛亮亦谓‘钟山龙盘，石城虎踞’，以其地形之险固也。然自吴至陈，虽有六代豪华，却皆成短命王朝。故古来咏金陵者，类皆以为险固不足恃，而事在人为。颈联‘兴废由人事，山川空地形’，因成全篇之要旨，即所谓‘一篇之断案也’（方回《瀛奎律髓》）。前四句点出四地名，以地形关合人事，为颈联作铺垫；尾联以陈朝之所以亡作结，以回应颈联。章法严密，意境深沉，议论抒情融为一体，诗人之情，以史实之笔出之。何义门以为梦得‘才识俱空千古’（《瀛奎律髓汇评》），非虚誉也。”

38. 金陵怀古

许　浑

玉树歌残王气终，景阳兵合戍楼空①。
松楸远近千官冢，禾黍高低六代宫②。
石燕拂云晴亦雨，江豚吹浪夜还风③。
英雄一去豪华尽，惟有青山似洛中④。

【注释】

①玉树：《玉树后庭花》的简称，为陈后主所制舞曲名，人们一直把它看作亡国的“靡靡之音”。景阳：景阳宫。《六朝事迹》：景阳宫中有井，隋克台城，陈后主与张丽华、孔贵嫔躲入井中，成了隋军的俘虏。兵合：隋兵合围。戍楼：用作防守的城楼。②松楸：坟墓上栽的松树和楸树。禾黍：《诗经·王风·黍离》篇小序云：周大夫行役过故宗庙宫室，看见到处长着禾黍，感伤王都倾覆，因作《黍离》。后遂用作感慨亡国之词。六代宫：即六朝的宫殿。③石燕：《浙中记》云：“零陵有石燕，得风雨则飞翔，风雨止还为石。”拂：掠过。江豚：《南越志》云：“江豚如猪，居水中，每于浪间跳跃，风辄起。”④洛中：洛阳。李白《金陵三首》：“山似洛阳多。”金陵和洛阳都有青山环绕，而今金陵唯有地势依旧了。

【赏析】

这是一首吊古伤今的咏史怀古诗。首联追述隋兵灭陈的史事：隋军攻陷金陵，《玉树后庭花》曲犹未尽，金陵却已末日来临，隋朝大军直逼景阳宫外，城防形同虚设，与张丽华一起躲在景阳井中的陈后主束手就擒。颔联写金陵的衰败景象：那远远近近的松楸处，是六朝以来曾经叱咤风云的官员们的坟墓；那高高低低的禾黍地，是曾经豪华壮丽的六代王宫。颈联以江上的晴雨变化喻时代政权的转移：石燕起舞晴空也要下雨，江豚掀浪黑夜就刮着风，历史上那些英雄人物也曾经像"石燕"和"江豚"一样，在人类社会的干戈起伏和历代王朝兴亡交替的进程中叱咤风云，盛极一时。尾联抒发繁华易逝的感慨：金陵四周环山，地势和洛阳相似，而今洛阳作为帝都繁华不减，比当年的金陵还略胜一筹，而今金陵随着六代帝王一去，豪华转眼皆尽，唯有地势依旧了。"是对开国英雄的怀念，对丧国君主的嘲讽，委婉自然，含蓄深厚，读之令人无限低回、无限惆怅。"（羊春秋）韩兆琦先生评曰："许浑此诗，从金陵昔日歌舞升平、今朝荒冢禾黍的沧桑之变入手，将世事比作石燕拂云，江豚吹浪，风波难平，幻化不止，对千古兴亡的史实进行了高度概括，启人深思，令人怅然。"林东海先生评曰："金陵怀古之作直可充栋，可传者为数无多，用晦此篇亦颇知名。起结雄浑有力，可追盛唐。中二联稍嫌板滞柔弱，颔联补叙首句之'王气终'三字；颈联说明结句'豪华尽'三字，均乏风调骨力。故谢榛《四溟诗话》曰：'若删其两联，则气象雄浑，不下太白绝句。'可谓知言。"

39. 泊秦淮

杜　牧

烟笼寒水月笼沙，夜泊秦淮近酒家①。
商女不知亡国恨，隔江犹唱《后庭花》②。

【注释】

①寒水：寒冷的水流，此处指秦淮河水。秦淮：河名，发源于江苏溧水县东北，西北流经金陵城入长江。②商女：卖唱以助人酒兴的歌女。亡国恨：指陈后主陈叔宝自取灭亡的历史感慨。后庭花：即《玉树后庭花》的简称。

【赏析】

这首诗描写了诗人夜泊秦淮河时的所见所闻，反映了达官贵人声色歌舞、纸醉金迷的腐朽生活，表达了诗人对晚唐社会国势日趋衰败的隐忧。首句写秦淮夜景：水面上，有烟雾在轻轻浮动；沙滩上，有月光静静照耀。次句写夜泊：夜幕降临，泊舟秦淮靠近那繁华的酒家。三、四句写所闻所感：对岸忽然传来一阵歌声，歌女们哪里知道奏的是亡国之曲，只是应那些达官贵人的要求，依然唱着那《玉树后庭花》。那些达官贵人只知寻欢作乐，不顾国家的兴亡、生民的痛苦，这是对晚唐现实的辛辣讽刺。“末两句表达了较为清醒的封建知识分子对国事怀抱隐忧的心境，又反映了官僚贵族正以声色歌舞、纸醉金迷的生活来填补他们腐朽而空虚的灵魂，而这正是衰败的晚唐现实生活中两个不同侧面的写照。”(赵其钧)刘永济先生评曰：“首二句写夜泊之景，三句非责商女，特借商女犹唱《后庭花》曲以叹南朝之亡耳。六朝之局，以陈亡而结束，诗人用意自在责陈后主君臣轻荡，致召危亡也。”

杜牧还有两首《台城曲》咏六朝故事，兹录一首备考：

台城曲二首(其一)

杜　牧

整整复斜斜，隋旗簇晚沙。
门外韩擒虎，楼头张丽华。
谁怜容足地，却羡井中蛙。

40. 金陵图[1]

韦　庄

谁谓伤心画不成？画人心逐世人情[2]。
君看六幅南朝事，老木寒云满故城[3]。

【注释】

①金陵图：一组描绘六个以金陵为都的朝代兴亡史事的画，从诗中看这组画应是六幅，画家已不可考。②谁谓二句：高蟾《金陵晚望》诗中有“世间无限丹青手，一片伤心画不成”句，诗人此处言画不成的原因在于画家只想迎合世人的庸俗心理，想去粉饰歌舞升平。逐：追逐，此处有迎合之意。③南朝：史称在金陵建都的宋、齐、梁、陈四个小朝廷为“南朝”，此处再加上东吴和东晋。“老木”句：言画面的苍凉：枯凋的古木，笼罩的寒云，围绕古城，透出一派伤心。

【赏析】

这是一首题画诗，作者巧妙地拈来高蟾咏金陵的“一片伤心画不成”之句，借这六幅一组的《金陵图》，做了一点反面文章。首二句否定高蟾的观点：谁说“一片伤心画不成”呢？只是因为一般的画家只想迎合世人的庸俗心理，专去画些粉饰升平的东西，而不愿反映社会的真实面貌罢了。末二句以《金陵图》反证：如果你不相信，就请看这六幅“金陵图”吧；每一幅画的都是废弃的古城，点缀着古木、寒云、断壁、残垣，一片衰败，一片凄凉，透出一派伤心。这首诗与高蟾的诗立意相反，而内在的情感又是一致的，都是借六朝旧事抒发对时局的感慨，二者相辅相成，殊途同归。前人评曰："翻高蟾意，高唱而入，已得机势，次句接得玲珑。末句一点，画意已足，经营入妙。"（《唐人万首绝句选评》）

41.　　　　　　　　　　**台　城**[①]

韦　庄

江雨霏霏江草齐，六朝如梦鸟空啼[②]。
无情最是台城柳，依旧烟笼十里堤。

【注释】

①台城：亦叫"苑城"，在今南京市鸡鸣山南，本为三国时吴国的后苑城，东晋成帝时改建之后，一直是六朝的政治中心和经济中心，也是六朝的上层统治者荒淫享乐的场所。②霏霏：雨细密的样子。六朝如梦：从东吴到陈，六个短促的王朝像梦境一般走向灭亡。

【赏析】

这是一首凭吊六朝遗迹的诗。作品描写了台城的美丽春景，抒发了物是人非、往事不堪回首的历史兴亡之感，表现了诗人对唐王朝行将灭亡的迷惘哀伤之情。首句不写台城，而写江雨江草，着意渲染氛围：江面上细雨霏霏，烟雾笼罩，岸边春草茂密生长，碧绿如茵，江山如旧，万古常新。次句写六朝如梦：六朝如过眼烟云，像一场幻梦，如今只剩下一片遗迹，只有鸟儿在空中鸣啼，六代豪华已无处寻觅，只有想象而已。三、四句以杨柳的"依旧"暗示人世的沧桑，以物的"无情"反衬人的伤痛：当年十里长堤，杨柳堆烟，曾经是台城繁华景象的点缀；如今，台城已经是"万户千门成野草"，而台城柳色，却"依旧烟笼十里堤"。但这再已不是对往日那种繁华的点缀，所衬托的只是荒败的景象。"诗人采取烘云托月的手法，把自己的哀愁，渗透到霏霏的江雨、萋萋的江草、断续的鸟啼、凄迷的烟柳中去，形成深厚的历史感和强烈的现实感交织而成的悲剧氛围。让读者从这荒凉寂寞的画面中，从迂缓低沉的旋律中，去体察作者的深层底蕴。并以景物的'依旧'，反衬六朝繁华的'如梦'；以烟柳的'无情'，反衬诗人的多感，从而暗示出六朝的悲剧，又在一幕一幕的重演，一个腐朽的王朝又将化为一场春梦。人们将来在凭吊它的历史陈迹时，也会像我们今天凭吊六朝的历史陈迹一样，一种世事沧桑、人生如梦的悲叹，也会情不自禁地从心底深处发出来的。这就是此诗所要表达的丰富的内涵。"（羊春秋）刘永济先生评曰："'六朝如梦'，一切皆空也。'依旧'之物，唯柳而已，故曰'无情'。然则有情者不免感慨可知矣。此种写法，王士祯所谓'神韵'也。"

42. 金陵怀古四首(其一)

王安石

霸主孤身取二江①,子孙多以百城降。
豪华尽出成功后,逸乐安知与祸双?
东府旧基留佛刹,《后庭》余唱落船窗②。
《黍离》、《麦秀》从来事③,且置兴亡近酒缸。

【注释】

①二江:宋代的江南东路和江南西路的简称,也是建都金陵诸国的主要统辖区域。②东府:东晋简文帝的丞相、荒淫的会稽王司马道子的府第,会稽王以骄奢、荒淫著名。佛刹(chà):佛教的寺庙。《后庭》:见杜牧《泊秦淮》注②。③《黍离》:见许浑《金陵怀古》注②。《麦秀》:指麦子秀发而未实。《史记·宋微子世家》:"箕子朝,过故殷墟,感宫室毁坏,生禾黍,箕子伤之,欲哭则不可,欲泣为其近妇人,乃作《麦秀之诗》以歌咏之。其诗曰:'麦秀渐渐兮,禾黍油油。彼狡童兮,不与我好兮!'"后常以箕子的《麦秀之诗》为感叹家国破亡之痛的典实。

【赏析】

《金陵怀古四首》是作者以金陵的兴亡历史作为题材的一组七律,本篇是第一首,是这组诗的主题歌。首联写建都于金陵诸国兴亡盛衰相继的历史现象:凡是取得二江建都金陵的开国之君,大多是白手起家,好不容易取得天下,而其子孙往往轻易地把政权断送掉。颔联点明原因:这些政权所以败亡相继,主要是因为继承者享国以后,日趋奢靡逸乐;殊不知伴随穷奢极欲而来的就是国破身亡之祸了。颈联怀古伤今:那金陵城中的东府城曾是东晋简文帝的丞相、荒淫的会稽王司马道子的府第所在,现在只剩下几间佛寺了。如今这十里秦淮,依旧画舫不断,《玉树后庭花》遗曲仍然余唱未休。尾联抒发感慨:当年东周的大夫和殷周的旧臣悯伤故国,眷怀旧都,作了《黍离》、《麦秀》之歌,然而千百年来,兴亡更替,人们对此既然无能为力,那还是置之不论,一切付之酒杯,以免徒然的伤感吧。徐树仪先生评曰:"在这四首诗中,第一首诗是组诗的基调,末句'《黍离》、《麦秀》从来事,且置兴亡近酒缸',表面上是怀古吊今的嗟叹,但联系前面四句来看,却隐含着更深一层的意思:即历史上的朝代兴衰,都不是偶然的,骄奢淫逸,是取败之道,该灭亡的就应该让他灭亡,又何必惋惜呢?这层意思贯穿着整首组诗,这就使得这首组诗不同于以往充满着感伤情调的金陵怀古诸作,而具有比较明朗达观的色彩。"

43. 秣陵怀古①

纳兰性德

山色江声共寂寥②，十三陵树晚萧萧③。
中原事业如江左④，芳草何须怨六朝⑤。

【注释】

①秣陵：今南京。明初国都建于此，后南明福王朝亦建都于此。②山色江声：指钟山之色、长江之声，皆秣陵山水。寂寥：无形无声之状。此句谓南明福王朝灭亡。③十三陵：明代自成祖到思宗十三个皇帝的陵墓，系迁都北京后所建，地址在北京昌平县天寿山南麓。萧萧：风吹陵树声。此句意谓北京的明王朝已灭亡。④中原事业：指北京明王朝的大业。江左：指南京历代覆灭的六朝。⑤六朝：原指先后建都南京的孙吴、东晋、宋、齐、梁、陈六朝，此指代亦建都南京的南明弘光朝。

【赏析】

南京，历史上是六朝国都，明初国都即建于此，大明覆亡后，南明弘光朝亦建都于此。清初不少亡明遗老，每歌咏南京，总离不开《黍离》、《麦秀》之悲，荆棘铜驼之怨；欷歔凭吊，情见乎词。这首诗则完全相反，诗之立意迥异乎汉族文士的秣陵怀古，认为明亡清兴乃是自然合理的，无可责怪的。首联以南京眼前的风物和北京明代陵寝气象写南明与大明已经灭亡的史实：钟山失去翠色，益见萧瑟，长江波平声消，更觉寂寥；日暮时分，北京十三陵，秋风横扫，落叶萧萧。末联对历史的变迁提出其独到见解：既然连大明的中原事业都已如历代江左六朝一样走到了尽头，那又何必再哀悼秣陵的南明小王朝如芳草凋零呢？此论发人所未发，亦堪称卓识。“诗的表现仍形象委婉，尽量让形象说话。其《原诗》批评：‘矮子观场，随人喜怒，而无自有的面目，岂不悲哉？’而此诗则正有其自己的‘面目’。”（王英志）

44. 桂枝香·金陵怀古

王安石

登临送目①，正故国晚秋②，天气初肃③。千里澄江似练④，翠峰如簇⑤。征帆去棹残阳里⑥，背西风酒旗斜矗⑦。彩舟云淡⑧，星河鹭起⑨，画图难足⑩。　念往昔、繁华竞逐⑪，叹门外楼头⑫，悲恨相续⑬。千古凭高对此⑭，漫嗟荣辱⑮。六朝旧事随流水，但寒烟衰草凝绿⑯。至今商女，时时犹唱，《后庭》遗曲⑰。

【注释】

①登临：登山临水，也指游览。送目：极目远望。②故国：旧都，此指金陵。③初肃：开始显出肃杀、萧条，这里指秋季天气清冷高爽。④澄江：清澈的江水。练：白色的绸子。谢朓《晚登三山还望京邑》有“澄江静如练”句。⑤簇(cù)：同“镞”，箭头，形容山峰峭拔挺直，亦可释为攒聚。⑥征帆去棹：往来的船只。征：征行。棹：船桨。⑦酒旗：酒店门前挂的布帘，又称“酒帘”。斜矗：斜立着。矗：直立。⑧彩舟：绘有彩饰的华美船只，多为游船。⑨星河：天河、银河，这里借指长江。鹭起：南京西南长江中有白鹭洲，既实写洲上白鹭飞翔，又化静为动，虚拟波涛中白鹭洲的浮动之态。⑩画图难足：意即难以描绘。⑪繁华竞逐：即“竞逐繁华”，竞相追逐奢侈华靡的生活。⑫门外楼头：指南朝陈代亡国之事。陈后主沉溺声色，不问国事，宠幸贵妃张丽华等。隋将韩擒虎率兵从朱雀门攻城，俘陈后主、张丽华等，陈遂亡。杜牧《台城曲》有“门外韩擒虎，楼台张丽华”以讽其事。门外：即朱雀门外，建康(金陵)正南门。楼头：指结绮阁，张丽华所居。⑬悲恨相续：指六朝各代延续着相继灭亡的悲剧。⑭凭高：登高。⑮漫：徒然，空。嗟：感慨、感叹。荣辱：这里指兴亡。⑯但：只。寒烟：凄冷的烟云。凝绿：凝聚成暗绿色。⑰“至今”三句：化用杜牧《泊秦淮》：“商女不知亡国恨，隔江犹唱后庭花”诗意。商女：卖唱的歌女。后庭遗曲：指《玉树后庭花》，后人视其为亡国之音。

【赏析】

这是一首登高怀古之作。上片写登临所见之景，江中江边之景交错写来，动静结合，境界苍凉雄浑。首三句开门见山，点明时地：登高眺望，晚秋时分，故国天地，一派肃爽。以下各句极写江山之美，“千里”两句写秋江群峰之美：眼前的长江像一条素白的绸带，蜿蜒东去；远处的山峦苍翠葱绿，簇拥在一起。“征帆”三句写近景：夕阳映照之下，江上的船只来来往往，岸上酒家的旗招迎风斜矗。“彩舟”两句写极目远眺之景：放眼望去，水天一色，江中小舟被轻云缭绕，时隐时现，似浮游于天际；长江之上，一群白鹭腾空而起，云天淡淡，小舟游弋，白鹭腾空，宁静之中有飞腾之势。“画图难足”总括上片：这美丽景致，丹青高手也难以描绘。

下片抒写登临怀古之情，今昔对比，虚实相生，借历史的兴亡寄托对现实的忧患。换头三句因景生情，回溯金陵春梦：建都金陵的六朝，一个比一个更奢侈豪华；可叹亡国之君陈后主，隋朝名将韩擒虎已兵临城下，他还在拥着嫔妃寻欢作乐；六朝走马更迭，一个接着一个灭亡，令人悲叹。“千古”两句写千载后人凭吊古都的徒然空叹：历来凭高吊古的后人，只能一味“漫嗟荣辱”，空泛地叹惜历史的兴衰更替而不敢触及现实。“六朝旧事”两句，抒发感慨：六朝往事已一去不复返，剩下的只有烟雾笼罩下的一片芳草。结三句用杜牧诗意，点明伤今之旨：时人并没有从六朝覆亡中吸取教训，那些卖唱的歌女应达官贵人的要求，至今还时时唱着《玉树后庭花》这样的亡国之曲。作者的忧国忧民之情溢于言表。这首词是王安石词作中传诵最广、备受称赞的一首。据说当时用同一词调抒写"金陵怀古"的人共有三十余家，唯独此阙沉雄悲壮，感慨最深，被誉为"绝唱"，苏轼见后不胜叹服。唐圭璋先生评曰："此首为金陵怀古之词，以笔力峭劲，为东坡所叹赏。上片写金陵之景，下片抒怀古之情。'登临送目'四字，笼罩全篇。'正故国'两句，言时令与天气。'千里'两句，言山水之美。'征帆'以下，皆为江天景色。换头，历述古今盛衰之感，清空一气。'门外楼头'句，用杜牧之'门外韩擒虎，楼头张丽华'诗意。'六朝'句，用窦巩诗意。'商女'句，用杜牧之《泊秦淮》诗意。"

45.　西河·金陵怀古

周邦彦

佳丽地[①]，南朝盛事谁记[②]？山围故国绕清江，髻鬟对起，怒涛寂寞打孤城[③]，风樯遥度天际[④]。　断崖树，犹倒倚[⑤]；莫愁艇子曾系[⑥]。空余旧迹郁苍苍，雾沉半垒[⑦]。夜深月过女墙来，伤心东望淮水[⑧]。　酒旗戏鼓甚处市？想依稀[⑨]，王谢邻里，燕子不知何世；入寻常巷陌人家，相对欲说兴亡，斜阳里[⑩]。

【注释】

①佳丽地：美好的地方。佳丽：美女。化用谢朓《入朝曲》："江南佳丽地，金陵帝王州。"②南朝：指建都于金陵的吴、东晋、宋、齐、梁、陈等六代。③"山围"三句：化用刘禹锡《石头城》"山围故国周遭在，潮打空城寂寞回"诗意。髻鬟：古代女子的两种发型。髻如螺结，鬟作环形，比喻远处起伏的山峦。④风樯：风帆、桅杆，指帆船。度：同"渡"，过。⑤"断崖树"二句：李白《蜀道难》："枯松倒挂倚绝壁。"断崖：陡峭的悬崖。⑥"莫愁"句：古乐府《莫愁乐》："莫愁在何处？莫愁石城西。艇子打两桨，催送莫愁来。"莫愁：古乐府传说中的女子，一说石城（今湖北钟祥县，县西有莫愁村）人，一说洛阳人。因金陵城西有莫愁湖，诗人又误以石城为石头城（金陵别称），故咏金陵诗词中常言及莫愁。艇子：船夫。艇：轻便小船。⑦郁苍苍：树木茂盛。垒：指旧时的营垒。⑧"夜深"二句：化用刘禹锡《石头城》"淮水东边旧时月，夜深还过女墙来"诗意。女墙：城上矮墙。⑨酒旗戏鼓：代称酒店戏馆。依稀：仿佛。⑩"王谢"六句：化用刘禹锡《乌衣巷》"旧时王谢堂前燕，飞入寻常百姓家"诗意。燕子、寻常、巷陌、斜阳均见该诗。王谢邻里：王、谢两家居住的地方，即乌衣巷。王谢：六朝时的两个豪门世族。邻里：古代基层的组织单位。巷陌：街道的通称。

【赏析】

这首词与王安石的《桂枝香》均为金陵怀古的名作。作者将刘禹锡的诗句和自己的感触融合在一起，抒发了盛衰兴亡、怀古伤逝之感。全词三叠结构。一叠融化《石头城》诗前联，写金陵地势险固，境界旷远，雄壮中蕴含落寞。起句点题：金陵，是六朝金粉之地，以美女多而闻名；“南朝盛事”已随流水逝去，人们早已将它遗忘了。“山围”二句写金陵独特的地理形势：群山围绕，清澈的江水环绕，金陵的屏障依然雄伟；耸起的山峰，如髻如鬟，隔江对峙，奇峰照样秀丽。结二句化用《石头城》一半诗意，发抒感慨：当年“豪华竞逐”的金陵，目前是座“孤城”，怒拍城根的阵阵江潮声，正反衬出环境的清寂冷寞；天际的风帆给人一种空旷落寞之感。

二叠糅合当地传说并《石头城》后联，写金陵的古迹并抒发了物是人非之感。起三句点出引人注目的古迹：悬崖断壁，一树横空而出，那断崖下倒挂的老树曾系过莫愁的小船。“空余”二句叹“旧迹”无人凭吊：几百年前，隋将韩擒虎和贺若弼率军灭陈的战垒尚存，断壁颓垣隐现于浓雾之中，成为六朝兴亡之历史见证。结二句化用《石头城》后半诗意，发抒物是人非的感慨：夜深时分，站在赏心亭，观览秦淮河的景色，昔日都人仕女游宴于此，繁华一时的秦淮河，而今只有斜月穿墙，临照清冷的河水，多么萧条冷落。

以上两叠所写，都是金陵外景，三叠写金陵坊市，寄寓人世沧桑之感。起二句写眼前景色：酒楼戏馆，一派热闹景色，这是何处的繁华市面呢？“依稀”句写词人的猜想：这些酒楼戏馆所在地，仿佛是当年王、谢两家比邻而居的乌衣巷。结四句借燕子抒兴亡之叹：燕子是不知人事变迁的，依然飞进往年栖息过的高门大宅、而今已成为寻常百姓家的乌衣巷中，夕阳余晖中成对的燕子正在谈论着朝代的更替、故都的兴衰哩！词人把内心的兴亡之感赋予燕子。这叠从眼前景物引起对金陵古都朝代更替的无限兴亡之感，从而表达出咏史的题意。

“本词结构严整，上片写金陵地势险固，中片写金陵古迹，下片写眼前景物，布局井然。从时间上说，是断续交织；从空间上说，是疏密相间。上片写的是远景，以疏为主；中片写的是近景和远景，以密为主；下片为特写镜头，密而又密。此外，本词句法参差不齐，音调抑扬顿挫，词句美丽，境界清旷，风格沉郁悲壮，使壮美与优美融为一体。”（文潜、少鸣）唐圭璋先生评曰：“此首金陵怀古，隐括刘禹锡诗意，但从景上虚说，不似王半山之‘门外楼头’、陈西麓之‘后庭玉树’，搬弄六朝史实也。起言‘南朝盛事谁记’，即撇去史实不说。‘山围’四句，写山川形胜，气象巍峨。第二片，仍写莫愁与淮水之景象，一片空旷，令人生哀。第三片，藉斜阳、燕子，写出古今兴亡之感。全篇疏荡而悲壮，足以方驾东坡。”

46. 水龙吟·登建康赏心亭[①]

辛弃疾

楚天千里清秋[②]，水随天去秋无际[③]。遥岑远目[④]，献愁供恨[⑤]，玉簪螺髻[⑥]。落日楼头，断鸿声里[⑦]，江南游子[⑧]。把吴钩看了，栏干拍遍，无人会、登临意[⑨]。

休说鲈鱼堪脍，尽西风、季鹰归未[⑩]？求田问舍，怕应羞见，刘郎才气[⑪]。可惜流年，忧愁风雨，树犹如此[⑫]！倩何人唤取，红巾翠袖[⑬]，揾英雄泪[⑭]！

【注释】

①这首词作于宋孝宗淳熙元年(1174)；是时辛弃疾由滁州知州改调江东安抚司参议官，再返建康。建康：今江苏南京。赏心亭：北宋丁谓重建，位于建康下水门城上，下临秦淮河，是当时的游览胜地。②楚天：江南的天空，因江南大部分土地战国时属于楚国，故称。清秋：清爽高远的秋天。③"水随"句：江水随着天空向远方流去，秋色无边无际。④岑：小而高的山。远目：放眼远望。⑤献愁供恨：带给人忧愁愤恨之情。⑥玉簪螺髻：高耸的山峦、绵长的山脉，远看像碧玉制成的发簪插在螺壳形的青色发髻上。⑦断鸿：失群的孤雁。鸿：大雁。⑧江南游子：在江南漂泊的人，辛弃疾是济南人，故自称"江南游子"。⑨"把吴钩"四句：慨叹满怀壮志却无人理解。看吴钩：表示想杀敌报国。吴钩：古代吴国产的钩，泛指利剑。钩：一种兵器，形似剑而曲。会：领会，理解。⑩"休说"三句：《晋书·张翰传》载西晋张翰，字季鹰，吴郡人。张翰在洛阳为官时，见秋风起，想起吴中的菰菜羹、鲈鱼脍，说道："人生贵得适志，何能羁官数千里以要名爵乎？"遂辞官归家。这里反用其意，表示自己不会忘怀国事，弃官归隐。休说：不要说。堪：可以。脍：切成细小的薄片。⑪"求田"三句：《三国志·陈登传》载，许汜在下邳，见陈登，陈登很久都不理他，让他睡下床，自己睡上床。许汜告诉刘备，刘备批评他说："君有国士之名，今天下大乱，帝王失所，望君忧国忘家，有救世之意；而君求田问舍，言无可采，是元龙(陈登字)之所讳也，何缘当与君语？如小人(刘备自称)，欲卧百尺楼上，卧君于地，何但上下床之间耶！"这里用此事来表明自己不会像许汜那样只挂念自家之事。求田问舍：置地买房。刘郎：刘备。⑫"可惜"三句：感慨年华逝去。流年：流逝的岁月。忧愁风雨：使人忧愁的风风雨雨。树犹如此：《世说新语·言语》载桓温北征，路过金城，看见自己以前种的柳树已经有十围之粗了，感慨道："木犹如此，人何以堪？"这里借用下句之意，感叹自己的衰老。⑬倩：请。唤取：叫来。⑭揾(wèn)：擦拭。

【赏析】

作者南归已久，但得不到重用，满腔爱国热忱无人理解，请缨无路，欲退隐而又心不甘，眼看"流年"虚度，内心陷于矛盾、痛苦之中。这首词即表现此种心情。

上片通过阔大时空境界来反衬“江南游子”之孤独，又以“看吴钩”、“拍栏干”等动作神态来表达内心激动、不平与愤懑。起二句写秋水：南方的天空辽阔高旷，江水流向天际，秋色一望无边。“遥岑”三句写秋山：遥看远山，有的像美人头上插的碧玉簪，有的像螺壳形发髻，向人显示出无限的愁苦和怨恨。“落日”三句写黄昏之景物：夕阳斜照在赏心亭上，失群的孤雁声声哀鸣，漂泊无定的“江南游子”沦落不遇，望北乡难归。“把吴钩”四句写壮怀激烈之情：我把腰间空挂的吴地宝刀看了又看，拍遍栏干，又有谁能理解我此刻登临时的心情呢？

下片活用三个历史典故，表达自己不谋求一己私利之博大胸襟与忧愁国事之情怀。起三句用张翰事意在表明想学张季鹰辞官归隐，而心存犹豫而不愿：不要说鲈鱼可以切成薄片，做成美味佳肴，尽管秋风阵阵吹来，张季鹰回到家去没有？“求田”三句比许汜而不屑：求田问舍的许汜，恐怕应该羞于见到气盖一世的刘备吧。“可惜”三句借用桓温的话慨叹时光流逝，壮志难酬：光阴无情，年复一年，时间就在风雨忧愁、国势飘摇中流逝，北伐无期，恢复中原的夙愿不能实现，辜负了平生的雄心壮志。结二句写解脱之方：请问，有什么人，能为我唤来红巾翠袖的美人，轻轻拭干我这满脸伤时忧国的泪水啊！“下片用了三个典故，用张翰事却翻出新意：张翰到底回家了没有？言下之意，自己即使想学张翰，也是有家难回了；而如果像许汜那样‘求田问舍’，又怕被天下英雄耻笑。大好年华，一腔抱负，便在这种两难的处境下、长期的闲置中白白耗尽了。三个典故，一用反问句，一用推测句，一用感叹句，极错综变化之妙，这是不遇于时的英雄之泪，也是唯恐生命的意义幻灭而迸发的抗拒之音。”（洪亮）俞陛云先生评曰：“前四句写登所见，起笔便有浩荡之气。‘落日’句以下，由登楼说到旅怀，而仍不说尽，仅以吴钩独看，略露其不平之气。下阕写旅怀，即使归去奇狮卜筑，而生平未成一事，亦羞见刘郎。‘流年’二句以单句旋折，弥见激昂。结句言英雄之泪，未要人怜，倘揾以红巾，或可破颜一笑，极言其潦倒，仍不减其壮怀也。”

47. 【中吕】山坡羊·骊山怀古①

张养浩

骊山四顾，阿房一炬②，当时奢侈今何处？只见草萧疏，水萦纡③，至今遗恨迷烟树。列国周齐秦汉楚④。嬴，都变做了土；输，都变做了土！

【注释】

①骊山：在今陕西省临潼县东南，秦始皇陵建于此。②阿房一炬：阿房，即阿房宫，秦宫殿名。公元前206年，项羽引兵攻入秦都咸阳，烧秦宫室，火三月不灭。③萦纡：盘旋弯曲。④列国：各国，指周、齐、秦、汉、楚。

【赏析】

张养浩于元文宗天历二年(1329)被任为陕西行台中丞，经过骊山，写下《骊山怀古》两首，这是第一首。内容是说秦始皇耗费大量财力，营造阿房宫，落了个身死国亡，阿房宫亦付之一炬。作者触目伤怀，并由此引起无限感慨。"骊山"六句写登骊山所见之景：站在骊山极目四望，当年宏伟瑰丽的阿房宫早已被项羽一把火烧得荡然无存，只有满山萧疏的野草、弯曲流淌的河流、夕烟笼罩的树林，怎不令人充满遗恨和悲戚。"列国"句由阿房宫残址联想到列国的兴衰：周齐秦楚汉诸国彼此争战不休、干戈相击，结果是秦灭六国，一统天下却二世而亡。结句以"赢"和"输"来概括列国诸侯的兴亡：赢了，就称王称霸；输了，就被兼并称臣。但是归根到底，赢的和输的都必然成为一抔黄土，不值得人们羡慕和称道。"伴随着各个王朝的交替嬗变，是无休无止的破坏，是无数物质文明和精神财富的毁灭。打赢了的，把输家的一切付之一炬、夷为平地；但今天的赢家难保将来不变成输家，赢来的一切到头来也照样会变成焦土泥尘。如此看来，输输赢赢又有什么意义呢？这个警句点明了全曲的主题，显示一位封建文人对历史兴亡的大彻大悟，似乎颇为消极，甚至带有虚无色彩。然而这种大彻大悟是针对封建统治者为争夺政权而进行的残酷厮杀和夺得政权之后的奢侈行为而发的，所以，又具有强烈的批判性和一定的醒世意义。"(董乃斌)

48.　　【中吕】山坡羊·潼关怀古[①]

张养浩

峰峦如聚[②]，波涛如怒。山河表里潼关路[③]。望西都[④]，意踌躇[⑤]。伤心秦汉经行处[⑥]，宫阙万间都做了土[⑦]。兴，百姓苦！亡，百姓苦。

【注释】

①潼关：古代关名，旧址在今陕西省潼关县北，关城雄踞山腰，下临黄河，扼秦、晋、豫三省之冲，形势险要。②峰峦如聚：形容重岩叠峰，群山密集，绵亘不断。③"山河"句：言潼关外有黄河，内有华山，形势十分险要。④西都：泛指长安一带。秦、西汉皆建都长安，东汉建都洛阳，称"东都"，以长安为西都。⑤踌躇：原指犹豫不决，徘徊不前，这里形容思潮起伏，陷入沉思。⑥"伤心"句：言经过秦、汉的故都，想起那"你方唱罢我登场"的兴亡往事，引起无穷的伤感。⑦"宫阙"句：言在无数战乱中，过去的宫殿已经化成了一片焦土。宫：宫殿；阙：王宫前的望楼。

【赏析】

这首小令，题为“怀古”，实际上重在“伤今”，其揭露批判的锋芒，既指向历史上历朝的统治者，更指向当时的元朝统治者。“峰峦”三句写潼关形势：众多的山峰好像是有意奔向这儿聚集，巨龙般的黄河卷起汹涌的洪波，像是发怒的样子，潼关背山面河，形势非常险要。“望西都”四句触景生情：站在潼关西望长安，我思绪万千，心情十分惆怅。经过秦汉以来就争战不已的这块土地，真令我万分伤感，古代王朝兴建的无数宫殿，如今都已化作一片废墟。结四句发出极为沉痛的感慨：历史上无论哪个朝代，它们兴盛也罢，衰亡也罢，老百姓总是遭殃受苦。羊春秋先生评曰：“这支万口流传的小令，以深邃的历史眼光，揭示出一条颠扑不破的真理：‘兴，百姓苦；亡，百姓苦！’即不管封建王朝如何更迭，在他们争城夺地的战争中蒙受灾难的，还是那些无辜的百姓。它像一支高烧的红烛，照亮了人们的眼睛，使之认识到象征封建政权的‘宫阙’，它的兴建，是无数老百姓的白骨垒起来的；它的倒塌，也有无数老百姓的白骨做了它的殉葬品。这便是它所闪耀的思想光辉。至于铸辞精当，造型生动，有强烈的抒情色彩，乃其余事。”

49. 【中吕】卖花声·怀古二首（其二）

张可久

美人自刎乌江岸①，战火曾烧赤壁山②，将军空老玉门关③。伤心秦汉，生民涂炭④，读书人一声长叹。

【注释】

①“美人”句：美人，指虞姬。楚汉相争时，项羽被困垓下，突围前与爱妾虞姬悲歌诀别，虞姬自刎而死，项羽突围至乌江也自刎而死。②“战火”句：公元208年，东吴大将周瑜在赤壁用火攻大败曹操的军队。赤壁山：在今湖北蒲圻县境内。③“将军”句：将军，指东汉班超。班超于汉明帝与汉章帝时出使西域达三十一年，任为西域都护，封为定远侯。晚年思归，上疏称：“臣不敢望到酒泉郡，但愿生入玉门关。”玉门关，在今甘肃省敦煌县西，古时为通往西域的要道。④生民涂炭：老百姓陷入极端困苦的境地。

【赏析】

这首《怀古》不是登临即景之作，而是读书有感，借史事以述怀，表达了一个“读书人”传统的忧患意识，从而达到政治讽喻的目的。开头三句评论项羽、曹操、班超三个秦汉间的英雄人物的失败与不得志：项羽自刎乌江，曹操因东吴火攻而兵败赤壁，班超空老玉门关外，中国古代任何战争以及战争英雄的历史，都无非是用血、用火、用泪写成的。“伤心”二句抒发感慨：英雄的成与败，秦汉的盛与衰，统治者无休止的你争我夺，遭受苦难的，还是普通老百姓，思之悲从中来。结句直呼：读书人掩卷一声长叹——只能如此而已。周啸天先生评曰：“在内容上极富于人民性，是此曲突出的优点。在形式上，对比的运用产生了显著的艺术效果。初读前三句，令人感到莫名其妙，或以为作者在那里惜美人、说英雄、替古人担忧。继续至四五句，才知作者别有深意：一部封建社会历史就是统治阶级的相斫史，而受害者只是普通百姓而已。在语言风格上，更多运用口语乃至俗语（如‘战火曾烧赤壁山’）。结句‘读书人一声长叹’的写法，更是传统诗词中见所未见、闻所未闻的。这种将用典用事的修辞，与俚俗的语言结合，便形成一种奇特的‘蒜酪味’或‘蛤蜊味’。去诗词韵味甚远，因而这是一首更为本色的元曲小令。”

鉴赏评析实践

一、阅读下面这首唐诗，然后回答问题。

登金陵凤凰台

李　白

凤凰台上凤凰游，凤去台空江自流。
吴宫花草埋幽径，晋代衣冠成古丘。
三山半落青天外，一水中分白鹭洲。
总为浮云能蔽日，长安不见使人愁。

【注】一水：亦作“二水”。

(1)分别概括这首诗颔联和颈联的内容，并说说其中寄寓了诗人什么样的感慨。

(2)“总为浮云能蔽日”一句用了何种修辞手法？尾联表达了诗人什么样的思想感情？

二、阅读下面三首诗，完成后面的题目。

马　嵬

李商隐

海外徒闻更九洲，他生未卜此生休。
空闻虎旅鸣宵柝，无复鸡人报晓筹。
此日六军同驻马，当时七夕笑牵牛。
如何四纪为天子，不及卢家有莫愁。

马嵬坡

郑　畋

玄宗回马杨妃死，云雨难忘日月新。
终是圣明天子事，景阳宫井又何人。

马　嵬

袁　枚

莫唱当年长恨歌，人间亦自有银河。
石壕村里夫妻别，泪比长生殿上多。

(1)“如何四纪为天子，不及卢家有莫愁”两句诗是什么意思？从这里可以看出作者对唐玄宗赐死杨贵妃持什么态度？

(2)有人说，“终是圣明天子事，景阳宫井又何人”两句是肯定唐玄宗在危亡之际识大体，有决断，你同意这种看法吗？试具体说明理由。

(3)“石壕村里夫妻别，泪比长生殿上多”两句诗是什么意思？将这两件事放在一起写，表现了诗人什么思想？

(4)试综合比较分析三首诗的不同立意和各具特色的写法。

(5)根据你对李杨之恋的认识和理解，尝试写一首古诗，表明自己的看法。

三、阅读下面四首诗，然后回答问题。

乌　江

胡　曾

争帝图王势已倾，八千兵散楚歌声。
乌江不是无船渡，耻向东吴再起兵。

夏日绝句

李清照

生当作人杰，死亦为鬼雄。
至今思项羽，不肯过江东。

题乌江亭

杜　牧

胜败兵家事不期，包羞忍耻是男儿。
江东子弟多才俊，卷土重来未可知。

叠题乌江亭

王安石

百战疲劳壮士哀，中原一败势难回。
江东子弟今虽在，肯为君王卷土来？

试比较分析四首诗的不同立意，知人论世，试析其取意角度各自不同的原因。

露一手过把瘾

在滚滚历史长河中，无数风流人物在江淮大地上上演了一幕幕悲喜剧，请考察当地历史遗存，走访调查，选择一位较有影响的历史人物作为吟咏对象，查阅资料，并学习借鉴《蜀相》的写法，写一首咏史怀古诗，七律七古均可。

参考答案

一、(1)颔联写六朝古都的历史遗迹，颈联写金陵美丽的自然风物；寄寓人事沧桑自然永恒以及六朝兴废的感慨。

(2)比喻。①忧君王为奸邪所蒙蔽，忧奸邪为非作歹；②忧贤者包括自己不得任用，忧国忧君忧民。

二、(1)为什么做了四十八年的天子，最终却不能保护自己的宠妃，像卢家的妻子莫愁一样与丈夫终身相守呢？作者对唐玄宗赐死杨贵妃持有批判和讽刺的态度。

(2)说同意与不同意均可，但需具体说明理由。说同意可以结合"日月新"、"圣明"分析；说不同意，可以结合用昏君作陪衬颇带讽刺意味来分析。

(3)石壕村里的一对夫妻因为躲壮丁而生离死别，他们流的眼泪比唐玄宗和杨贵妃诀别时流下的眼泪要多得多(意即悲惨得多)。诗人将这两件事和两种人放在一起写，表现了他关心民生疾苦的民本思想。

(4)这三首诗都是咏马嵬之变的名作，立意各异，写法也各具特色：

李诗首联即否定了杨妃在海外仙山等待唐玄宗重聚的事：他生渺茫，此生已休。中间两联实写马嵬情景，并与当年李杨恩爱相对照，具有讽刺意味。虎狼之旅驻马不前，不再是皇室和玄宗的护卫，再也没有宫人为他们报告时间，"从此君王不早朝"的夫妻恩爱已经一去不复返。尾联是议论，用问句引导人们思考，为什么当了四十多年皇帝的唐玄宗，还不如普通老百姓能够保住自己的妻子呢？

既是批判，又是嘲讽，也是含有历史性的启示。

郑诗对马嵬之变中唐玄宗赐死杨贵妃一事持肯定态度，作者认为玄宗此举是“圣明天子事”，比起当年的陈后主要清醒果断得多。马嵬之变转危为安，唐朝的江山也迎来了“日月新”的大好局面。虽也有“云雨难忘”的情感痛苦，虽然当时也曾面临无奈的抉择，但是一切都过去了，而且事实证明当时的决断是正确的。此诗对唐玄宗有肯定，有体谅，也有婉讽。

袁诗站在一个全新的角度，指出李杨悲剧固然很悲，但是比起众多民间百姓夫妻的生离死别来，也算不得什么了。因此，我们没有必要去过多地同情李杨悲剧，还是要去多想想杜甫《石壕吏》中描写的民间普通夫妻的生离死别。很明显，袁诗带有强烈的民本思想，立意较高。

(5)（略）

三、胡诗从项羽兵败垓下，大势已去，愧对江东父老的角度立意，在史实的概述中透露出作者对项羽自刎乌江的肯定，这也是传统的观点。

李诗则从节操（气节）的角度立意，指出项羽本可渡江重整旗鼓，却宁死也不肯逃往江东，认为人要讲求气节，活着要干一番轰轰烈烈的事业，死了也要气壮山河。盛赞项羽宁愿自刎乌江，也不愿苟且受辱的气节。借古讽今，发抒悲愤，举出项羽不肯南渡，旨在指斥、讽刺怯懦畏葸、只顾逃命苟安的南宋君臣。

杜诗则从兵家用兵的角度立意，表达了对胜败得失、历史兴衰的看法，即胜败乃兵家常事，只要忍辱负重、重整旗鼓，定能东山再起。批评项羽胸怀不广，不能包羞忍耻，借题发挥，大丈夫要经得起失败、挫折的考验，要有包羞忍耻的顽强毅力，鼓励人们要有卷土重来、重新崛起的决心、信心和勇气，百折不挠，知难而上。“用翻案法，跌入一层，正意益醒”，议论不落前人窠臼。

王诗从民心向背的角度立意，认为民心和形势决定了战争的胜负，历史的规律不可违背。指出项羽已失去人心，不会再有成功的希望，提出与杜牧相反的看法。与杜牧诗相比，在史识上，王安石高出一筹；在艺术上，王诗不及杜诗叙事的简练和笔法的顿挫。

同是咏项羽自刎乌江，四首诗立意有别，这启示我们，咏史怀古诗是另一种意义上的政治抒情诗：或借咏史怀古表达对现实政治的关怀，或借之抒发自己的理想抱负，或借之阐发对人生意义的思考。好的咏史怀古诗，思想内容上能“出己意”，不落前人窠臼；艺术表现上则能“用意隐然”——含蓄有诗味。

第五章

悲莫悲兮生别离，乐莫乐兮新相知
——友情送别诗

“黯然销魂者，唯别而已。”（江淹《别赋》）古代交通不便，通讯极不发达，亲人朋友之间往往一别数载难以相见，故古人特别看重离别。离别之际，人们往往设酒饯别，折柳相送。作为至情至性的诗人，与挚友、情人乃至亲人分别时，心中自然会产生一种不吐不快的激情。因此，在中国诗坛上，送别诗一直是诗家的重要题材。标题中的“送”或“别”等字眼，往往是送别诗的形式标志，“送别”，是居者写诗给行者；“留别”，是行者写诗给居者。

送别诗要表现离情别绪，要安慰对方，感情色彩一般是凄清悲凉的。自从宋玉在《九辩》中开头用“憭慄兮若在远行，登山临水兮送将归”比况“悲哉秋之为气”以后，送别的氛围便与秋气一样，同样的悲凉。宋玉的杰出不在于他表现了远行、送归的情绪，而在于他用文学的形式揭示了离情别绪的本质特征。确实，与亲朋好友的分别，即使此去前程似锦，走的人和送的人都是不好受的，其中有留恋、有安慰、有祝福、有祝愿、有伤心、有惆怅、有期望……复杂的感情因素交织起来，就成为一种“黯然销魂”的感受。我国古代的送别诗往往不出这一范围。但是，也有不尽然者，初盛唐时期的送别诗的主调即是情绪开朗、精神振奋。王勃《送杜少府之任蜀州》就开风气之先。

莫砺锋先生认为，唐人送别之际一般都要安排这样三项活动：

第一，要唱离别之歌，行人和送行的人都要唱歌。行人唱歌向主人告别；主人则唱歌挽留他，情意绵绵，一唱一和，然后才分手。唱什么歌呢？一曰骊歌。“骊”，即纯黑色的马，佚诗“骊驹在路，仆夫整驾”，意即马已经牵到路上来了，车夫已经把车驾好了，也就是出发的时刻到了。“正当今夕断肠处，骊歌愁绝不忍听。”（李白）“骊歌”也作“离歌”，“朝闻游子唱离歌，昨夜微霜初渡河”（李颀）；也作“劳歌”，劳歌即在劳劳亭（旧址在今南京市西面）送客时唱的歌，后来遂作为送别歌的代称。“劳歌一曲解行舟，红叶青山水急流。”（许浑）王维《送元二使安西》

流传后，唐人送别之际多唱“渭城曲”，又作“阳关曲”、“阳关三叠”。“更与殷勤唱渭城”（刘禹锡），“听唱阳关第四声”（白居易）。

第二，一般都要饮酒，因为酒有一种使人振奋的作用，或有麻醉的作用。“劝君更尽一杯酒，西出阳关无故人。”（王维）

第三，折柳赠别，送行的人要折一枝杨柳枝送给上路的人，表示请对方留下来别走（“柳”谐“留”），是挽留客人的一种象征性行为。“长安陌上无穷树，惟有垂杨管别离。”（刘禹锡）

根据送别对象，友情送别诗可以分为亲人之别、友人之别、情人之别等不同类别；根据抒发的思想感情，友情送别诗可分为凄凉感伤之别（依依不舍、低沉哀婉、伤感惆怅）、清新乐观之别（安慰与祝愿、旷达刚健、乐观向上）、渗透身世际遇之别（抒愤明志、别致新颖、洒脱飘逸）等不同类型。抒情方式也不尽相同，或直接抒情，或间接抒情——借景抒情、借物抒情、借酒抒情、以喻显情。因各人的情况不同，送别诗所写的具体内容及思想倾向往往有别。有的直接抒写离别之情，有的借景一吐胸中积愤或表明心志，有的重在写离愁别恨，有的重在劝勉、鼓励、安慰，或兼而有之。因此，依依不舍的留恋、情深意长的勉励、坦陈心志的告别、别后情境的想象担忧与对友人的思念是友情送别诗的基本主题。在长期的发展过程中，友情送别诗中逐渐形成了一些常见的意象：班马，多用以抒发惜别之情；长（短）亭、南浦、柳岸、西楼，表示送别地或悠悠愁思；烟波、浮云、秋蓬，比喻离别后漂泊无依；落花，伤春之意；落叶，秋愁之感；杨柳、劳歌、阳关、渭城，送别之曲；夕阳、落日，离别的心情或暮年、老年……这些意象都承载着千百年沉淀下来的离愁别绪，它们在诗词中的大量运用，自然地烘托出浓浓的离别之情。

关于送别诗的写法，《诗法家数》曾作如下归纳：“第一联叙题意趣；第二联合说人事，或叙别，或议论；第三联合说景，或带思慕之情，或说事；第四联合说何时再会，或嘱托，或期望。于中二联或倒乱并说亦可，但不可重复，须有次第。末句要有理警，意味渊永为佳。”“凡送人多托酒以将意，写一时之景以兴怀，寓相勉之词以致意。”这是友情送别诗的常见的写法，当然也有变式。

友情送别诗的鉴赏评析应注意以下几点：

(1)抓住诗中所描绘的景物，领悟作者所抒何情。

(2)抓住赠别诗中的细节描写，如“一看肠一断，好去莫回头”，作者捕捉送别过程中最传情的细节，把行者和居者的离愁别绪和真挚的情谊淋漓尽致地表现出来。

(3)品味语言。如谐音修辞手法的运用，在友情送别诗中能起到含蓄隽永的表达效果，常见的谐音字有以“柳”谐“留”、以“秋”谐“愁”、以“丝”谐“思”等。

鉴赏评析示例

1.　　　　　　送杜十四之江南[1]

孟浩然

荆吴相接水为乡[2]，君去春江正渺茫。
日暮征帆何处泊？天涯一望断人肠。

【注释】

①杜十四：作者友人，不详其名。十四：排行。古人有名有字，有排行。长辈对晚辈，可直呼其名，平辈之间，只能称其字，不得直呼其名。唐代人连字都不常用，一般熟人都以排行相称呼。排行是从祖父算起的，杜十四不是他父亲的第十四个儿子，而是他祖父的第十四个孙子（含叔伯家堂弟兄）。②荆：今湖北一带，古属荆楚之地，指送别之地，当在长江中游。吴：指今苏南、浙北一带，古属吴地，指行人即杜十四将去的地方，即长江下游的江南。

【赏析】

首句宽慰对方，暗关送别之事：荆吴相接，何况以水为乡的荆吴人对漂泊生活习以为常，不应以暂离为憾事。次句承“水为乡”说到正题：春江渺茫，正好行船。三、四句撇景入情：一片征帆穿行于渺茫的春江上，日暮时分，停泊在何处？放眼望去，孤帆早已消失天涯之际，惜别之情令人柔肠寸断。“渺茫”一词包含着复杂的情感，从字面上来看是形容春江上烟波浩渺、雨雾濛濛，其实是写诗人心中的茫然，写出诗人送别友人时的怅然若失。第三句故设一问，造成转折之势，为下句抒情作准备。末一句“天涯一望断人肠”点明别情，又不流于直露，余味深长，言有尽而意无穷，与“解缆君已遥，望君犹伫立”（王维《齐州送祖三诗》）和“孤帆远影碧空尽，唯见长江天际流”（李白《送孟浩然之广陵》）异曲同工。

2.　　　　　　劳劳亭[1]

李　白

天下伤心处，劳劳送客亭[2]。
春风知别苦，不遣柳条青[3]。

【注释】

①劳劳亭：亭在劳劳山上，三国东吴所建。《景定建康志》：“劳劳亭，在城南十五里，古送别之所。”②劳劳：忧伤的样子。③遣：使，让。

【赏析】

这是一首因登览而赋别离之情的诗。首联点题：天下最令人伤心之处，是别离之所劳劳亭。尾联赋予春风以知觉和情感：春风也知道人们别离的痛苦，于是不让柳条发青，使人们无从折柳送别。全诗托物言情，移情于景，想象奇特。陈邦炎先生评曰："与李白这首诗异曲同工、相映成趣的有李商隐的《离亭赋得折杨柳》诗的第一首：'暂凭樽酒送无憀(liáo)，莫损愁眉与细腰。人世死前唯有别，春风争拟惜长条。'对照之下，两诗都以离亭为题，都是从离别想到杨柳，从杨柳想到春风，也都把春风写得深知离别之苦，对人间的离别满怀同情。但两诗的出发点相同，而结论却完全相反：李白设想春风因不愿见到折柳送别的场面，而不让柳条发青；李商隐却设想春风为了让人们在临别之时从折柳相赠中表达一片情意，得到一点慰藉，而不惜柳条被人攀折。这说明，同一题材，可以有各种不同的构想，不同的想法。诗人的想象是可以自由飞翔的，而想象的天地又是无限广阔的。"

3.

送李端[①]

卢　纶

故关衰草遍，离别自堪悲。
路出寒云外，人归暮雪时。
少孤为客早[②]，多难识君迟。
掩泪空相向，风尘何处期[③]？

【注释】

①李端：字正已，赵州(今河北赵县)人，"大历十才子"之一。②卢纶七、八岁时，其父就已去世，又逢天宝末年动乱，漂泊他乡，故云"少孤为客早"。③风尘：比喻战乱。

【赏析】

首联写送别的环境气氛：衰草遍野，满目凄凉，在这样的环境中送别故人，悲从中来。颔联写送别时情景：友人已步出天幕低垂的寒云外，独自归来在那暮雪纷飞之时。颈联回忆往事，感叹身世：少年失怙，又逢战乱，很早就客居他乡，漂泊动乱之中，真庆幸遇到了你这个知音。尾联收束全诗，预卜未来，想象在风尘扰攘的乱离之世，后会难期：捂着面孔流着眼泪空自两相对；战乱流离中，又能在哪里相期重聚呢？全诗以一个"悲"字贯串全篇：首联写在衰败凄凉的环境中送别，更加深了悲愁；下文即从"悲"字引发出来，颔联景中含情，不言悲而悲自在

"寒云"、"暮雪"之中；颈联直叙身世，是饱经忧患后的悲鸣；结联预卜未来，后会难期，"悲"的感情又被推到一个新的高潮，令人不忍卒读。

4. 喜见外弟又言别[①]

李 益

十年离乱后[②]，长大一相逢。
问姓惊初见，称名忆旧容。
别来沧海事[③]，语罢暮天钟[④]。
明日巴陵道[⑤]，秋山又几重。

【注释】

①外弟：表弟，姑母的儿子。言别：话别。②十年句：唐玄宗天宝十四年(755)爆发了安史之乱，至代宗广德元年(763)方才平定。此举其成数而言。③沧海事：比喻社会上大动乱，人事大变化。④暮天钟：寺院敲响了晚钟，形容诗人与表弟畅谈时间之久。⑤巴陵：唐郡名，即岳州巴陵郡，治所在今湖南岳阳市。

【赏析】

这首五律，写战乱年代久别乍逢的欢愉与乍逢又别的惆怅。诗的前六句都是从"喜见"落墨。首联寄托了诗人的无限感慨：十年离乱，一朝相逢，喜出望外。颔联着墨描绘"相逢"时的情景：问了姓还惊疑是初相见，通了名才记起了旧仪容。颈联传神地展示了叙旧场面：万语千言诉不尽长期离乱和多年阔别的人事变化与社会沧桑，不觉日已西沉，钟已晚鸣。尾联落到"言别"上来：明日分手一别，表弟走在巴陵路上，秋山相隔，愈走愈远，两人不知隔几重山了。那么，后会之期又在何日呢？上句点明聚散的匆匆、征途的迢迢，下句悬想别后情景，构绘出一幅秋色满眼、云山万重的新的离别图，倾诉了绵绵的别情。这首诗前三联从久别、重逢，到叙旧，气氛热烈，突出"喜见"二字，至篇末，折入"言别"，离愁缕缕。这种离情别绪，通过常见的情景、动人的细节，把乱世人生的感慨、久别乍逢的心态，艺术地表达了出来。情真意切，感人至深。全诗语言素淡，行文舒卷自如。林东海先生评曰："唐人长于写聚散，其所取胜，非以技巧，而以情切。此诗亦然，说相逢，又言别，句句切题。只将乱离中分手，十年后他乡偶尔相逢的一段感受，以平实言语道来，便有情有味。'问姓'一联对仗虽工，却是口头语，妙在将初见时情景神态活灵活现地勾出来，便成千秋传诵的名句。与'马上相逢久，人中欲认谁'(郎士元《长安逢故人》)、'乍见翻疑梦，相悲各问年'(司空曙《云阳馆与韩绅宿别》)、'还作江南会，翻疑梦里逢'(戴叔伦《客夜与故人偶集》)，有异曲同工之妙。末二句言明日将于巴陵道分手，又为几重秋山所隔，惜别之情正在'秋山'

之中。”

5. 送友人

薛　涛

水国蒹葭夜有霜①，月寒山色共苍苍②。
谁言千里自今夕③，离梦杳如关塞长④。

【注释】

①此句点明送友人的季节和别后的思念之情，用《诗·秦风·蒹葭》诗意。水国：指成都，以临锦江故称。蒹葭：初生芦苇。②山色：指岷山的远影。苍苍：指天。③此句化用谢庄《月赋》的“隔千里兮共明月”和孟郊《古别离》的“别后惟所思，天涯共明月”语意。④此句化用李白的《长相思》的“天长地远魂飞苦，梦魂不到关山难”句意。关塞：关外的要塞。

【赏析】

这是传诵一时的佳作。前两句的蒹葭、夜霜、寒月、山色，点明送别的季节是深秋，以凄清萧瑟之景烘托离愁：水乡的芦苇经不起深秋的严霜；这冷月和秋山同样是青青苍苍。后两句翻新前人的成句，构成新的意境：谁说自今夕分手，便相隔千里呢？我的梦将一直伴随着你同赴边疆，边塞有多长，梦便有多长。末句苦语，相对于第三句的慰勉，是一曲折。这首诗善于旧曲翻新，不着痕迹，而又另造新境，无限蕴藉，尤其是前两句，把“蒹葭伊人”的怀远之情，隐藏在别浦的景色中，涵蕴深厚，耐人玩味。

6. 南浦别

白居易

南浦凄凄别①，西风袅袅秋。
一看肠一断，好去莫回头。

【注释】

①南浦：南面的水滨。古人常在南浦送别亲友。《楚辞·九歌·河伯》：“送美人兮南浦。”江淹《别赋》：“送君南浦，伤如之何！”故“南浦”像“长亭”一样，成为送别之处的代名词。一见“南浦”，令人顿生离忧。

【赏析】

前两句点明送别的地点和时间：南浦凄凄，秋风萧瑟，伤心的地点，伤心的季节，此时与你相别，离愁别绪倍增。后两句捕捉送别过程中最传情的细节，把居者和行者的离愁别绪和真挚的情谊淋漓尽致地表现出来：行者孤独地走了，还频频回望，每一次回望都令居者肝肠寸断；你安心地去吧，不要再回头了。行者惜别的眼神，居者内心的悲楚借助行者的一"看"和居者的一寄语惟妙惟肖地表现了出来。俞陛云先生评曰："首句凄凄南浦，为江淹恨别之乡。次句袅袅西风，乃宋玉悲秋之际。寄语征人，不若掉头竟去，强制离情，差胜于留恋长亭，赢得相看肠断也。皇甫曾《送友》诗云：'相望知不见，终是屡回头。'一言行者好去莫回头，一言送行者屡回头，皆情至之语。"

7. 谢亭送别①

许 浑

劳歌一曲解行舟②，红叶青山水急流。
日暮酒醒人已远，满天风雨下西楼。

【注释】

①谢亭：亭名。在安徽宣城市北二里之新亭。南齐谢朓有《新亭渚别范零陵云》诗，为后人所传诵，因名送别之亭为谢亭。②劳歌：本指在劳劳亭（旧址在今南京市南面）送客时唱的歌，后来遂成为送别歌的代称。骆宾王《送吴七游蜀诗》："劳歌徒欲奏，赠别竟无言。"古代有唱歌送行的习俗。

【赏析】

这首诗第一句写友人乘舟离去：劳歌一曲，缆解舟行，行者匆匆无奈地离去。第二句写友人乘舟出发后所见江上景色：友人乘舟穿行于夹岸青山红叶的江面上，水急船速，一叶扁舟，不久即消逝于水天茫茫之中。第三句写别后酒醒的惆怅空寂：日斜酒醒，行者也已走远了。第四句以景结情：在黯淡的暮色和凄迷的风雨中，居者只好茫然、孤独、怅惘地步下西楼。刘永济先生评曰："通首不叙别情而末句中别后之情，殊觉难堪，此以景结情之说也。"这首诗前后两联分别由两个不同时间和色调的场景组成。前联的青山、红叶、碧水的明丽景色反衬别绪——以"乐景写哀"；后联以风雨凄迷的黯淡景色正衬离情——以"哀景写哀"，笔法富于变化。"而一、三句分别点出舟发与人远，二、四句纯用景物烘托渲染，则又异中有同，使全篇在变中显出统一。"（刘学锴）谢枋得评曰："醉中送别，见红叶青山景色可爱，必不瞻望涕泣矣。日暮行人已远，不能无惜别之怀，兼之满天风雨，离思又当何如耶？"（《唐诗品汇》引）

8. 赠别二首(其二)

杜　牧

多情却似总无情①,唯觉樽前笑不成。
蜡烛有心还惜别②,替人垂泪到天明。

【注释】

①多情句:骨子里多情,表面却未必看得出。②蜡烛有心:双关句,表面上是说蜡烛有芯,暗关下句。

【赏析】

这是诗人赠给歌女的一首惜别诗。前两句是叙事:别宴上二人凄然相对,默然无语,情藏内心深处,故从表面上看,总像"无情";而当吃酒话别之时,见她想笑而笑不成,便知实是"多情"。后两句借物抒情,把蜡烛人格化:蜡烛反而有心和人惜别,为自己和恋人"垂泪到天明"。用拟人化的手法含蓄地表达自己的惜别之情。黄叔灿评:"曰'却似'、曰'唯觉',形容妙矣。下却借蜡烛托寄,曰'有心'、曰'替人',更妙。"(《唐诗笺注》)这首诗语言流畅精练,情致缠绵婉约,意境深沉幽远,堪称言情佳作。

9. 淮上与友人别①

郑　谷

扬子江头杨柳春,杨花愁杀渡江人。
数声风笛离亭晚②,君向潇湘我向秦③。

【注释】

①淮上:指淮南节度使的治所,在今江苏省江都县境内。②风笛:风中传来的笛声。离亭:即驿亭,因古人常在这里送别,故有此称。③"君向"句:言此地一别,各奔前程。潇湘:指湖南一带。秦:指陕西的长安。

【赏析】

这首诗是诗人与友人各赴前程的惜别之作。一、二句即景抒情,点明别离:扬子江头的渡口,杨柳青青,晚风中柳丝轻拂,杨花飘荡,岸边停泊着待发的小船,友人们即将渡江南去。三、四句写离别的刹那:驿亭饯行,离别之际,随风传来一阵凄凉哀怨的笛声,两位好友默默相对,握手言别,互道珍重,各奔前程。在写法上,前二句以淡淡的几笔勾勒出扬子江头渡口的疏朗清新的景色。这里将杨柳作为离情的点缀,更增添了依依惜别之情,那随风飞舞的杨花,则又勾起彼此天涯羁旅生活的愁绪。“杨柳”、“杨花”构成的暮春景色，在这里恰恰成了离情别绪的触媒。后二句以风笛、暮霭渲染别离情景，衬起末句，不言离情而离情即寓其中：临行惜别时的依依不舍，各向天涯的无限愁绪，以及别后双方的深挚思念和向往，都在不言中得到了充分的展示。

10.　送杜少府之任蜀州[①]

王　勃

城阙辅三秦[②]，风烟望五津[③]。
与君离别意，同是宦游人[④]。
海内存知己，天涯若比邻[⑤]。
无为在歧路，儿女共沾巾[⑥]。

【注释】

①杜少府：名不详。唐代的官制，一个县的行政长官称为“令”。县令以下有一名“丞”，处理文事；有一名“尉”，处理武事。文丞武尉，是协助县令的官职。文人书简来往，或者在公文上，常用“明府”为县令的尊称或代用词，县丞则称为“赞府”，县尉则称为“少府”。诗题称“杜少府”，可知他是去就任县尉。之任：赴任。蜀州即蜀郡，一作“蜀川”。②城阙：城墙上的望楼叫“阙”，一般认为“城阙”指京都长安。施蛰存先生引孔颖达对《诗经·郑风·子衿》诗句注解“城阙”“谓城上别有高阙，非宫阙也”为证，认为城阙是有高楼的城墙，是一般性名词，并不特指京都，此指蜀州。三秦：泛指当时长安附近的关中之地。古为秦国，秦亡后，项羽分其地为雍、塞、翟三国，故称“三秦”。③风烟：即风景。五津：一般认为指岷江上的五大渡口。施蛰存先生认为是蜀州的代用词。④宦游人：外出做官的人。离开家乡，到远地求学，称为“游士”或“游学”；去做官，称为“游宦”，也称“宦游”。强调游，就用“宦游”；强调宦，就用“游宦”。⑤比邻：近邻。古代五家相连为比。⑥无为：不要。歧路：岔路。儿女：指儿女之态，即妇人之爱。

【赏析】

这首赠别名作，与一般送别诗充满伤感情调迥然不同，清新健康，引人向上，令人奋发振作。

首联点明题目，上句对行者说，下句对居者说：你并不是到一个边荒的地方去做官，而是到一个物产富饶且对京都有重要贡献的地方去做官；你去了，我只能遥望那边的风景。颔联点染惜别的情绪：我们两人都是为了求官离开了家乡到长安来的，如今你要到蜀州做县尉，虽说官职卑小，但总算初步达到了目的；今天，你要离开长安去蜀州，分手之际，不能没有惜别之情，但主要还是为你达到目的祝贺。颈联推开一步，奇峰突起，诗人进一步宽慰对方：只要知心朋友还在，虽然天各一方，也好像近在咫尺。尾联承颈联劝慰友人：现在在岔路口分别，你我就不必像小儿女那样哭哭啼啼，泪湿佩巾。这首诗歌颂了人间真挚的友情的可贵，说明这种友谊并不会因为形迹疏远而减弱。喻守真评曰："读了自有一种至友挚情油然而生，亢爽天真，不作悲酸之语，可以想见其为人。""全诗笔力矫健，意境开阔，一洗向来送别诗的悲酸之态，为传统送别诗开拓了新领域。此后，以积极乐观的态度送人赴任、送人从军、送人出使、送人去干其他有利于国计民生之事的诗作大量涌现，其中有不少名篇。"（霍松林）俞陛云先生评曰："首句言所居之地，次言送友所往之处。先将本题叙明。以下六句，皆送友之词，一气贯注，如娓娓清谈，极行云流水之妙。大凡作律诗，忌枝节横断。唐人律诗，无不气脉流通，此诗尤显。作七律亦然。后半首言得一知己，则千里同心，何须伤别。推进一层，不作寻常离别语。故三、四句言送别而况同是宦游，极堪伤感，正以反逼下文，乃开合顿挫之法也。"林东海先生评曰："不假景物，直抒胸臆，气格浑成，唐人风骨，于此可见。首联以地名作对，而颔联宜骈却散，不拘泥于律而自成律诗，率然为之而气脉贯通，自是诗家大手笔。"

11. 易水送别[1]

骆宾王

此地别燕丹[2]，壮士发冲冠。
昔时人已没[3]，今日水犹寒。

【注释】

①易水：在今河北省西部，源出易县。题一作《于易水送人一绝》。②此地：指易水。③昔时人：指荆轲。

【赏析】

这首诗题目为送人，实为抒怀咏志。它与一般送别诗的那种伤感情绪不同，诗人追怀古代壮士，似乎是为了激励友人也要学习荆轲去干一番事业。首联不叙离情别意，而是直入史事，把昔日之易水壮别与今日之易水送人融为一体：荆轲曾经在这里辞别了燕丹，送的人没有一个不怒发冲冠。末联用对仗的形式道出全诗的中心：昔时的勇士已经壮烈地牺牲了，直到今日易水还是一样清寒。"水犹寒"兼摄今昔，展示视觉、触觉、听觉的形象，涵盖深广，余味无穷。末二句寓情于景，景中带比，不仅歌颂了荆轲那种不畏强暴的高风亮节，而且还隐含了诗人对现实环境的深切感受。诗人反对武后专政，志在恢复李唐王朝，他所送的，也可能是一位荆轲式的勇士，甘心以一死报答知己。所以诗人勉励和希望友人，发扬荆轲那种不畏强暴的精神。“艺术构思也别开生面，借送别而吊古，托吊古而伤今，既吊古人，又勉别者，将吊古与伤今融为一体，完全没有一点儿女之态。”（羊春秋）刘永济先生评曰：“此睹易水而思古事之作，首二句直写送别时事，‘壮发’五字写慷慨赴义之状如见。三、四抒居今思古之情。‘今日’五字加重首二句之意，见荆轲虽早没而其英风义概犹可想见。读此诗可见作者概括力之强。”

12. **送魏万之京**①

李 颀

朝闻游子唱离歌②，昨夜微霜初渡河③。
鸿雁不堪愁里听，云山况是客中过④。
关城树色催寒近⑤，御苑砧声向晚多⑥。
莫见长安行乐处⑦，空令岁月易蹉跎。

【注释】

①魏万：即魏颢，上元初进士。他曾求仙学道，隐居王屋山，因自号“王屋山人”。他比李颀晚一辈，故诗的后半幅，多叮咛告诫之语。京：指长安。②游子：游宦他乡的人，此指魏万。离歌：告别的歌，亦作“骊歌”。③河：此指黄河，王屋山在黄河北岸，赴长安须渡黄河。④云山：指中条山，在山西省西南角。过：读平声，“经过”的意思。⑤关城：指潼关城，在今陕西潼关县东北。此设想魏万行近长安，已是树木摇落的深秋。“树色”一作“曙光”。⑥御苑：禁宫里的庭院，即皇家禁苑。向晚：傍晚。⑦莫见：一作“莫是”，意即不要把长安看做是行乐之地，或莫以为长安是行乐之地。

【赏析】

诗的首联以倒装句式描绘深秋时节肃杀的自然环境，烘托出与友人分别时凄凉的心情：昨天晚上秋霜初降，黄河一带更为萧瑟清冷；今天早晨你唱着离歌，和我分手前去长安。颔联紧承首联，渲染气氛，接写正题：带着离愁的行人哪里能忍受鸿雁的叫声呢？从云雾缭绕的深山经过，一定感到孤寂吧？颈联推想行者渐行渐到长安：行人出发时是微霜初上的早秋，等他到达潼关一带时，大约树色已经变黄，到了寒冷的深秋；在长安城中，夜晚会听到万户捣衣之声。尾联谆谆告诫行者：长安虽是“行乐处”，但不是一般人可以享受的，不要把宝贵的时光轻易地消磨掉，要抓紧时间成就一番事业。这首诗以长于锤字炼句为后人所称道，诗人又将叙事、绘景、抒情融为一体，在凄清的情调中给人以积极进取的力量。在章法上，“前半写实，写魏万渡河赴京时的所历所感。把离愁隐藏在鸿雁声中和烟雾笼罩的旅途里。后半设想魏万行经潼关、到达长安时的所见所闻，把自己的经历和感慨，溶化在字缝里，暗寓岁月易得、美人迟暮之感。最后一结，纯以长者的口吻，深致诗人对魏万的叮咛期望之意。诗中没有正面去写离情别绪，而以重彩浓墨去描绘魏万在途中所见的秋色和所闻的秋声，去设想魏万到达长安后所看到的景物、所听到的砧声，从而引起乡思客愁。这就在言外之意、弦外之音中强烈地把他们之间的友情表达了出来，正是这首诗以炼意炼句的精湛技巧，赢得后人称道的原因。”（羊春秋）林东海先生评曰：“送行之作，类皆悬拟别后之征程与心境，本篇亦然。自渡河入京，别后种种，均预想情景。首联句法奇特凝练，朝唱离歌，亦朝渡河，却插入‘昨夜微霜’。方东树《昭昧詹言》谓‘言昨夜微霜，游子今朝渡河耳，却炼句入妙’，诚哉斯言。颔联写景，而以‘不堪’、‘况是’二虚词为转折，俾情见乎景，益见宛转之妙。颈联写长安秋色，‘催寒’、‘向晚’二语，实为结句岁月蹉跎作铺垫，益显出规劝之情之深沉真挚，有长者之风。”

13. 送梓州李使君

王　维

万壑树参天，千山响杜鹃。
山中一夜雨，树杪百重泉①。
汉女输橦布②，巴人讼芋田③。
文翁翻教授，不敢倚先贤④。

【注释】

①树杪（miǎo）：树梢。②输橦（tóng）布：向官府交纳布匹。橦布：橦木花织成的布匹。③讼芋田：因田地纠纷向官告状。芋田：种芋头的田。④“文翁”两句：文翁教化至今已衰，应翻新而振起之，不敢倚赖先贤治绩而无所作为。《汉书·循吏传》载：文翁任蜀郡太守，修学宫，办教育，因而教化大行。

【赏析】

这是一首别具一格的赠别佳作。诗的立意不在惜别，而在劝勉；不是由眼前的景物写起，而是由李使君即将赴任之梓州写起。前半写梓州美丽的自然风光；后半写蜀中淳朴的风土人情和使君政事，劝勉友人，寄予厚望，别开生面。首联从大处落笔：万壑千山，到处是参天大树，到处是杜鹃的啼鸣。颔联则由细处承接：夜雨过后，山泉百道，悬挂树梢。颈联写梓州民风：那里的妇女，按时向官府交纳用橦木花织成的布匹；那里的人们又常常为芋田发生诉讼。尾联用文翁治蜀的典故，劝勉行者：效法文翁，翻新教化，而不要倚仗文翁等先贤原有的政绩，泰然无为。“这首赠别诗写得很有特色。前半悬想梓州山林奇胜，是切地；颈联叙写蜀中民风，是切事；尾联用典，以文翁拟李使君，官同事同，是切人。这样写来，神定气足，精当不移。诗中所表现的情绪积极开朗，格调高远，是唐代送别诗佳篇。”（刘德重）林东海先生评曰：“前半写景，后半写事，分明断为两截；然有以诗题绾合，则两截遂成一体。写梓州之景，以达送李之官之意；写巴蜀之事，亦以达送李之官之意。以意联结景与事，乃成完璧。王夫之曰：‘右丞工于用意，尤工于达意，景亦意，事亦意，前无古人，后无嗣者，文外独绝，不许有两。’（《唐诗评选》）实非过誉之语。”

14.

送元二使安西[①]

王　维

渭城朝雨浥轻尘[②]，客舍青青柳色新。

劝君更尽一杯酒，西出阳关无故人[③]。

【注释】

①安西：唐中央政府为统辖西域地区而设置的安西都护府的简称，治所在龟兹城（今新疆库车）。元二：不详。②渭城：即长安故城，在长安西北渭水北岸，今陕西咸阳市东北三十里。汉高帝时改咸阳为“新城”，汉武帝时又改为“渭城”。浥：沾湿。客舍：专为饯别设置的馆舍。③阳关：关名。故址在今甘肃敦煌县西南。自古与玉门关同为出塞的必经之地。因其在玉门关以南，故称“阳关”。

【赏析】

这是一首送朋友去西北边疆的诗，诗题一作《赠别》，又名《渭城曲》。一、二句写送别的时间、地点和环境气氛：清晨，刚刚下过一场小雨，空气清新，纤尘不染。渭城客舍四周杨柳依依，新发的枝叶显得格外青翠。三、四句是一个特写镜头：诗人持杯在手，殷殷相劝：再干了这一杯吧！出了阳关，可就见不到老朋友了！这首诗的前半幅写景，点明送别的地点和时令，并故意用朝雨洗尘、柳色呈青来渲染送别时的美好环境和明媚的春光，以衬托惜别的情意，以乐景写哀，一倍增其哀。后半幅抒情，用一“更”字和“无故人”，把依依不舍和别后的怀念之情充分表现出来。且落笔对方，从朋友一方面想，翻进一层，显出对朋友更深的关切。

15.

送沈子福之江东[①]

王　维

杨柳渡头行客稀[②]，罟师荡桨向临圻[③]。

惟有相思似春色，江南江北送君归。

【注释】

①江东：即江南。长江在芜湖、南京间流向转北，故习称江南为“江东”。②杨柳：汉唐时有折柳送别风俗，故送别诗多言及此。③罟(gǔ)师：本指渔父，此指船家。罟：渔网。临圻(qí)：地名，不详，或是“临沂(yí)”之讹。

【赏析】

这是一首送别之作。首句点明送别之地：行客稀少的渡口杨柳依依。次句点醒题面：船夫已将客船靠岸，载着友人驶向临圻。三、四句突发奇想：我这般殷殷惜别之情就像那遍布人间的“春色”，在大江南北广阔的原野上为君送行。妙用比喻、想象奇妙是这首诗的艺术特色。首句以“杨柳”暗喻依依惜别之情，以“行客稀”表现孤寂冷落之况，烘托出行者、居者别时清冷的心境。末二句诗人将抽象的相思情比作眼前可观可感的春色，含蓄地表达了不能伴友去江东的惆怅和对友人的依依惜别之情，成为流传千古的名句。刘永济先生评曰：“王维送别诗各有新意。前首‘西出’句(按：指‘西出阳关无故人’)看似平常，实未经人道过。且七字中含情深婉，不用凄凉等词而意自黯然。后首(按：指本诗)的别情与春色结合言之，春满江南江北，情亦同之，亦不必质言别情而情已浓至。”

16.

送友人

李　白

青山横北郭①，白水绕东城②。
此地一为别，孤蓬万里征③。
浮云游子意，落日故人情④。
挥手自兹去，萧萧班马鸣⑤。

【注释】

①青山：此指安徽宣城城北十里的敬亭山。郭：外城。古代的城有两重，内为城，外为郭。②白水：此指宣城城东三至五里的勾溪和苑溪。③孤蓬：蓬草冬枯，随风旋转，飘扬无定，诗人用以比喻游子。④故人：诗人自指。⑤萧萧：马鸣声。班马：离群的马。

【赏析】

这首诗写得别致新颖，充满了诗情画意。诗人以景写情，表达了诗人与友人的依依惜别之情。首联点出告别地点：诗人已经送友人来到了城外，然而两人仍然并肩缓辔，不愿分离。只见远处，青翠的山峦横亘在外城的北面，波光粼粼的流水绕城东潺潺而过。中间两联切题，写离别的深情。颔联写对友人漂泊生涯的关怀：此地一别，离人就要像蓬草那样随风飞转，到万里之外去了。颈联写难分难舍的离情别绪：天空中一抹白云，随风飘浮，象征着友人行踪不定，任意东西；远处一轮红彤彤的夕阳徐徐而下，似乎不忍遽然离开大地，仿佛诗人对朋友依依惜别的心情。尾联即景生情，推陈出新：诗人和友人马上挥手告别，频频致意；那两匹马仿佛懂得主人心情，也不愿脱离同伴，临别时禁不住萧萧长鸣，似有无限深情。这首诗写景，色彩斑斓，形象鲜明：青山、白水、火红的夕阳、洁白的浮云，相互映衬，诗情画意。其次是妙用比喻：以"孤蓬"、"浮云"喻游子之漂泊；以"落日"之徐缓，比喻故人之依恋，情景交融，诗味醇厚。第三，传神的细节描写："挥手自兹去"，作者捕捉送别场面中这个最常见的"有包孕的片刻"也是最有情趣、最耐人寻味、最能引起人们想象的片刻，把千言万语也难以倾诉的离情别绪都融在这一"挥手"之中，达到"此时无声胜有声"的境界。诗中自然美与人情美交织在一起，有声有色，气韵生动。诗的感情真挚热诚，而又豁达乐观，毫无缠绵悱恻的哀伤情调，是一首颇具特色的送别诗。林东海先生评曰："太白最重情谊，故其别诗多情真意挚。'浮云'一联写行者之意与送者之情，词意均佳，含蓄不尽。王琦云：'浮云一往而无定迹，故以比游子之意；落日衔山而不远去，故以比故人之情。'(王注《李太白集》)借景为比，曲尽其情……末以马鸣作结，但写别时之实景，而黯然伤别之情，即见于言外。"

17.　黄鹤楼送孟浩然之广陵[①]

李　白

故人西辞黄鹤楼，烟花三月下扬州[②]。
孤帆远影碧空尽，唯见长江天际流。

【注释】

①黄鹤楼：江南三大名楼之一，在今湖北武汉市长江大桥的南端。广陵：即扬州。②烟花三月：形容暮春的艳丽景色。扬州：今属江苏，是唐代繁华的都会。

【赏析】

这是一首充满了诗情画意，充满了憧憬、向往和希望的送别诗。首二句点题：我的好朋友孟浩然要离开这个举世闻名的黄鹤楼，在这暮春三月红花绿草繁盛如烟的时候东去扬州。三、四句抒情：远处江面上一叶小船渐去渐远，最后消失在水天之间，只剩下那一江平阔的春水，默默地向东流去。这首诗被诗人用"烟花三月"的迷人景色、目送孤帆的深情细节，十分传神地表达了他们的得意心态和惜别神情。刘永济先生评曰："此诗写别情在三、四句。故人之舟既远，则帆影亦在碧空中消失，此时送别之人所见者'长江天际流'而已。行者已远而送者犹伫立，正以见其依恋之切，非交深之友，不能有此深情也。善写情者不贵质言，但将别时景象有感于心者写出，即可使诵其诗者，发生同感也。""这首送别诗有它自己特殊的情味。它不同于王勃《送杜少府之任蜀州》那种少年刚肠的离别，也不同于王维《渭城曲》那种深情体贴的离别。这首诗，可以说是表现一种充满诗意的离别。其所以如此，是因为这是两位风流潇洒的诗人的离别。还因为这次离别跟一个繁华的时代、繁华的季节、繁华的地区相联系，在愉快的分手中还带着诗人李白的向往，这就使得这次离别有着无比的诗意。"（余恕诚）

18. **赠汪伦**[①]

李　白

李白乘舟将欲行，忽闻岸上踏歌声[②]。
桃花潭水深千尺[③]，不及汪伦送我情。

【注释】

①汪伦：安徽泾县桃花潭村民。清袁枚《随园诗话补遗》："唐时有汪伦者，泾川豪士也。闻李白将至，修书迎之，诡云：'先生好游乎，此地有十里桃花。先生好饮乎，此地有万家酒店。'李欣然至，乃告云：'桃花者，潭水名也，并无桃花。万家者，店主人姓万也，并无万家酒店。'李大笑，款留数日。"②踏歌：指传歌，以踏地为节拍，故称。③桃花潭：潭在泾县西南四十里，居泾川上游。

【赏析】

李白要走了，汪伦踏歌送别，李白深受感动，以桃花潭水来表达朋友之间的深情厚谊。首二句叙事：李白将要乘船离开桃花潭远行了，一阵阵踏歌声忽然传来，只见一群村民踏地为节拍，边走边唱前来送行了。三、四句抒情：桃花潭水虽然深达千尺，但还是比不上汪伦送我的情意深。周啸天先生评曰："首二句写作者兴尽而返，不辞而别的李白固然落落大方，不拘小节；踏歌欢送的汪伦多情而不善感，无多客套。短短十四字中，写出两个乐天派，一对忘年交。这忘形，却又是至交的一种表现。于是李白不仅以汪伦为故人，而且引为同调，所以他要高度评价汪伦。后二句信手拈来，就本地风光作比譬，先肯定水深，再以不如汪伦之情深而否定之，就显得更深一层。故沈德潜说：'若说汪伦比于潭水千尺，便是凡语。妙语只在一转换间。'"（《唐诗别裁》）

19. 别董大[1]二首(其一)

高 适

千里黄云白日曛[2]，北风吹雁雪纷纷。
莫愁前路无知己，天下谁人不识君？

【注释】

①董大：指当时的著名琴师董庭兰，曾以琴艺受知于宰相房琯，与诗人的交谊甚深。②曛(xūn)：日色昏黑。形容边地黄沙漫天，白日失去了光彩。

【赏析】

这是一首节奏雄健、音调爽朗、高格独特的送别诗。前两句缘情写景：西方的太阳快要落山了，它的余晖将天上的云彩染成了黄色；北风怒号，大雪纷飞，大雁也飞向南方，诗人的离愁别绪充塞于这广阔的天地之间。后两句直抒胸臆，于慰藉之中，寓劝勉之意：莫愁前路没有你的知音，普天之下，哪一个不知你的姓名？语壮气雄，声势宏阔，一反缠绵悱恻的赠别之作的俗套。高适的送别诗，往往在依依送别的离愁中，流露出高昂欢乐的情调，给人的是力量而不是哀怨，是鼓舞而不是消沉，基调是健康的、向上的。除本诗外，他的《送李少府贬硖中王少府贬长沙》则说："圣代即今多雨露，暂时分手莫踌躇。"在《夜别韦司士》尾联中也说："莫怨他乡暂离别，知君到处有逢迎。"这种豁达的胸怀、昂扬的格调，既反映了盛唐的风貌，也体现了诗人的艺术特色。周啸天先生评曰："前二句展示了一个风雪迷茫的送别场景，这是古诗(如"步出城东门")很典型的一种情景，与送人之情的迷茫同构。它唤起的是一种日暮天寒、游子何之、仰天长啸、徒呼奈何的感觉。在写足恶劣气候环境后，后二句不更作气短语、感伤语、劝留语，反用充满信心的口吻鼓励友人踏上征途，从可愁之景反跌出'莫愁'二字，豪情满怀、溢于言表。可为志士增色，为游子拭泪。作者生活态度自信乐观，尽管腰无分文，却依然心怀天下；尽管怀才不遇，却又不甘沉沦。严羽说：'唐人好诗，多是征戍、迁谪、行旅、离别之作，往往能感动激发人意。'(《沧浪诗话·诗评》)此诗就是这样的杰作。"

20. 送人东归

温庭筠

荒戍落黄叶[1]，浩然离故关[2]。
高风汉阳渡[3]，初日郢门山[4]。
江上几人在，天涯孤棹还。
何当重相见[5]，樽酒慰离颜[6]。

【注释】

①荒戍：荒废的旧垒。落黄叶：指秋季木落。②浩然：意气充沛貌，此形容归志。故关：旧时的关塞。③汉阳渡：长江的渡口，在今湖北武汉市。此与下句为互文，即“高风初日汉阳渡，初日高风郢门山”。“高风”即秋风。④初日：即晓日。郢门山：即荆门山。⑤何当：唐人语，诗中常见，即“何时”、“何缘”。⑥樽：古时盛酒之具。樽酒：犹言“杯酒”。

【赏析】

温庭筠作行旅、送别诗，多用五字律体，与瑰丽的七言律诗、五言排律或乐府诗迥然不同。这首送别诗和作者一向婉约纤丽的风格不同，境界雄浑壮阔，慷慨悲凉。首联点明题目：在黄叶纷纷坠落的荒凉冷落的古堡中，你心浩然有远志，出关回乡。起调高唱，自是不凡。颔联写景：巍巍高山，浩浩大江，飒飒秋风，杲杲旭日，都在为即将离开渡口乘船东归的友人壮行色。颈联抒情：归舟孤零零地消失在天际，江东亲友大概正望眼欲穿，切盼归舟从天际飞来，还有哪些故人在江东接待你呢？尾联表惜别之情：我们开怀畅饮吧，酒能销解离愁别绪，更何况，此时一别，不知道什么时候，我们才能再一次相见。从形式上说，这首诗“是五言律诗的正格。起承转合，思维逻辑很清楚。中间二联，一写景，一抒情，也符合宋人一虚一实的要求。结句所表达的也是一般人临歧握别时的思想言语”（施蛰存）。另外，“这首诗逢秋而不悲秋，送别而不伤别。如此离别，在友人，在诗人，都不曾引起更深的愁苦。诗人只在首句稍事点染深秋的苍凉气氛，便大笔挥洒，造成一个山高水长、扬帆万里的辽阔深远的意境，于依依惜别的深情之中，回应上文‘浩然’，前后紧密配合，情调一致。结尾处又突然闪出日后重逢的遐想。论时间，一笔宕去，遥遥无期；论空间，则一勒而收，从千里之外的‘江上’回到眼前，构思布局的纵擒开合，是很见经营的。”（赵庆培）

21. 别　离

陆龟蒙

丈夫非无泪，不洒离别间。
杖剑对尊酒①，耻为游子颜。
蝮蛇一螫手，壮士即解腕②。
所志在功名，离别何足叹。

【注释】

①杖剑：持剑。②“蝮蛇”二句：《史记・田儋传》：“蝮螫手则斩手，螫足则斩

足。”意为毒蛇咬伤手脚后，为了不让蛇毒攻心而致死，便把被咬伤的手或脚斩断，去患除毒，保全生命。蝮蛇：一种毒蛇。螫(shì)：即蜇。

【赏析】

这首送别诗，一扫离愁别怨的低沉调子，写得慷慨激昂，意气风发。首联直奔主题：大丈夫并非没有眼泪，只不过不在离别时抛洒。掷地有声，挺拔刚健。颔联抒情：大丈夫志在四海，杖剑对酒壮别，耻为临别沾巾的儿女之态。颈联用典言志：大丈夫为了事业的胜利和理想的实现，不畏艰难，不怕牺牲，一往无前。尾联点明中心：大丈夫志在建功立业，敢于解腕除毒，一时的别离，哪里值得叹惜呢？至此，一个威武潇洒、胸怀开阔、风度不凡、气宇轩昂的壮士形象就完全塑造成功了。“此诗以议论为诗，由于诗中的议论充满感情色彩，‘带情韵以行’，所以写得生动、鲜明、激昂、雄奇，给人以壮美的感觉。”(何国治)

22.　送日本国僧敬龙归

韦　庄

扶桑已在渺茫中，家在扶桑东更东①。
此去与师谁共到②，一船明月一帆风。

【注释】

①扶桑：对日本国的旧称。六朝人托名东方朔所撰《海内十州记》：“扶桑在碧海中，树长数千丈，一千余围，两干同根，更相依倚，日所出处。”“家在扶桑东更东”，意谓敬龙的家乡更是神秘、远不可即。②师：对敬龙和尚的尊称。

【赏析】

中日两国之间的友好往来可以追溯到汉代，而形成高潮的则是在唐代。唐代诗人对来华的日本留学生和留学僧的感情也很热烈，交往密切。这些日本留学生和留学僧学成回国，不少诗人都作诗送别，王维、储光羲、李白、钱起等都写过送日本朋友归国的送别诗。韦庄的这首《送日本国僧敬龙归》空灵飘逸，情韵悠然，是唐人送别诗的上乘之作。首两句极写归程邈远：扶桑在日所出的东方，渺茫难寻；你的家乡还在扶桑的东头的再东头，远不可即，没有边际。末二句极写归程的孤单：此去谁伴大师一起顺利平安地到达家乡呢？朗月顺风陪伴您，一帆风顺直抵家乡。“明月清风”，即表现了僧人襟怀，而前途光明、一帆风顺的祝愿亦寓其中，以景托情，含蓄不尽。全诗只在“送归”上落笔，体现了对异国友人的关心与惜别之情。

23. 宣州谢朓楼饯别校书叔云①

李 白

弃我去者昨日之日不可留。
乱我心者今日之日多烦忧。
长风万里送秋雁，对此可以酣高楼②。
蓬莱文章建安骨，中间小谢又清发③。
俱怀逸兴壮思飞，欲上青天揽明月④。
抽刀断水水更流，举杯销愁愁更愁。
人生在世不称意，明朝散发弄扁舟⑤。

【注释】

①校书：校书郎的简称，负责整理国家图籍的官员。李白叔父李云时为校书郎。诗题一作《陪侍御叔华登楼歌》。谢朓楼：南齐诗人谢朓在宣州任太守时所建，又称“谢公楼”，或“北楼”。②酣高楼：在谢朓楼上畅饮。③“蓬莱”两句：蓬莱指神话传说中的海上仙山。传说仙府图书都集中藏在这里。又：汉代官府著述和藏书之处称“东观”，亦言“老氏藏书室，道家蓬莱山”。蓬莱文章：指汉代的文章。建安：东汉献帝年号（196～214）。建安骨：建安时期，曹操和曹丕、曹植、孔融、王粲、陈琳、徐幹、刘桢、应玚、阮瑀等人的诗作，反映了当时动乱时代的社会现实，风格刚健清新，后人称为“建安风骨”。小谢：指谢朓。世称刘宋时代的诗人谢灵运为“大谢”，称谢朓为“小谢”。清发：指清新秀发的诗风。这两句虽是赞美建安诸子和谢朓，但也有暗喻李云和自己的意味。④“俱怀”两句：俱：都。逸兴：雅兴。揽：用手攀摘。⑤扁（piān）舟：小舟。散发：不为冠带礼法束缚，喻隐居不仕。范蠡晚年隐居乘扁舟，浮于海。这句暗以范蠡那样的人物自比。

【赏析】

这首诗题为饯别，实咏怀抱。诗中既不写楼，又不叙别，而是面对“友人”，倾诉自己满腔愤激之情。故全诗无惜别之语，而主客情谊尽现。因为作者自感对朋友明以心迹，比泛泛劝慰和客套祝愿更显志同道合、知己情笃。首二句写饯别时的心绪：过去得意的日子已弃我而去不可挽留了；今日心忧天下，报国无路的烦忧，又扰乱了我的心——抒发了怀才不遇、壮志难酬的愤懑。三、四句写饯别氛围，点明诗题：万里秋风，鸿雁远飞；清秋佳景又激起诗人的豪兴，登楼酣饮、一醉方休。五、六句谈诗论文：族叔李云的文章刚健遒劲，颇有“建安风骨”；诗人的诗歌清新秀发，亦有谢朓的韵致。七、八句写饯别时的豪兴：主客逸兴泉涌，壮思云飞，飘然登天，欲揽明月。九、十句写饯别时的感叹：诗人愁思汹涌，恰似谢朓楼前滚滚东流的宛溪水，刀斩更流，酒浇更愁。十一、十二句自明心迹：诗人心怀天下，却报国无路、壮志难酬，一生坎坷，最“不称意”。而消忧解愁的唯一途径便是散发佯狂，纵扁舟之一叶，凌万顷之空茫了。放浪不羁，倔然不仕，消极避世，但更是与黑暗现实的决绝。这首诗的表现手法灵活多样。一是拟人化手法。作者笔下的“昨日”竟值挽留，竟会弃我而去；“今日烦忧”，竟可乱我之心。这是将时间人格化。二是新奇妥帖的比喻。用“抽刀断水”比喻“举杯销愁”，富有独创性。这种将眼前的景比心中情，极显自然贴切。三是极度的夸张。诗人以“欲上青天揽明月”夸写逸兴壮思，既显抱负远大，又感形象具体。从章法上来说，腾宕跳跃、大开大合的结构形式，隐含着诗人情绪起伏变化的轨迹：“烦忧—排解—豪迈—哀愁”，它使全诗大跳大跃而又承转无迹。

24.　芙蓉楼送辛渐①

王昌龄

寒雨连江夜入吴，平明送客楚山孤②。
洛阳亲友如相问，一片冰心在玉壶③。

【注释】

①芙蓉楼：润州（今江苏镇江）城楼。辛渐：诗人的好友。②连江：满江。吴、楚：润州地处吴头楚尾，春秋时属吴，战国时属楚。平明：天色大亮时。③“一片”句：化用鲍照《白头吟》“清许玉壶冰”的诗意，形容作者品德高尚，心地高洁，犹如玉壶中的冰一样纯洁无瑕。

【赏析】

这是一首别开生面的送别诗。俞陛云先生评曰：“借送友以自写胸臆，其词自潇洒可爱。”一、二句，以寒雨入吴、楚山孤寂烘托离愁：一夜的寒雨，淅淅沥沥，弥漫着吴楚的江天。清晨，诗人与北上的友人依依惜别后，极目远望消逝的帆影，眼前只看到远处的楚山孤影了。三、四句，托辛渐告慰洛阳亲友：你到了洛阳，如遇亲友问起，则可告知他们，我的一颗明洁的心是藏在清澈无瑕的玉壶之中的。末二句别开生面，一不赠言，二不惜别，而是回过头来写自己。写自己也别出心裁，一不写别后相思，二不写客中孤寂，却连用两个比喻，道自己是“一片冰心在玉壶”，这不仅是诗人品格的真实写照，同时也是对一切诽谤、诬陷和遭受被贬耻辱的答辩，公开为自己洗雪“谗枉”，澄清“谤议”，形象地表明作者坚信自己的清白，没有愧对亲友之处，和不为贬谪打击所动的态度。

25. 送严士元①

刘长卿

春风倚棹阖闾城，水国春寒阴复晴②。
细雨湿衣看不见，闲花落地听无声。
日斜江上孤帆影，草绿湖南万里情。
君去若逢相识问，青袍今已误儒生③。

【注释】

①严士元：吴（今江苏苏州）人，曾官员外郎，终国子司业。题一作《别严士元》、《送严员外》、《送郎士元》。②倚棹：乘船。阖闾城：今江苏苏州市。水国：水乡。③君去：一作“东道”。青袍：低级官服。唐朝八、九品官员，穿的是青色。儒生：对知识分子的称呼，这里是诗人自指。

【赏析】

这是一首赠别的诗，但主要是写别前的依恋之情，而不是别后的相思之苦。与其他赠别的诗沉浸在缠绵悱恻的离愁别绪中相比，显得更加清新别致。首联交代了与友人话别的时间和地点：在苏州城外的江边，两位朋友偶然相遇，稍作停留。时值春初，南方水乡还未脱去寒意，天气乍阴乍晴，变幻不定。颔联既是景语，也是情语：笑谈之际，飘来了一阵毛毛细雨，雨细得连看也看不见，衣服却分明觉得微微湿润。树上偶尔飘下几朵残花，轻轻漾漾，落到地上连一点声音都没有。颈联写惜别：薄暮时分，友人起身告辞，诗人亲自送到岸边，眼看着解缆起帆，一叶扁舟渐渐远去，消失在天的尽头。友人将要到达的目的地湖南也会是芳草萋萋，春意盎然。尾联是临别赠言：你这回去湖南，如果有相识的人问我，你就这样回答他吧：我的前程被区区一领青袍所误。“结联与王昌龄《芙蓉楼送辛渐》的‘洛阳亲友如相问，一片冰心在玉壶’同一机杼，两诗都是转托友人将自己近况告诉亲友，但王诗目的在于‘辩诬’，故以‘冰心玉壶’表示自己的高洁；刘诗在于抒发自己的怀才不遇之感，故以‘青袍已误’表示自己的不幸。依据身份的不同而各有所侧重，因而有真性情，真境界。”（羊春秋）

26. 长相思

林　逋

吴山青①，越山青②。两岸青山相送迎，谁知离别情？　　君泪盈③，妾泪盈。罗带同心结未成④，江头潮已平。

【注释】

①吴山：指钱塘江北岸的山，这里古代属吴国。②越山：指钱塘江南岸、绍兴以北的山，这里古代属越国。③盈：满。④同心结：古时男女定情时，往往用丝绸带打成一个心形的结，叫做"同心结"，送给对方作为信物，以示彼此"同心"，至死不渝。"结未成"，喻示他们的爱情生活横遭不幸。

【赏析】

这首小令，描写一对钟情男女诀别于钱塘江边的情景，表现了他们之间无比深挚的爱情，同时也蕴藉着词人对他们的诀别的深切同情。上片写景，景中衬情：钱塘江两岸万古长青的吴山和越山，永恒地两两相对，朝夕相迎。他们怎么会知道人间的离别之情？下片抒情，以景托情：临别之际，一对情人，泪眼相对，哽咽无语，心心相印却难成眷属。涨潮了，船就要起航了，不得不分手的时刻已经来到。这首小令极富民歌风味。它运用反复、叠韵等修辞手法，读来令人回肠荡气，更易引起读者对这对情人的离愁别恨的强烈共鸣。

27. 踏莎行

晏 殊

祖席离歌，长亭别宴[1]。香尘已隔犹回面[2]。居人匹马映林嘶，行人去棹依波转。 画阁魂消，高楼目断。斜阳只送平波远。无穷无尽是离愁，天涯地角寻思遍[3]。

【注释】

①祖席：古代人们出远门时祭祀路神叫"祖"，后来把设宴饯别的宴会叫"祖席"，为送行饯别搭设之帐叫"祖帐"。长亭：即设在路边的亭舍，又称"驿亭"，常用作饯别处所。②香尘：地上落花很多，尘土都带着香味，故称"香尘"。③寻思遍：多方面连续的思索。

【赏析】

此词写饯别，写依依相送，写别后的怀思，均情景逼真，含蕴无尽，令读者置身其间，真切地感受到作者的缱绻深情。上片写离别之情依依。首二句写别宴惜别：长亭与君分别，唱着离歌为君饯行。三句写回首之氛围：落花满地，隔着漠漠的行尘，彼此一再含情回顾。四、五句从送者与行者分别写来：居者所乘车之马冲着岸边的树林嘶叫，行者的船只在波浪中打转。下片写登高望远，盼归情切。首三句写行者已远：居者登上画阁，凭倚高楼，独自含愁极望，唯见江波映着落日余晖，伸向遥远的天边。四、五句写别后思量：流水逝去，引出无边无际的离愁，就让此情随波而去，绕遍天涯。唐圭璋先生评曰：“此首为送行之作，足抵一篇《别赋》。起两句言饯别。‘香尘’句言别去，香尘已隔，而犹回面，极见缱绻不忍之意。‘居人’两句，一写去者，一写送者，两两对照，情景如见。换头一气蝉联，因行舟已依波转，故必登楼望之。但转瞬更远，即登楼望之，亦不得见，只余斜阳映波，徒教人目断魂销也。‘无穷’两句，说出人虽不见，而心则随人俱远，无时或已。通体自送别至别后，以次描摹，历历如画。”

28.

雨霖铃

柳　永

寒蝉凄切[1]。对长亭晚[2]，骤雨初歇[3]。都门帐饮无绪[4]，留恋处、兰舟催发[5]。执手相看泪眼，竟无语凝噎[6]。念去去、千里烟波[7]，暮霭沉沉楚天阔[8]。

多情自古伤离别，更那堪冷落清秋节[9]！今宵酒醒何处？杨柳岸、晓风残月。此去经年[10]，应是良辰好景虚设。便纵有千种风情，更与谁人说[11]？

【注释】

①寒蝉：蝉的一种，体小，青赤色，又名“寒蜩”、“寒螀”，此处非一般夏蝉。凄切：凄凉，急促。②长亭：古制，十里一长亭，五里一短亭，为驿道上休息和送别之处。③骤雨：阵雨。④都门：指汴京。帐饮：又称“露饮”。在户外饮宴，用布帐围住，既防尘土，又防女眷为路人看见。无绪：心怀惆怅，没有情绪。⑤兰舟：据说，鲁班曾刻木兰树为舟，后用作船的美称。⑥凝噎：悲痛气塞，说不出话来。一作“凝咽”。⑦去去：重复言之，表示行程之远。⑧暮霭：傍晚的云气。沉沉：深厚的样子。楚天：南天。古时长江中下游地区属楚国，故称。⑨那堪：兼之。⑩经年：年复一年。⑪风情：男女恋情。

【赏析】

这首词是词人离开汴京时与所爱的女性话别之作。上片记别。首三句写分离的时间、地点、气氛：寒蝉凄凄鸣叫，对着傍晚的长亭，在雨停刚歇的时候。四、五句叙城郊设帐宴别：京郊的帐篷里，饮酒送行，没有一点欢乐的情绪，正留恋相守，船夫催促出发了。六、七句写痛离之际：手握着手相看泪水涟涟，哽咽着竟说不出一语半言。八、九句写居者此刻的意念：念你这一远去，千里迢迢，烟波渺渺，沉沉的暮霭中，楚天更加辽阔。下片述怀，设想别后情景。一、二句是特提，是说理——由个别而一般：多情的人儿伤离惜别，自古皆然，更何况在这凄凉落寞的清秋时节！三、四句设问、设答——想象今宵旅途中的况味：一舟临岸，词人酒醒梦回，只见习习晓风吹拂萧萧疏柳，一弯残月高挂杨柳梢头。五、六句设想未来之日：这一离别，年复一年，良辰好景对我只是形同虚设。七、八句再退一步设想：即使有千万种柔情蜜意，我又能对谁诉说？这首词最突出的艺术特色就是虚实相生。“这首词词调的分片，由临别之时写到既别之后。临别之时，由‘都门帐饮’到‘执手’而别次第写来；既别之后，则由‘今宵酒醒’到‘此去经年’层层推去。临别属实，既别属虚。既别之后，竟是如此之落寞，则临别之前的种种温馨与临别之时的种种难堪自在不言之中。如此由实而虚，由虚返实，既突破了现有的时空局限，也在一定范围内拓展了作品的容量。”（曹大兴）俞陛云先生评曰：“首三句虚写送别时之秋景，后乃言留君不住，别沾泪巾，目送兰舟向楚水湘云而去，举别时情事，次第写之。后半起句用提空之笔，言南浦、阳关，为自古伤心之事，况凉秋远役，遥想酒醒梦回，扁舟摇漾，当在垂杨岸侧、晓风残月之中。客情之凄凉，风景之清幽，怀人之绵邈，皆在‘杨柳岸’七字之中，宜二八女郎红牙按拍，都唱屯田也。此七言探得骊珠。后四句乃叙别事之情，以完篇幅。后阕以‘自古伤离’、‘更与何人说’二语作起结，提得起，勒得住，能手无弱笔也。”

29.　南乡子·送述古[①]

苏　轼

回首乱山横，不见居人只见城[②]。谁似临平山上塔，亭亭[③]，迎客西来送客行。　归路晚风清，一枕初寒梦不成。今夜残灯斜照处，荧荧[④]，秋雨晴时泪不晴[⑤]。

【注释】

①述古：即陈襄，字述古，宋神宗熙宁五年(1072)八月任杭州知州，时苏轼任杭州通判，两人相处得很融洽。②山：即下文的临平山，在杭州东北百余里处。居人：意用《左传·僖公二十八年》“不有居者，谁守社稷”意。因陈襄务兴学校，讲求民间利弊，故诗人以居守社稷礼赞其政法政绩。城：指临平镇。③亭亭：高高耸立貌。④荧荧：微光闪烁貌。⑤泪不晴：以雨比泪，故曰“泪不晴”。

【赏析】

苏轼这首送别词另辟蹊径，写离别后的感触和设想。上片写别恨。起笔从临平望杭州：回首望去，山横乱野，行人已经远去，只见到送别的临平镇。三、四、五句移情于塔：有谁像那亭亭的临平塔，居高远眺，既能迎客而来，又能送客东往北上。下片写离愁。一、二句正面实写对友人的思念：晚风清冷，回到家中也觉满床寒气，难以入梦。三、四、五句以设想的方式写自己的相思不断：残灯昏暗无光，荧荧斜照，秋雨已经停止，可我的泪水仍流个不停。“整首词从一反一正、虚一实之中，以通俗明白的语言，表现出词人对陈述古的深情厚谊与惜别之意。

不用典故，不加藻饰，但写真景物真感情，在送别的题材中，令人有耳目一新之感。”(邱俊鹏)唐圭璋先生评曰：“此首，上片，送述古途中之景；下片，述归来怀念之情。文笔飘洒，情意真挚。‘回首’两句，记送行之远。‘谁似’三句，记山塔也知送行，极有情味。‘归路’两句，记归路风清及归来之无寐。‘今夜’三句，记入夜之悲哀，雨晴泪不晴，语意甚新。”

30. 木兰花慢·席上送张仲固帅兴元[1]

辛弃疾

汉中开汉业[2]，问此地，是耶非？想剑指三秦，君王得意，一战东归[3]。追亡事[4]，今不见；但山川满目泪沾衣[5]。落日胡尘未断[6]，西风塞马空肥[7]。　一编书是帝王师[8]，小试去征西[9]，更草草离筵，匆匆去路，愁满旌旗。君思我，回首处，正江涵秋影雁初飞[10]。安得车轮四角[11]，不堪带减腰围[12]。

【注释】

①张仲固：名坚，原为江南西路转运判官，宋孝宗淳熙八年(1181)调任兴元知府兼利州东路安抚使。帅：宋代主管一路的军政长官皆可称“帅”，这里是统帅、统领的意思。兴元：治所在今陕西省汉中市，旧称“汉中郡”，唐宋以来改称“兴元府”，是南宋西北的边防重镇。②“汉中”句：谓在汉中开创了汉家的基业。秦朝灭亡后，项羽封刘邦为汉王，建都南郑，统领汉中一带。刘邦即以此为根据地，开创了汉家帝业。③“想剑指”三句：谓刘邦率军一鼓作气，攻克三秦，乘胜东出潼关，与项羽争霸天下。东归：刘邦是江苏沛县人，他的将士也大多是山东之人，因此称他东出潼关争霸天下为“东归”。④追亡事：指萧何月下追韩信之事。韩信有大将之才，但是却不被重用，失望之余，偷偷逃走。萧何知道后，连夜追赶，劝说韩信回来。在他的鼎力举荐下，刘邦拜韩信为大将，并在韩信的辅助下取得了灭楚兴汉的胜利。亡：逃跑。⑤山川满目泪沾衣：用唐李峤《汾阴行》诗“山川满目泪沾衣，富贵荣华能几时”。⑥胡尘：胡人马匹扬起的尘土。胡：古代泛指北方和西北的少数民族。⑦塞马空肥：指朝廷苟安投降，边塞战马肥壮，却无用武之地。⑧“一编”句：凭一部书，就可以成为帝王之师。《史记·留侯世家》载：张良少年时，在下邳圯桥遇见一个老人，老人送给他一部书，说：“读了这部书，就可以成为帝王之师。”此书即《太公兵法》。张良熟读此书，后来果然成为汉朝的开国元勋。⑨征西：张仲固将去的兴元是南宋西北边防重镇，故曰“征西”。⑩江涵秋影雁初飞：杜牧《九日齐山登高》中原句。涵：包容。雁初飞：大雁刚开始南飞。⑪“安得”句：谓怎样能让车轮生出四角，使友人无法远行。唐陆龟蒙《古意》：“君心莫淡漠，妾意正栖托。愿得双车轮，一夜生四角。”⑫“不堪”句：谓

因思念友人而身体清瘦。

【赏析】

本篇是作者送别友人感怀而作。词中立足于国家兴亡这一思想高度,采取借古喻今的艺术手法,抒发了追求祖国统一的爱国情怀,抨击了南宋王朝妥协投降的错误政策,对友人张仲固寄托了很大的希望。上片借古喻今。首五句由友人任所联想到刘邦开国:刘邦在汉中开基创业统一天下,兴元,是否就是他当年创业的基地?回想当年,宝剑指处,三秦屈膝,一战获胜,汉高祖得意还乡。六、七句慨叹今不如昔:萧何月下追韩信,此事已成历史陈迹,如今只见山河破碎,不由得令人暗中垂泣。八、九句写现实:夕阳西下,战争烟尘此起彼伏;西风猎猎,战马肥壮却空死槽枥间。下片写对友人的勖勉、惜别之情。首二句以张良勉友人:张良凭一本《太公兵法》辅佐刘邦称帝,而今你出兵西征,希望你像张良那样,施展自己的全部才能,打破不战而和的局面。后七句送别抒离情:草草结束这场别宴,你匆匆登程而去,那招展的旌旗却在牵动着离情别意;你思念着我,依依别绪,频频回首,只见江水倒映秋影,雁群双双南飞;怎样才能使你车轮生出四角,暂停这场别离?免去我日夜思念,怎禁得衣带渐宽,体不胜衣。这首词以送别为线索,巧妙地把咏史、感今和惜别三者结合起来。同时还借“兴元”这一地名来大做文章,明褒暗贬,一箭三雕。肯定刘邦,讽刺南宋的无所作为;赞美萧何追韩信,揭露南宋压制和打击人才;写张良,又巧妙联系张仲国,寄托作者统一祖国的希望。朱德才先生评曰:“此虽是送别之作,旨却在抒发伤时忧国之慨。因友人西帅汉中,故即从汉中故实开笔。‘汉中’五句明写刘邦据汉中以兴汉业,暗责宋室苟安江南,无心复国。‘追亡事,今不见’,颂古非今之意甚明。谓朝廷不重人才,以致爱国志士面对破碎山河,泪湿征衣。‘胡尘未断’、‘塞马空肥’,在形象的对比中透出内心的愤慨。下片即在此阔大悲壮的时代背景上抒发友情。先是祝贺、赞美、勖勉,继之惜别、眷恋、思念,既胸怀开阔,又一往情深。‘君思’两句从友方着笔,‘安得’两句从己方立意,或寓情于景,或想象夸张,两相对照,完美地表现出爱国者之间的深厚情意。”(《辛弃疾词选》)

31.　【中吕】普天乐

姚　燧

浙江秋[①],吴山夜。
愁随潮去,恨与山叠。
塞雁来,芙蓉谢[②]。
冷雨青灯读书舍[③],怕离别又早离别。
今宵醉也,明朝去也,宁奈些些[④]。

【注释】

①浙江:即钱塘江,在今浙江省境内,流经杭州,秋天多大潮。②芙蓉:即荷花。③青灯:即油灯,因其光青莹微弱,故名。④宁奈些些:宁奈:忍耐。些些:一些,一点儿。

【赏析】

这首离别之作表达了诗人对友人的深情,同时也表现了诗人豁达开朗的性格。首四句写送别的时间、地点和感受:深秋季节,与友人在杭州分离,离愁如钱江之潮水,滚滚奔流;别恨如吴山之峰峦,重重叠叠。五、六、七、八句寓情于景:大雁从塞北飞来,凄凉的叫声,听了使人哀愁;荷花凋零,枯枝败叶,满目凄怆,潇潇秋雨如泣如诉,更令人肠断,青微的灯光,静寂的书房,越发使人感到难以离别。末三句安慰行者,宽解自己:今宵相聚饮酒,已喝醉了,但明日就要分别,各处一方,虽然分离是痛苦的,但还是要忍耐克制些,不要太悲痛了。这首曲子,一开始写景抒情,表现诗人的离愁别恨就像钱塘江的潮水和吴山的峰峦,又用鸿雁凄鸣、芙蓉凋谢、潇潇秋雨、青灯、书舍,衬托诗人的痛苦心情。全篇大半幅极写愁恨,最后三句忽然纵笔作旷达语收束,正显出曲之旷达放逸之本色,此是元代曲家不同于前代词人之处。"这首小令在语言表达上是极有特色的,曲中多用对偶句式,除'冷雨'一联和曲末'宁奈些些'句以外,其他皆是对偶句,而且对偶自然、平稳,具有典雅清丽之美感。另外,综观全曲,前半部分用词造语雅致精美,而后半部分则质朴、直率,几近口语,语言的文采与本色又融为一体。"(俞为民、孙蓉蓉)

鉴赏评析实践

一、按不同的标准(如:凄清感伤之别、清新乐观之别、渗透身世际遇之别;亲人之别、友人之别、情人之别等),给本章诗歌分类。

二、归纳友情送别诗中常见的意象。

三、阅读下面几首诗词,然后回答问题。

1. **卜算子·送鲍浩然之浙东**

王 观

水是眼波横,山是眉峰聚。欲问行人去那边?眉眼盈盈处。　　才始送春归,又送君归去。若到江南赶上春,千万和春住。

(1)本词上、下片各写了什么?请作简要概括。

(2)宋人王灼《碧鸡漫志》评王观词是“新丽处与轻狂处皆足惊人”。这首词“新丽”的特点主要表现在哪些方面？请作简要分析。

2. 鹧鸪天·送人

辛弃疾

唱彻《阳关》泪未干，功名馀事且加餐。浮天水送无穷树，带雨云埋一半山。今古恨，几千般，只应离合是悲欢？江头未是风波恶，别有人间行路难。

(1)“浮天水送无穷树，带雨云埋一半山”蕴含了什么样的思想感情？运用了哪种表现手法？

(2)这首词以“送人”为题，下片写出了哪两层新意？

3. 丹阳送韦参军

严 维

丹阳郭里送行舟，一别心知两地秋。
日晚江南望江北，寒鸦飞尽水悠悠。

暮春浐水送别

韩 琮

绿暗红稀出凤城，暮云楼阁古今情。
行人莫听宫前水，流尽年光是此声。

【注】:凤城:京城

(1)两首送别诗都写到了“水”，各有什么寓意？请作简要说明。

(2)《暮春浐水送别》是怎样融情于景的？请作简要赏析。

4. 【柳梢青】送卢梅坡

刘 过

泛菊[①]杯深，吹梅[②]角远，同在京城。聚散匆匆，云边孤雁，水上浮萍。教人怎不伤情？觉几度、魂飞梦惊。后夜相思，尘随马去，月逐舟行。

【注】①泛菊:饮菊花酒。②吹梅:吹奏《梅花落》。

(1)“聚散匆匆”一句，在内容上强调什么？在上片的结构上起什么作用？

(2)作者在表达感情时主要运用了什么手法？请结合全词内容具体说明。

5. **示长安君**

王安石

少年离别意非轻，老去相逢亦怆情。
草草杯盘供笑语，昏昏灯火话平生。
自怜湖海三年隔，又作尘沙万里行。
欲问后期何日是？寄书应见雁南征。

【注】长安君为王安石(1021～1086)的大妹，工部侍郎张奎之妻，封长安县君。此诗为王安石于宋仁宗嘉祐五年(1060)出使辽国前所作。此时他尚未拜相变法。

诗中表现了“怆情”之感。请就中间两联逐联赏析，作者是如何表现这种情感的？

露一手过把瘾

一、学习、借鉴白居易《南浦别》，写一首送别诗，捕捉送别过程中最为传情的动人细节，集中表现居者和行者的离愁别绪和真挚的情谊。

二、学习、借鉴王勃《送杜少府之任蜀州》，写一首清新健康、乐观向上、令人奋发振作的送别诗。

三、学习、借鉴王昌龄《芙蓉楼送辛渐》，写一首送别诗，直抒胸臆。

参考答案

一、二、略

三、1.(1)上片写浙东山水的美好；下片抒发作者送别的情意。(2)修辞巧妙，用语绮丽。如“水是眼波横，山是眉峰聚”、“送春归”、“和春住”。想象别致，意蕴生动。如“眉眼盈盈处”、“若到江南赶上春，千万和春住”。

2.(1)翘首远望、依依不舍的惜别之情；路途艰难、祝福平安的关切之情；山高水长、前程迷茫的郁闷之情。表现手法：抒情或寓情于景。(2)不应把离别(相聚)视为人间唯一悲痛(欢乐)的事，人世间的风波远比路途风波险恶得多。

3.(1)上一首用“水悠悠”象征离别的惆怅和友情的悠长；下一首借“宫前水”的不断流淌来抒发对人生、历史以及社会的感慨。(2)这首诗将友情、世情等浓缩为古今情，融入由“绿暗”、“红稀”、“暮云”、“宫前水”等意象组成的一幅感伤画面之中，形成了融情于景的艺术特色。(此题言之成理即可)

4.(1)①强调二人相聚之短暂，相别之仓促。②在写聚、散内容之间起承上启下作用。(2)主要运用了比喻手法，上片用“云边孤雁”、“水上浮萍”的比喻来表现离别之苦，下片用“尘随马去，月逐舟行”的比喻来表现思念之切。

5.颔联：(1)“供笑语”表达了相逢的欢乐，“话平生”则道尽了人生的沧桑；二者相互映衬，更添一层悲凉况味。(2)“草草杯盘”、“昏昏灯火”营造了氛围，在这样的环境中诗人更容易生发悲怆之情。(3)“草草”、“昏昏”是叠词妙用。“草草”可见酒菜的简单，欢聚中有些不足；“昏昏”则烘托了人物情感，暗示了将别的伤痛。颈联：(1)“自怜”与“又作”贯通一气，诗人借此直抒胸臆，表达了心中的万端感慨。(2)“湖海”久隔，“尘沙”远赴，旦夕间重逢又别，且是出使不无艰险的辽国，时空的拓展将悲意又加深了一层。(3)“三年”言时间之长，“万里”谓距离之远，以数字入诗，一纵一横，使悲情更为浓烈。

第六章

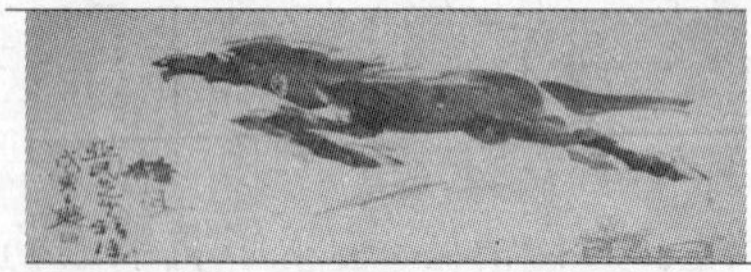

夕阳西下，断肠人在天涯
——羁旅行役诗

由于交通困难，人情淡薄，古人往往安土重迁，怯于远行。但一些有志之士为了追求功名，建功立业，实现个人抱负，往往仗剑去乡，抛妻别友，辞亲远游。他们或交游士林，或干谒权贵，或滞留京城，或远赴任所，或从军边塞。还有相当一部分人在险恶宦海中遭受风浪袭击，甚至会被贬谪至尚未开化的荒蛮之地。这些士子们或奔波于他乡的霜露星空之下，或栖息于冷落的茅店逆旅之中，或辗转于风沙弥漫的边陲，或漂泊于“地远明君弃，天高酷吏欺”的荒蛮之地，或因战乱而颠沛流离。对前程渺不可知的困惑，对当初轻抛故园故人的追悔，对仕途的厌倦，让这些漂泊流浪、客居他乡的游子，只能独自无奈地咀嚼身处异乡的孤寂和羁愁归思的忧伤。他们眼中所见、耳中所闻、心中所感，每每饱含着对遥远故土的眺望，对温馨家庭的思念，对故里景色的憧憬，发之于诗，便有了一首首千古流传的羁旅行役诗。这些诗或表达羁旅愁思，或抒发漂泊无依的孤苦，或抒发怀才不遇、天涯沦落的哀伤；或是思念故园，或是思念亲友，与游子之思对应的则是闺中思妇的幽怨之情。从情感的表达来说，羁旅行役诗，或触景伤情，或托物传情，或感时生情（重阳登高、伤春悲秋、日暮思归），或因梦寄情。这些诗“主要的价值在于它反映了人们敏感多思的精神世界，它倾吐了人们对于亲人和故乡的思念，传达出人们对于自身生存环境的观照和反思，更为可贵的是，还有部分诗人借此之机表现了自己旷达、豪放的情怀，傲岸不屈的个性和积极进取的精神以及对人生、对宇宙等一系列根本性问题的思考和探索。前者如张九龄《望月怀远》‘海上生明月，天涯共此时’、柳永《八声甘州》‘不忍登高临远，望故乡渺邈，归思难收’等，后者则有王昌龄《芙蓉楼送辛渐》‘洛阳亲友如相问，一片冰心在玉壶’、苏轼《水调歌头》‘不应有恨，何事长向别时圆；人有悲欢离合，月有阴晴圆缺，此事古难全。但愿人长久，千里共婵娟’、蒋捷《一剪梅·舟过吴江》‘何日归家洗客袍？银字笙调，心字香烧，流光容易把人抛。红了樱桃，绿了芭蕉’等等”。

（汪业芬《历朝怀远思乡诗·前言》）

鉴赏、评价羁旅行役诗，既要准确把握诗人在诗中所抒发的情思，还要理解这种情思是如何表达的，尤其要注意如下几点：

（1）要明确作者写了哪些“眼中景”，借此抒发怎样的“心中情”。鉴赏时要抓住意象，构建图景，展开想象和联想，在脑海中复活诗歌意境。

（2）熟悉羁旅行役诗常见意象。月亮：人生的圆满缺憾，情感的无奈，时空的永恒，思乡思亲。孤雁：孤独，思乡，思亲，音信，消息。寒蝉：悲凉。猿啼：哀伤。落花：凋零，失意，人生、事业的挫折。沙鸥：飘零，伤感。黄叶：凋零，成熟，美人迟暮，新陈代谢……

（3）了解羁旅行役诗常见主题：①文人失意；②漂泊哀伤；③思念亲人；④生活潦倒；⑤互勉互慰；⑥孤傲不群；⑦珍爱友谊。

（4）思考诗人是怎样把羁旅行役之情与所见所闻之事物巧妙地融合在一起的。探寻物我合一、情景交融的审美境界。

鉴赏评析示例

1.　　　　　　　　　　**【越调】天净沙·秋思**

马致远

枯藤老树昏鸦，小桥流水人家，古道西风瘦马①。夕阳西下，断肠人在天涯②。

【注释】

①古道：古老的驿路。李白《忆秦娥》：“乐游原上清秋节，咸阳古道音尘绝。”
②断肠人：指漂泊天涯、百无聊赖的游子。此作者自谓。

【赏析】

这支被誉为“秋思之祖”的曲子，是元曲名作。长期在外的漂泊生活，使诗人饱尝羁旅行役之苦，此曲写天涯游子在秋天的感受，表达了游子思乡、倦于漂泊的情感。前三句以九种景物编织成一幅绝妙的秋景图：天色已是黄昏时分，夕照下的枯藤攀附在老树上，树头是归巢的几点寒鸦；一弯清溪潺潺流过小桥，桥边便是几户村舍人家，宁谧而温馨；漂泊天涯的游子，正冒着西风，风尘仆仆，瘦马踯躅，在荒凉的古道上奔波，何处是归宿？后二句，以“夕阳西下”为背景，以流落“天涯”的“断肠人”为抒情主人公，写下了一首绝妙的秋思赋：夕阳西下，暮色苍茫，荒郊萧瑟凄凉，孤苦的游子骑着疲惫的瘦马，孤苦地走向天涯异域。“这首小令写得十分自然，却又十分精练，作者只用二十八个字，便把幽远的秋原景色、寂寞的旅人和他那悲凉的情怀，都活生生地表现出来，所以王国维称赞它说：‘纯是天籁，仿佛唐人绝句。’”（隋树森）俞为民、孙蓉蓉先生评曰：“作者精心挑选了九个最具有秋天特征的景物，并将它们按动静结合的原则，分成三组排列，在每一组景物中，既有静态之景，又有动态之景，而且其中的动态之景又是决定这一组景物的情调和色彩的。如第一组中的枯藤、老树，只有在昏鸦飞落下来时，才更显出其败落；第二组中的小桥、流水，只有与人家连在一起，才更显出其生气；第三组中古道、西风也只有在出现了瘦马之后才更添其凄凉。同时，又以苦乐相错的顺序来排列这三组景物，第一组的‘枯藤老树昏鸦’与第三组的‘古道西风瘦马’皆为萧瑟凄苦的图景，中间的‘小桥流水人家’却是一幅幽静欢快的图景。而这一悲一喜两幅图景都为同一个人所见，因此，在这位漂泊天涯的游子眼里，这两幅图景完全重叠起来了，形成了强烈的对照，第一与第三两幅图景正是他自己目前处境的写照，而中间的‘小桥流水人家’这一欢快图景，勾起了他的乡思，想到自己的家庭也曾是这样温暖闲适，但现在自己远在天涯，可望而不可即，这就更增加了他的凄凉孤苦的心情。在语言上，作者也精心推敲，如把九个景物分成三组，皆用名词来标志，中间不用任何谓语，这样的表达手法正如电影中的特写镜头，不仅语言简洁，而且图像清晰。又如每一组中所用的形容词，在词义、情调、色彩上都协调一致，第一组中的‘枯’、‘老’、‘昏’都给人以一种萧瑟、暗淡的感觉；第三组中的‘古’、‘西’、‘瘦’都给人以一种凄凉、低沉的感觉。唯第二组景色中只有一个‘小’字是形容词，与前后两组在词性搭配上不协调，这也正是出自作者的巧思，即以词性上的不协调来突出情调上的不一致。”

2.

商山早行[①]

温庭筠

晨起动征铎，客行悲故乡[②]。
鸡声茅店月，人迹板桥霜[③]。
槲叶落山路，枳花明驿墙[④]。
因思杜陵梦，凫雁满回塘[⑤]。

【注释】

①商山：在今陕西商县东南，又名“楚山”、“地肺山”，秦末汉初“四皓”曾隐居于此，因而有名。②动征铎（duó）：指动身时车行铃响。铎：车马的铃铛。悲：思念。③“鸡声”二句：写征人的起床上路之早，以及行路上的凄凉孤寂之状。④槲（hú）叶：槲树是落叶乔木，其叶很大，冬天虽干枯却存留在枝上，到次年早春嫩芽

发时才脱落。枳(zhǐ)：落叶灌木，又名"枸橘树"，春季开白花，果实似橘而酸。明：照射。⑤杜陵：在长安城南，诗人曾在那里居住过。杜陵梦，指昨晚梦回故乡。凫(fú)：水鸟名，俗称"野鸭"。回塘：曲折的池塘。这句是描述昨晚梦回故乡所见的情景。

【赏析】

这首诗十分形象地描写了"早行"之景，真切地反映了羁旅他乡的游子的共同感受，历来为人们所传颂。首联点题：清晨起床，旅店里外已经叮叮当当，响起了车马的铃铎声，旅客们忙着套马、驾车；天天贪早赶路，长途跋涉艰辛，游子们都禁不住含悲洒泪地思念各自的故乡。颔联写"早行"之景：初出"茅店"，瞥见屋角尚挂着月牙，雄鸡却正在唱晓；走到溪边，踏上用木板架起的便桥，桥上铺满一层薄薄的白霜，上面还印着行人的脚印。颈联写"早行"途中之景：经冬留在枝头的槲叶在春天嫩芽初绽时纷纷飘落在山路上；驿墙边开放着的白色枳花在迷蒙的晓色中显得特别分明。尾联由"早行"之景联想到昨夜梦中思乡的情形：昨夜梦中又回到了故乡，春色之中，回塘水暖，凫雁嬉戏，融融自乐，而自己却在山路上跋涉，"悲乡"之情越来越浓。颔联两句，历来脍炙人口，"状难写之景如在目前，含不尽之意见于言外"，"道路辛苦，羁旅愁思，岂不见于言外乎?"(欧阳修语)"这两句诗可分解为代表十种景物的十个名词：鸡、声、茅、店、月、人、迹、板、桥、霜。虽然在诗句里，'鸡声'、'茅店'、'人迹'、'板桥'都结合为'定语加中心词'的'偏正词组'，但由于作定语的都是名词，所以仍然保留了名词的具体感。例如'鸡声'一词，'鸡'和'声'结合在一起，不是可以唤起引颈长鸣的视觉形象吗?'茅店'、'人迹'、'板桥'，也与此相类似。"(霍松林)全诗"通过描写在山村旅舍早起赶路的情景抒发了诗人仕途坎坷、梦想破灭以及寂寞怀乡的迷惘"。(韩兆琦)林东海先生评曰："此诗之名于世，端在'鸡声茅店月，人迹板桥霜'。其所以最为人称道，盖非独切题中'早行'二字，且句中无一虚字，只将一串名词组合而成，却有声有色，遂成千古传诵佳句。"

3. 客中作[①]

李　白

兰陵美酒郁金香，玉碗盛来琥珀光[②]。
但使主人能醉客，不知何处是他乡。

【注释】

①此诗是开元末年李白游东鲁时所作。一题《客中行》。②兰陵：古县名，在今山东枣庄市。郁金香：美酒名，酒用郁金浸泡而成。郁金，多年生草本植物，春

初开花，有黄、白、红、紫等色，块根有香气，可入药。琥珀：一种松脂的化石。其色棕黄透明。

【赏析】

开元二十八年(740)，李白春游东鲁，至二年后的秋天奉诏入京，这段时间诗人均在东鲁一带漫游。本诗当作于此时。首二句写酒美：兰陵特产郁金香，酒美味醇香气四溢；郁金香盛在晶莹润泽的玉碗中，泛着琥珀般的光彩。三、四句抒情：酒美，人更美，只要主人能使客居他乡的游子尽情欢醉，即使身在他乡，也恍然身在故乡。“这两句诗，可以说既在人意中，又出人意外。说在人意中，因为它符合前面描写和感情发展的自然趋向；说出人意外，是因为‘客中作’，一个似乎是暗示要写客愁的题目，在李白的笔下，完全是另一种表现。这样就显得特别耐人寻味。诗人并非没有意识到是在他乡，当然也并非丝毫不想念故乡。但是，这些都在兰陵美酒面前被冲淡了。一种流连忘返的情绪，甚至乐于客中、乐于在朋友面前尽情欢醉的情绪完全支配了他。由身在客中，发展到乐而不觉其为他乡，正是这首诗不同于一般羁旅之作的地方……李白更是重友情，嗜美酒，爱游历，祖国山川风物，在他的心目中是无处不美的。这首诗充分表现了李白豪放不羁的个性，并从一个侧面反映出盛唐时期的时代气氛。”(余恕诚)艾治平先生认为：“末句故作旷达语，而这是建筑在假设基础(‘但使主人’)之上的，故愈觉含思沉重……这首小诗，从压抑感情的流露中，隐现出作者内心深处的悲痛。前二句珠光宝气，一片华彩。这既是现实的，也是虚幻的，因为它只是属于自己的‘眼前景’，片刻之后就会消失。后二句如沈德潜云：‘强作宽解之辞。’(《唐诗别裁》)在痛苦中挣扎，目的是求得解脱，是强项的表现，是李白的性格特征，表现出诗人企图‘乐以忘忧’，但也可见其忧之深。至于有的论者云：‘此李白放浪嗜酒之自白，不必别求深解。’不过须知李白的嗜酒与放浪形骸，不能作同日语。”

4. 旅次朔方[1]

刘　皂

客舍并州已十霜，归心日夜忆咸阳[2]。
无端更渡桑乾水，却望并州是故乡[3]。

【注释】

①旅次：旅途中暂居的地方。朔方：泛指北方。诗题一作《渡桑乾》。②舍：居住，名词用作动词。并(bīng)州：今山西太原市。十霜：十年。咸阳：在今陕西西安市境内，代指长安。③无端：无缘无故，即没来由。桑乾水：水名。指离开并州，更西向朔方。却望：回望。

【赏析】

此诗作者一作贾岛，是一首抒发羁旅之情的诗。诗人一度住在并州，急切想回长安去，没想到结果不仅没有回长安，反而要“更渡桑乾水”，到更遥远、更荒凉的朔方，这该是一种什么样的心情呢？诗人于是写了这首诗。一、二句写客居并州，日夜思归故里的急切心情：我客居并州已有十年了，日夜思念故乡，急盼早日回到咸阳。三句陡起波澜：现在不仅不能南归咸阳，反而被无缘无故地调离并州，北渡桑乾河，更西向朔方。四句故作旷达语：咸阳既不可归，回望并州却又像是自己的故乡了。在心底对原先厌倦的并州不由自主地涌起一种类似对故乡的感情，在对并州向往、留恋的同时，蕴含着一种苦涩无奈之情。“此诗曲写客中怀抱也。言家本秦中，自赴东北之并州，屈指已及十载。正日夕思归，乃又北渡桑乾，望秦关更远；而并州久住，未免有情，南云回首，亦权作故乡矣。作七绝者，或四句一气贯注，或曲折写出，而仍能一气，最为难到之境。学诗之金针也。”（俞陛云）霍松林先生评曰：“此诗抒写羁愁旅思，既忆咸阳，又望并州，解之者遂有分歧。谢枋得《唐诗绝句注解》解云：‘旅寓十年，交游欢爱，与故乡无殊，一旦别去，岂能无依依眷恋之情！渡桑乾而望并州，反以为故乡，此亦人之至情也。’王世懋《艺圃撷馀》云：‘余谓此岛思乡作，何曾与并州有情？其意恨久客并州，远隔故乡，今非惟不能归，反而北渡桑乾，还望并州，又是故乡矣，并州且不得住，何况得归咸阳？此岛意也。’从全诗看，忆咸阳与望并州有主次之分。‘归心日夜忆咸阳’是主，诗人一心想回故乡，不愿久客并州，更不愿远去朔方。但如今又不得不远去朔方，则回望客居十年之并州，亦自有恋恋不舍之情。望并州犹有深情，况咸阳乎？以次托主，忆咸阳之情更加倍突出。黄叔灿《唐诗笺注》云：‘谢看得浅，王看得深，诗内数虚字自见，然两层意俱有。’所见极是。”

戴叔伦有一首《题稚川山水》，录以备考。

题稚川山水

戴叔伦

松下茅亭五月凉，汀沙云树晚苍苍。
行人无限秋风思，隔水青山似故乡。

第三句“秋风思”用晋人张翰故事。张翰被齐王冏辟为大司马东曹椽，因秋风起，思吴中家乡莼菜、鲈鱼，遂命驾而归。这里的“秋风思”代指乡情归思。

5.　春　夕[①]

崔　涂

水流花谢两无情，送尽东风过楚城[②]。
蝴蝶梦中家万里，子规枝上月三更[③]。

故园书动经年绝，华发春唯满镜生[4]。

自是不归归便得，五湖烟景有谁争[5]？

【注释】

①诗题一作《春夕旅怀》，当是诗人羁旅湘鄂时所作。②楚城：泛指旅途经过的楚地，诗人留滞湘鄂多年。③蝴蝶梦：《庄子·齐物论》：庄子在梦中觉得自己栩栩然如蝶；醒后，蘧蘧然发现自己还是庄周。此用以指空梦。子规：一作“杜鹃”。相传古时蜀王杜宇，号望帝，禅位出奔后，化为杜鹃，啼声悲切，声似“不如归去”。故诗文中多用为思归或劝归之词。④故园：故乡。动：动辄，每每。华发：白发。⑤“五湖”句：暗用范蠡归隐五湖的典故，这里是诗人指其家乡浙江桐庐一带的大好风光。

【赏析】

独在异乡为异客，最易引发思乡之情，崔涂曾久在巴、蜀、湘、鄂、秦、陇等地为客，自称是“孤烛异乡人”。这首旅居湘鄂时所写的《春夕》便是抒发了自己的思乡惜春之情。首联由送春而牵动思乡之情，笼罩全篇：暮春时节，鲜花凋谢，落红满地，流水也默默无语地东流而去；我在异乡送走了春光，又来到了楚城。颔联抒写思乡之情：身在异乡，夜里总是不时地梦回万里之外的家乡，而在梦中的欣喜之后，一梦醒来，却还是身在异乡，窗外孤月高悬，正是夜半三更时分，那凄厉的杜鹃啼叫声，撕扯着游子的心。颈联直抒心曲：久客异乡，连家信也每每长年断绝，音讯杳然；镜里的白发也唯独在万物萌生、欣欣向荣的春天丛生。尾联自慰自嘲：故乡五湖美好的风光，是没有人和我争夺的，假如我要回去，便能够回去，是我自己不回去呀！“从暗用五湖典故看，这里的‘归’字，还含有归隐田园之意。诗人仆仆风尘，仕途坎坷，‘自是不归归便得’一语，是无可奈何的伤心话，深刻地反映出诗人在政治上走投无路、欲干不能而又欲罢难休的苦闷、彷徨的心理。这首诗情切境深，风格沉郁。诗的前四句通过暮春之夕特定情景的描绘，缘情写景，因景抒情，景物之间互相映衬、烘托，构成一片凄凉愁惨的气氛。诗中没有直接点出思乡，而一片思乡之情荡漾纸上。后四句直抒心曲，感情真切，凄婉动人。尾联自慰自嘲，墨中藏意，饶有情味。”（何庆善）羊春秋先生评曰：“这首写乡思客愁的诗，通过情和景的互相烘托，虚和实的互相映衬，形成一种幽深凄婉的境界，给人以哀感顽艳的享受。首联将流水、落花、东风都人格化，而责水之流、花之落是无情，赞东风的始终相伴是有意，自是别有会心，别出心裁。‘蝴蝶梦中’一联，《唐才子传》将其列为篇中的‘警策’，并赞赏它是‘意味俱远’。因为‘蝶梦’是虚，‘鹃啼’是实；梦归是喜，梦醒更悲；虚实相错，悲喜相衬，所以更有深度，更有层次。以下四句，直接抒情，而以‘乡音经年’、‘华发满镜’，诉说羁旅之苦；以欲归未得，辜负五湖风光，传达自己无可奈何的心情，语愈淡而心愈苦。”林东海先生评曰：“题又作《春夕旅怀》，诗曲尽旅情，漂泊之感见于言外。首尾起结最妙，最有韵味。中二联作法工巧，稍嫌凑泊。然颔联‘蝴蝶梦中家万里，子规枝上月三更’，一写梦，一写魂，细味事典，旅思之缥缈可知，宜其为世人所传诵。《唐才子传》谓其‘工诗，深造理窟，端能竦动人意，写景状怀，往往宣陶肺腑’，诚非虚誉也。结联为宦游者下一针砭，妙！薛雪《一瓢诗话》曰：‘崔礼山“自是不归归便得，五湖烟景有谁争”，与“相逢尽道休官去，林下何曾见一人”，同一妙理。’是仕进固难退亦难也。”

6. 除夜有怀[①]

崔 涂

迢递三巴路，羁危万里身[②]。
乱山残雪夜，孤烛异乡人[③]。
渐与骨肉远，转于僮仆亲[④]。
那堪正飘泊，明日岁华新[⑤]。

【注释】

①除夜：除夕。诗亦见《孟浩然集》，然而诗中所写的羁旅愁苦，浪迹天涯，与孟的身世不相吻合，当是崔诗无疑。②迢递：遥远的样子。三巴：指巴郡、巴东、巴西，今川东大部分地区。羁危：羁旅艰危。万里身：指距家路远。③人：一作“春”。④“渐与”二句：此与王维《宿郑州》的“孤客亲僮仆”同意。骨肉：至亲。于：与。亲：亲近。⑤那堪：怎能忍受。漂泊：与“羁危”照应。明日：扣题中“除夜”。岁华：年华，岁序之意。这句说明天便是新年。

【赏析】

这首诗写除夕客居四川时的怀乡之情。首联写羁旅乡思：走不完的三巴路，羁旅艰危；浪迹天涯，乡思绵绵。颔联触景生情：朔风阵阵，群山残雪，夜寒凄清；客舍孤烛，独伴异乡人，倍感孤寂凄凉。颈联写远离骨肉，转觉僮仆也亲：浪迹天涯，与故乡日行渐远，无法与亲人们一同迎接新年，只有朝夕相伴的僮仆在侧，就觉得他分外亲切。尾联点题：怎能忍受长期漂泊的羁旅愁苦，过了除夕夜，天明便是新年了。全诗充满异乡漂泊之感。身在异乡，又是除夕，羁危万里，乱山残雪，将这种苦情一层层推进。因远离骨肉，转觉僮仆也亲，于此更见其思乡之切，把游子怀念亲人故里这一特殊感情写得真挚细腻。羊春秋先生评曰：“这首客中除夕忆感的抒情诗，情真语挚，完全从肺腑中流出，真能竦动人意。首联以工对的形式，抒发其‘三巴路’的‘迢递’，‘万里身’的‘羁危’之感，为全篇定下基调。

颔联上句承'三巴路'，以'乱山'、'残雪'、'寒夜'状出旅途的荒凉危苦；下句承'万里身'，以'孤独'、'异乡'、'行人'刻画内心的忧愁苦闷，无一虚例，而流走自然，所以沈德潜在《唐诗别裁》卷十二中赞美它说：'颔联名俊。''渐与骨肉远，转于僮仆亲'，将王维《宿郑州》的'孤客亲僮仆'衍为十字，繁简各尽其妙，韵味各极其致，正不宜以繁简定成劣也。结尾点明除夜，不唯说出羁危愁苦的原因，且留无尽之意于言外，遂使寻常语变为警策句。"林东海先生评曰："除夜孤旅，情怀最是难堪。乱山残雪，异乡孤烛，骨肉已远，僮仆转亲，句句是真情实感，说尽苦境苦情。贺裳《载酒园诗话又编》曰：'读之如凉雨凄风，飒然而至，此所谓真诗，正不得以晚唐概薄之。'是也。"

7. 除夜宿石头驿[①]

戴叔伦

旅馆谁相问[②]，寒灯独可亲。
一年将尽夜，万里未归人。
寥落悲前事，支离笑此身[③]。
愁颜与衰鬓，明日又逢春。

【注释】

①石头驿：一作石桥馆，在今江西新建县西。②问：存问，安慰。③支离：破碎，引申为漂泊流离与病骨嶙峋两种意思，这里兼而有之。

【赏析】

这首诗写于戴叔伦抚州刺史任上。作品真切地描写了诗人宦游在外，在旅舍过除夕的孤寂情景，表达了无穷的感慨和凄凉之情。首联交代自己孤寂的心情和际遇：在万家团聚的除夕之夜，诗人却还浮沉宦海，奔走旅途，孤零零地借宿在异乡的馆驿中，守着一盏孤灯，摇曳做伴，眼前却无人问寒问暖。颔联写眼前难堪处境：一年的最后一夜即将结束，万里未归，不能和家人团聚。颈联自叹此身寥落：壮志未酬，前事不堪重提；江湖漂泊，病骨支离，只有含着辛酸的眼泪，无可奈何地自嘲苦笑。尾联写前景的萧瑟：明天又是新春了，年年待岁，迎来的是容颜愁苦、鬓发衰白、一年不如一年的悲惨命运。"末两句如纯粹的白描，平平淡淡，却凄恻婉转，令人愁肠百结。我们似乎看到了诗人衰发苍颜，掩不住暮年悲凉，任凭潮水般的惆怅与叹息将他湮没。这个结尾带给人深重的压抑感……这首《除夜宿石头驿》以自己除夕之夜借宿他乡的悲凉情景，想到前事不堪回首，想到前景也是一片萧瑟，更令人不堪言说。全诗弥漫深沉的悲哀愁绪和落拓不平，同时又有无可奈何的叹息，让人产生同情。因为情由己出，诗的语言尽管平易朴素，不事雕琢，却是真挚感人，产生了寄慨深远、凄恻动人的艺术效果。”（刘建霞）羊春秋先生评曰：“这首诗抒发了诗人长期漂泊又逢除夕的惆怅之情。从诗的内容和旅居的地点来看，当作于诗人晚年任抚州刺史时期。首联起得突兀，问得有理。孤馆独坐，一灯相依，在这万家欢聚的除夕，举目无亲，四顾寂寥，有谁来问寒问暖呢？颔联虽脱胎于萧衍的《子夜冬歌》，但以‘夜’和‘人’缀在句末，就显得更加贴切，更加深沉，更加具化了沦落天涯的心态。颈联是回忆往昔，也是嘲笑现在，忆往则不胜‘寥落’，抚今则自笑‘支离’。这笑，是饱含辛酸的苦笑，也是鄙视现实的冷笑。一结，尤寄慨深远，不尽天地悠悠、苍茫涕下之感。”林东海先生评曰：“除夕独宿驿舍，唯寒灯可亲，其孤寂可知。当此之际，无限身世之感，涌集心头，真乃‘人何以堪’！深沉凄婉，令人不忍卒读。诗语平易，而情感真切，不必托物兴怀，只辞洁意足，亦自有深味。”

8. 灞上秋居①

马 戴

灞原风雨定，晚见雁行频②。
落叶他乡树③，寒灯独夜人。
空园白露滴，孤壁野僧邻④。
寄卧郊扉久，何年致此身⑤？

【注释】

①灞上：在今陕西蓝田县。②雁行：雁队、雁阵。雁行频：雁不断飞过。③他乡：外乡。④孤壁：孤零零的房屋。野僧邻：僧，和尚。邻，动词，做邻居。意思为：以野僧为邻居。⑤寄卧：一作“醉卧”。扉：门，此指房屋。致身：出仕为官。

【赏析】

为了求取官职，诗人来到长安，在灞上已寄居多时，一直没有找到进身之阶，这首诗抒发了怀才不遇的苦闷和进身希望的渺茫。首联写灞原上空萧森的秋气：撩人愁思的秋风秋雨直到傍晚才停歇下来，在暮霭沉沉的天际，接连不断的雁群自北向南急急飞过。颔联景中见情：他乡秋夜，只见风雨中片片黄叶从树上飘落下来，夜已很深了，寒意重重，寄居在孤寺中的一个旅客正在独对孤灯，默默地出神。颈联以冷寂的环境，突出他乡失意的落寞情怀：夜阑人静，秋虫停止了歌唱，只有露珠滴落在枯叶上的响声，一滴接着一滴，虽很微弱，却很清晰；孑然一身，孤单无依，只能与一个绝迹尘世、犹如闲云野鹤的僧人为邻。尾联直抒感慨：读书上进，劳苦不休，久离乡井，寄寓京都，何年何月才能找到进身之阶，出仕为官呢？末句“语浅意深，含蕴丰富，把一个热衷功名而求之不得的知识分子苦苦挣扎的复杂心理状态，描绘得淋漓尽致，落魄的苦闷，求索的执著，全都和盘托出，袒露无遗，这是一种按捺不住的宣泄，较之《落日怅望》和《楚江怀古》(之一)的含蓄，不免略嫌率直，故沈德潜《唐诗别裁》不选。然而，这却是诗人真情实感的流露，设身处地，似亦无可厚非，历史人物，自有其历史局限，就连自诩不肯折腰事权贵的李白也曾有过投刺干谒的活动，我们又何必苛求这个马戴呢？正是诗人的这种坦诚，赢得了无数的读者，为我们留下了一篇认识唐代社会的艺术佳作。”(黄琳)俞陛云先生评曰：“此诗纯写闭门寥落之感。首句即言灞原风雨，秋气可悲。迨雨过而雁行不断，惟其无聊，久望天长，故雁飞频见。明人诗所谓‘不是关山万里客，那识此声能断肠’也。三、四言落叶而在他乡，寒灯而在独夜，愈见凄寂之况。与‘乱山残雪夜，孤烛异乡人’之句相似。凡用两层夹写法，则气厚而力透，不仅用之写客感也。五句言露滴似闻微响，以见其园之空寂。六句言为邻仅有野僧，以见其壁之孤峙。末句言士不遇本意，叹期望之虚悬，岂诗人例合穷耶？”林东海先生评曰：“写荒居寂寥之感，有自伤不遇之意。颔联‘落叶他乡树，寒灯独夜人’，意兴孤僻，以树之落叶，喻人之憔悴，实中夹虚，以为喻体，兴中带比，《喜外弟卢纶见宿》‘雨中黄叶树，灯下白头人’，同一机杼，无限凄感，见于言表。”

9. 月夜忆舍弟[①]

杜　甫

戍鼓断人行，边秋一雁声[②]。
露从今夜白，月是故乡明[③]。
有弟皆分散，无家问死生[④]。
寄书长不达，况乃未休兵[⑤]。

【注释】

①这首诗是乾元二年(759)秋杜甫在秦州怀念他弟弟的作品。那时史思明引军南下汴州，西进洛阳，分散在山东、河南的诗人的弟弟们，都因为战火阻隔，音信不通，使诗人十分焦虑。这首诗正是诗人当时心态的真实写照。②戍鼓：戍楼上的更鼓声。边秋：边地的秋天。一雁：《礼记·王制》：“父子之齿随行，兄弟之齿雁行。”古人常以雁行喻兄弟，这里作者闻雁而思弟，感物而怀人。③“露从”二句：是“今夜露白”、“故乡月明”的倒文。④“有弟”二句：这两句顶着“故乡”说，虽然有弟，但都从故乡分散，家中早已无人，所以说“无家问死生”。杜甫有弟四人，即杜颖、杜观、杜丰、杜占。这时只有杜占在他身边。⑤寄书：寄信。长不达：寄出的信常常不能到达，因为战乱交通阻断，不容易得到回信，故称。况乃：况且

是。未休兵：战争没停止。

【赏析】

这首诗表达了杜甫在战事阻隔中，对音讯不通、分散于各地的几个弟弟的思念和关切。首联描绘了一幅边塞秋景图：戍楼鼓声阵阵，战事频仍，道路阻隔，行人断绝；边塞荒凉，秋风萧瑟，孤雁的叫声，更显冷落沉寂。颔联点题：今夜冷露，显得更加洁白；长空皓月，还是故乡的最明。颈联叙事：弟兄离散，天各一方；家已不存，生死难卜。尾联抒发内心的忧虑之情：亲人们四处流散，平时寄书尚且常常收不到，更何况战火纷飞，到处是叛军横行，生死茫茫当更难意料。这首诗的核心是一个“忆”字，忆的时间是秋天的“月夜”，忆的对象是“舍弟”。诗的前四句写的是时间，通过“戍鼓”、“雁声”两种声音和“露白”、“月明”两种色彩勾勒出一幅边塞秋夜图。诗的后半介绍忆弟的情形与原由。诗人将个人的家庭遭际与国家的命运联系在一起来描写，语言朴实自然，辞浅而情深；尤其“月夜”与“忆弟”联系紧密，做到了情景交融，哀婉动人。俞陛云先生评曰：“诗言兵后荒凉之夜，中夜无人，戍鼓沉沉而外，惟闻长空一雁哀鸣耳。三句言空园白露，今夕又入新秋，身在他方，但有举头月色，与故乡共此光明。后四句可分数层之意：有弟而分散，一也；诸弟而皆分散，二也；分散而皆无家，三也；生死皆不可问，四也；欲探消息，惟有寄书，五也；奈书长不达，六也。结句言何况干戈未息，则音书断绝，而生死愈不可知，将心曲折写出，而行间字里，仍浩气流行也。”林东海先生评曰：“乱离之世，骨肉分散，存亡难保，肝肠断绝，只用浅浅语道来，便令人不忍卒读。或说‘露从今夜白，月是故乡明’一联，‘妙绝古今矣，原其始从江淹《别赋》“明月白露”一句四字翻作十字，而精神如此，《文选》真母头哉’（张含《李杜诗选》）。即景即情，未必有意化用《别赋》之语，且杜诗旅思乡情委婉真切，胜‘明月白露’四字多许矣。若强加索隐，反未见其‘妙绝今古矣’。”

10. 寒食寄京师诸弟①

韦应物

雨中禁火空斋冷，江上流莺独坐听②。
把酒看花想诸弟，杜陵寒食草青青③。

【注释】

①寒食：古代传统节日，清明前一日，民间风俗于此日不许带火，因称“寒食”。②禁火：古代习惯，寒食节禁火三日。流莺：啼莺。流：指莺声圆转。③杜陵：在长安城东南，借指长安故里。草青青：《楚辞·招隐士》：“王孙游兮不归，春草生兮萋萋。”春草内涵中积淀着别离的情绪。

【赏析】

这首诗写寒食节思念长安诸弟的情怀。首句写客中寒食的景色：时逢寒食节，天气乍暖还寒，由于禁火的缘故，室内更觉寒冷。二句暗示独在异乡：屋里不好安坐，便漫无目的地来到江边，倚坐在岸岩上想散散心，然而流莺的啼唤更让诗人感到寂寞。三句明写想念诸弟：一边喝着酒，一边赏着花，一边思念着远在京师长安的诸位弟兄。四句遥念故园寒食的景色：远在京师的弟弟们此刻也在草色青青的杜陵原上翘首眺望我吧。"这首诗，运笔空灵，妙有含蓄，而主要得力于结尾一句。这个结句，就本句说是景中见情，就全篇说是以景结情，收到藏深情于行间、见风韵于篇外的艺术效果。它与王维《山中送别》诗'春草明年绿，王孙归不归'句，都取意于《楚辞·招隐士》'王孙游兮不归，春草生兮萋萋'。但王维句是明写，语意实；这一句是暗点，更显得蕴藉有味。它既透露了诗人的归思，也表达了对诸弟、对故园的怀念。这里，人与地的双重怀念是交相触发、融合为一的。"(陈邦炎)刘永济先生评曰："(这首诗)已见唐代天宝之乱，人民离散之苦。杜甫《月夜忆舍弟》诗亦有'有弟皆分散，无家问死生'之句，《得舍弟消息》诗亦有'不知临老日，招得几人魂'之语，全是一片离乱景象中兄弟不保之痛语。"

11. **夜雨寄北**[①]

李商隐

君问归期未有期，巴山夜雨涨秋池[②]。
何当共剪西窗烛，却话巴山夜雨时[③]。

【注释】

①诗题一作《秋雨寄内》。②巴山：又名"大巴山"、"巴岭"，其山脉斜亘于今陕西、四川两省边境，这里泛指巴蜀之地。此句以"秋雨涨池"的萧瑟景象，烘托其彻夜无眠的羁旅愁思。③何当：何时能够。剪烛：剪去烧掉的烛芯，使烛明亮。却话：再一起追忆谈论。这二句是说不知何日能够深夜对谈，追述今夜客中的情况。

【赏析】

这首诗描写了巴蜀地区萧瑟的秋景，表现了诗人独居客地的孤寂与思念妻子之情。首句一问一答，写羁旅之愁与不得归之苦：你询问我回家的日期是什么时候，我只能告诉你归期尚未确定。二句写此时的眼前景：巴山秋天的夜雨，一点点，一滴滴，落在阶前，门外池塘的水涨了，泛起了粼粼细浪。三、四句化实为虚，悬想未来：何时能够与你团聚，共同用剪刀修剪灯花，作彻夜长谈尽情倾诉呢？尽管他日重逢，秉烛西窗夜话时，心境已不再孤寂凄凉，但我仍然会把今夜的孤寂凄清的心情详细地向你讲述。不是写今日如何想念，而是设想日后见面时再一同回忆今日相思的情景，向里翻进了一层。“悬想将来之能却话今日，虚实颠倒，明纵而暗收，遥企于西窗剪烛之乐，正以见巴山夜雨之苦，若微波涟漪，往复生滋也。”（傅庚生）俞陛云先生评曰：“清空如话，一气循环，绝句中最为擅胜。诗本寄友，如闻娓娓清谈，深情弥见。此与‘客舍并州已十霜’诗，皆首尾呼应，同一机轴。”刘永济先生也评曰：“纪昀评此诗，谓‘探过一步作结，不言当下云何而当下意境可想’。纪氏所谓‘探过一步’，即藏去当下不说而远想归后如何也。所谓‘当下意境’，即久客思归而不得之意境也。但此诗第三句‘何当’二字，已透露出思归之希望，而此时尚不得归之苦，虽不言已可知。如此作法，笔势非常矫健，且可省却许多语言，诗家谓之顿挫者是也。”

12.　和晋陵陆丞早春游望①

杜审言

独有宦游人，偏惊物候新②。
云霞出海曙，梅柳渡江春③。
淑气催黄鸟，晴光转绿蘋④。
忽闻歌古调，归思欲沾襟⑤。

【注释】

①晋陵陆丞：晋陵县（今江苏省常州市）姓陆的县丞。其生平不详，其原作《早春游望》一诗已佚。②宦游人：在外乡做官的人，此指诗人自己。偏惊：特别敏感。物候：自然界动植物随季节气候而产生的周期变化现象。③海曙：拂晓时的海边景色。曙：破晓。“梅柳”句：是说晋陵位于江南，春早到而花先发，渡过长江便看到梅红柳绿，春意盎然。④淑气：春天和暖的气候。黄鸟：黄莺。言气候和暖，黄莺叫得更加欢畅。晴光：春光。转绿蘋：蘋草的绿色越来越浓了。转：转变，变化。蘋：水草。⑤古调：格调高雅的诗，此指陆丞的诗。归思：怀乡思归之情。沾襟：流泪。

【赏析】

这首和诗通过描写江南早春景色，抒发了诗人宦游江南的感慨和归思。首联写宦游人对异乡物候的独特感受：只有长期在外做官的人，才特别容易因季节的变化对外界景物格外动心。颔联、颈联铺陈“物候新”的具体内容：朝霞从海上拥出一轮红日；梅柳枝头的春意，渐渐由江南到江北，给江北换上了春装。春天来了，黄莺一天天活跃起来；阳光照射水面，蘋草逐渐转为深绿。尾联点题，以

"归思"照应"宦游":当自己正迷恋于江南春色的时候,听了友人格调高雅的古曲,因而引发了自己思乡之情,伤感的眼泪湿透了衣襟。"此诗写早春二月的江南风光,真正摄取了'春'的神。起联用一'新'字扣住题目的'早',用一'惊'字显出物的'新'。全诗都是从'物候新'着眼,引发出各种物态和心态。中间两联,诗人用了'出'、'渡'、'催'、'转'四字,把'游望'所得的春的气息,完美地表达了出来。结联以'归思'照应'宦游',把题中'和'字的意义显示给读者。虚词的关合,颜色的变化,建构的完整,字句的锤炼,无不匠心独运,而又通体浑成,堪称初唐五律的杰构。"(羊春秋)俞陛云先生评曰:"首二句言与友皆在客中逢春,非在故乡,故因物候而惊心也。中四句赋'早春游望'四字。云霞句写早之景,梅柳句写春之景。五、六句,一写在陆而闻者,因春至而时鸟变声;一写在水而见者,因春至而渚蘋出来,一年容易,又值春光,正乡心缭乱之际,况闻陆丞之歌诗,声音感人,不觉归思沾巾矣。此诗为游览之体,实写当时景物。而中四句,'出'字、'渡'字、'催'字、'转'字,用字之妙,可谓诗眼。春光自江南而北,用'渡'字尤精确。"林东海先生评曰:"此诗流丽而沉雄,自具气象。触景生情,情景兼胜,善用虚字如'独'、'偏'、'忽'、'欲',以为转关,故一气贯注,流击自然,富于情韵,复饶有情趣。颔颈二联之描绘春景,有声有色,于画中可称神品。"

13. 与浩初上人同看山寄京华亲故①

柳宗元

海畔尖山似剑芒②,秋来处处割愁肠。
若为化作身千亿③,散向峰头望故乡。

【注释】

①浩初上人:即浩初和尚,诗僧,潭州人。上人:僧人的敬称。京华:京城,指长安。②海畔:指柳州,州有潭水、柳江。因地处边远,故以"海"称。剑芒:剑尖。③若为:如何能够。化作身千亿:佛教认为佛能变化为种种形象,即"化身"。这里是说诗人想把自己"化"成"千亿"众多之身。

【赏析】

这首诗是柳宗元被贬柳州时所写,通过诗人与浩初上人在柳州登山所见秋景的描写,抒发了诗人强烈的思乡之情和被贬蛮荒之地的抑郁悲愤。一、二句写诗人"看山"的独特感受:海畔柳州四周耸峙的崇山峻岭巉削陡峭,山尖似剑,秋来如同利剑在割我的愁肠。三、四句以奇思妙想抒发迁客怀乡之情:如何才能让我化成千万个身子,分散到那尖尖的山顶上,使我能看看故乡,那该多好啊!远贬边荒,归乡不得,望乡不能的苦痛,入秋以来如刀割愁肠。"由山之尖而想到愁肠如剑，由山之多而想到化身千亿，突出了诗人联想的丰富与幻想的奇妙。”（程千帆）羊春秋先生评曰：“这首构思奇特的抒情小诗，把埋藏在心底的抑郁不平之气，沉着痛快地倾吐出来，撞击着人们的心扉，产生了巨大的艺术感染力。诗的第一、二句，以剑的锋芒喻海畔的尖山，又联想到自己的‘愁肠’正是它割断的。这是诗人‘看山’的独特感受，是诗人遥想京华而无法归去的愁苦感情。诗的三、四句，进一步想入非非，意欲化身千亿，共望故乡，其情之深，其望之切，通过这样的形象得到了很好的表现。宋代爱国诗人陆游《梅花》绝句的‘何方可化身千亿，一树梅花一放翁’，就是从这里脱胎出来的，说明它的影响非常深远。”

14. 村 行

王禹偁

马穿山径菊初黄，信马悠悠野兴长①。
万壑有声含晚籁，数峰无语立斜阳②。
棠梨叶落胭脂色，荞麦花开白雪香③。
何事吟余忽惆怅，村桥原树似吾乡④。

【注释】

①信马：随马任意行走，不加控制。野兴(xìng)长：郊游的兴趣很浓。②壑(hè)：山沟。籁：从孔穴中发出的声音，泛指声音。③棠梨：即杜梨，一种落叶乔木，枝有针刺。白雪：指荞麦开的白花。④原树：原野上的树木。原：平地。

【赏析】

太宗淳化二年(991)，王禹偁因论庐州妖尼道安诬徐铉，抗疏获罪，从开封贬官到商州任团练副使。此诗作于次年八月，反映了他谪居生活的一个侧面。首联点题：马儿缓缓地漫步在山间小径的时候，正是菊花初黄。信马悠悠，山野景物使诗人游兴正浓。颔联写景：深幽的山谷，发出悠长的回响，这是晚风回荡所致；几座峭挺的山峰，在斜阳里伫立，默默无语。颈联写行中所见的草木：棠梨树叶儿，飘然而落，在晚霞中泛出胭脂色；荞麦花儿一片雪白，微风里散发着馨香。尾联触景伤情：不知为什么，心中突然袭来阵阵惆怅；啊！这原野、树木、小桥、村庄，都与故乡如此相像。“作者对景而思家了。但却不明说。辗转委婉，原来村庄里的桥，平原上的树，都像诗人家乡的风物一样。按常理上讲，看到异乡的风物宛如自己的家乡，也该是件高兴的事，然而诗人却以‘惆怅’二字，引起下面的一句。全是写景写事，‘惆怅’之情，渗入在景事中。作者宦游异乡，复遭贬谪，抱负难展，不如归去。但又有家归不得，所以看到景物似家乡而感叹。”（金启华）(日)吉川幸次郎评曰：“这里的叙景虽然看似平凡，却含有前人所未言或未能言的成分。如‘数峰无语立斜阳’的‘立’字，把自然拟人化，早已显出了以后宋诗的又一个特色。又如对荞麦花的兴趣，在以前的诗里固然也出现过，但在感觉上显得新颖而有所不同。最后一联的‘惆怅’意象，也与过去诗人的用法有别，要是从前，诗人是感于异乡的风景与故乡不同而‘惆怅’，但在这首诗里，尽管也为了怀念故乡而‘惆怅’，却藉着异乡风景‘似吾乡’，而流露了不妨把异乡当故乡的阔达心境。”程千帆先生也评曰：“公余之暇，信马闲游，秋色明丽而宁静，本来是可怡神悦性的。可是一想到自己忠而得罪，未免对景难排，赏景吟诗之后，反而不能不感到寂寞而思念故乡了，不念朝廷而念故园，正是暗示自己在政治上的失意。用笔极为含蓄。壑本无声，风过则闻之有声，这是真；峰不能语，静立却反而似能语而不语，这是幻。闻之真与见之幻交织，从明丽宁静中显示出凄清，同时也显示出诗人的孤独。”

15. 望月怀远

张九龄

海上生明月，天涯共此时①。
情人怨遥夜，竟夕起相思②。
灭烛怜光满，披衣觉露滋③。
不堪盈手赠，还寝梦佳期④。

【注释】

①天涯：天边，极言自己与所思之人的相隔之远。共此时：意谓正在不同的地方看着同一轮明月从海上升起。谢庄《月赋》有“美人迈兮音尘阙，隔千里兮共明月”之句，此处化用此意。②情人：多情的人。遥夜：长夜。竟夕：终夜，通宵。③怜：爱。光满：月光满屋。披衣：披上衣服在庭中徘徊。滋：多，重。④“不堪”句：言月不可把握，难以为赠。此从陆机《拟明月何皎皎》的“照之有余辉，揽之不盈手”中化来。不堪：不能。盈：满。“还寝”句：意言欲去寻梦。还寝：回到卧室。佳期：美好的约会。

【赏析】

这首诗描写了诗人在一个清秋夜晚对月怀念远人的情景，全诗始终不离“望月”和“怀远”两个内容。首联是“望月”：一轮明月从遥远的大海那边升起，高高地挂在天空，刚才还幽暗的世界顿时沐浴着融融的月光，天涯海角，同被照彻。颔联写“怀远”：多情的人总是怨恨长夜漫漫；远方的亲人对月相思，整夜不寐。颈联写“望月”所感：也许是屋里烛光太亮，才竟夕不能入睡，于是灭烛，披衣步出门庭，月光还是那么明亮；夜已深了，气候更凉一些了，露水也沾湿了身上衣裳。

尾联写“怀远”之情：相思不眠之际，有什么可以相赠呢？一无所有，只有满手的月光，这月光饱含我满腔的心意，可是又怎么赠送给你呢？还是睡吧！睡了也许能在梦中与你欢聚。因望月而更加渴望见到亲人，相思之情无法排遣，只有求之梦寐了。前人评曰：“这首诗重在‘望’字和‘怀’字，‘天涯’、‘相思’、‘佳期’等词都是从这两个字生发出来，又因为题目是‘月’，所以描写的就应该是夜景，因此有‘灭烛’、‘露滋’、‘寝梦’等词。全诗层次秩然不紊，将情和景融成一片，竟不能分辨出来。”（《唐诗三百首详析》）林东海先生评曰：“一片月，一片情，浑然一体。亦律亦古，古拙之中别具韵律，故隽永无似。姚鼐《五七言今体诗钞》谓‘是五律中《离骚》’，深得其味。”

16. 晚次鄂州[①]

卢 纶

云开远见汉阳城[②]，犹是孤帆一日程。
估客昼眠知浪静[③]，舟人夜语觉潮生。
三湘衰鬓逢秋色[④]，万里归心对月明。
旧业已随征战尽，更堪江上鼓鼙声[⑤]。

【注释】

①次：指途中停宿。鄂州：即湖北武汉市的武昌。此当是安史之乱时，诗人避兵南行，在途中所写的一首诗。②汉阳城：在汉水北岸，鄂州之西。③估客：商人。浪静：指无风。④三湘：原指沅湘、潇湘、蒸湘，或泛指湖南，这里即指诗人所处的鄂州。衰鬓：指两鬓变白的诗人自己。⑤旧业：旧日所从事的事业，即科考、做官等。已随征战尽：意即都被安史之乱给搅黄了。更堪：那堪，何堪。鼓鼙：指军中的鼓声。“江上”有鼓鼙声，说明这一带也不太平。

【赏析】

这首诗描写了诗人在离乱中乘舟南行的见闻和感受，抒发了伤乱怀乡和老大无成的寂寞凄凉之感。首联写漂泊的心情：江水浩渺，浓云满天，突然间云开处一道阳光照亮了远处的汉阳城；因为“远”且已近黄昏，到汉阳城还需一天的行程。颔联写舟中见闻：同船的商贾白天水窗倚枕，不觉酣然入梦，不言而喻，此刻江上扬帆，风平浪静；夜深人静，忽闻船夫相唤，杂着加缆扣舷之声，不问而知，夜半涨起江潮来了。颈联联想，借景抒情：时值寒秋，正是令人感到悲凉的季节，无限的惆怅已使我两鬓如霜了；我人往三湘去，心却驰故乡，独对明月，归思更切！尾联感时伤怀：田园家计，事业功名，都随着不停息的战乱丧失殆尽，而烽火硝烟未灭，江上仍然传来战鼓声声。“点出全诗主旨：对战乱不止的厌恶，对身家不宁的忧愁。作者把自己的一己之愁与国家战乱结合起来，把背井离乡、流落他乡的困苦归结为战乱所致，使本诗具有更大的社会意义。”(樊伟建)俞陛云先生评曰：“作客途诗，起笔须切合所在之境，而能领起全篇，乃为合作。此诗前半首尤佳。其起句言江天浩莽，已远见汉阳城郭，而江阔帆迟，尚费行程竟日。情景真切，句法亦纡徐有致。三句言浪平船稳，估客高眠。凡在湍急处行舟，篙橹声终日不绝。惟江上扬帆，但闻船唇啮浪，吞吐作声，四无人语，水窗倚枕，不觉寐之酣也。四句言野岸维舟，夜静闻舟人相唤，加缆扣舷，众声杂作，不问而知为夜潮来矣。诵此二句，宛若身在船容与之中。可见诗贵天然，不在专工雕琢。五、六句言客子思乡，湘南留滞。结句言三径全荒，而鼙鼓秋高，犹闻战伐，客怀弥可伤矣。”周溶泉、徐应佩先生也评曰：“这首诗，诗人只不过截取了漂泊生涯中的一个片断，却反映了广阔的社会背景，写得连环承转，意脉相连，而且纡徐从容，曲尽情致。在构思上，不用典故来支撑诗架；在语言上，不用艳藻来求其绮丽；在抒情上，不用泼墨来露出筋骨。全诗淡雅而含蓄，平易而炽热，读来觉得舒畅自若，饶有韵味。”林东海先生评曰：“乱世客行，惊魂未定，归途心绪，尤为萧瑟。次联‘估客昼眠知浪静，舟人夜语觉潮生’，是久作江行者语，细微而真切。结句闻鼓鼙之声，真如鸟之惊弹也，不胜凄惶！”

17. 与史郎中钦听黄鹤楼上吹笛[1]

李　白

一为迁客去长沙[2]，西望长安不见家。
黄鹤楼中吹玉笛，江城五月落梅花[3]。

【注释】

①史郎中：名钦，生平事迹不详。郎中：职官名，隋唐后六部皆置，为诸司之长。黄鹤楼：故址在今湖北武汉蛇山黄鹤矶头，因传说仙人子安常骑鹤过此而得名。②迁客：遭到贬谪之人。去长沙：用汉贾谊故事。贾谊为更革秦制，遭权臣谗毁，贬为长沙王太傅。③江城：指江夏(今湖北武汉)，因临长江而称之。落梅花：《梅花落》，笛曲。

【赏析】

这首诗是李白流放夜郎途经武昌游黄鹤楼所作，诗人因黄鹤楼闻笛而抒发迁谪之感和去国之情。一、二句从贾谊忠而见疏喻自己的遭遇：诗人因永王李璘事件受到牵连，也像贾谊一样被贬流放；流放途中，西望长安，万里迢迢，不见故园，不见京城。三、四句巧借笛声以渲染愁情：黄鹤楼上，《梅花落》阵阵传来，听着动听的玉笛声，仿佛梅花满天飘落在五月的江城。江城五月，气候温暖，绝无梅花飘落，不寒而觉寒，此乃诗人前路茫茫郁闷填胸的独特感受。“诗人由笛声想到梅花，由听觉诉诸视觉，通感交织，描绘出与冷落的心境相吻合的苍凉景色，从而有力地烘托了去国怀乡的悲愁情绪。所以《唐诗直解》评此诗‘无限羁情笛里吹来’，是很有见解的……此外，这诗还有其独特的艺术结构。诗写听笛之感，却并没按闻笛生情的顺序去写，而是先有情而后闻笛。前半捕捉了‘西望’的典型动作加以描写，传神地表达了怀念帝都之情和‘望’而‘不见’的愁苦。后半才点出闻笛，从笛声化出‘江城五月落梅花’的苍凉景象，借景抒情，使前后情景相生，妙合无垠。”(阎昭典)

18.　　望驿台[①]

白居易

靖安宅里当窗柳，望驿台前扑地花[②]。
两处春光同日尽，居人思客客思家！

【注释】

①原注“三月三十日”。元和四年(809)三月，元稹以监察御史身份出使东川按狱，往来鞍马间，写下《使东川》一组绝句。稍后，白居易写了十二首和诗，《望驿台》便是其中一首。元稹《望驿台》云：“可怜三月三旬足，怅望江边望驿台。料得孟光今日语，不曾春尽不归来。”这是元稹在三月的最后一天，为思念妻子韦丛而作。②靖安宅：元稹宅第在长安靖安里。扑：落。

【赏析】

这首和诗也是写元稹夫妻相互思念之情，但由于诗人是处于旁观的位置，故而写得更全面，更有自己的特点。一、二两句分写元稹夫妻二人彼此思念：韦丛倚窗眺望着靖安宅里的垂柳，心中思念着远行的心上人；春意阑珊，落红满地，独处驿邸，元稹见落花而思念如花的妻了。三、四句写相聚落空，两地愁思：夫妻相约春尽为重聚之期，因公务未了，归期难定，相聚希望落空；韦丛在靖安宅里日夜思念着漂泊天涯的游子，客居他乡的元稹也时时牵挂着闺中的心上人。“一种相思，两处离愁，感情的暗线把千里之外的两颗心紧紧联系起来了。诗的中心是一个‘思’字。全诗紧扣思字，含蓄地、层层深入地展开。首句‘当窗柳’，传出闺中绮思，次用‘扑地花’，写出驿旅苦思。这两句都通过形象的传情，不言思而“思”字灼然可见。三句推进一层，写出了三月三十日这个特定时日由希望转入失望的刻骨相思。但仍不直遂，只以‘春光尽’三字出之，颇富含蓄之妙。四句更推进一层，含蓄变成了爆发，直点‘思’字，而且叠用两个思字，将前三句都绾合起来，点明诗旨，收束得很有力量。此诗诗格与原作一样，采平起仄收式，但又与原诗不同，下笔便用对句，而且对仗工稳。不仅具有形式整饬之美，且加强了表达力量。因为，在内容上，这两句赅举双方，用了对句，则见双方感情同等深挚，相思同样缠绵，形式与内容和谐一致，相得益彰。又由于对起散收，章法于严谨中有变化，也就增加了诗的声情之美。”（赖汉屏）

19. 十五夜望月[1]

王　建

中庭地白树栖鸦，冷露无声湿桂花[2]。
今夜月明人尽望，不知秋思落谁家[3]？

【注释】

①诗题一作《十五夜望月寄杜郎中》。十五夜：指八月十五中秋之夜。②中庭：庭院之中。地白：指月光满地。冷露：清冷的露珠。桂花：双关桂和月。月的别名是“桂华”、“桂魄”。③秋思：感秋之情。思（sì）：指对家乡、亲属或爱侣的怀念。如女子在家中怀念丈夫，可称“室思”，怀念丈夫的女子可称“思妇”。落谁家：一作“在谁家”。谁家：谁，谁人。家：语尾助词，无实义。

【赏析】

这首诗描写了中秋月夜的清凉景象，表现了诗人的怀乡思人之情。一、二句写“月”而不着一“月”字：月光照射在庭院中，地上好像铺了一层霜；萧森的树荫里，终于适应了皎月刺眼惊扰的鸦鹊进入了梦乡；深夜，万籁俱寂，仰望明月，凝想入神，丝丝寒意，轻轻袭来，不觉浮想联翩，那广寒宫中，清冷的露珠一定也沾湿了桂花树吧？三、四句分别点出“望月”，点出“秋思”：中秋之月最圆、最明，人人都在遥望着皎洁的月光；但这茫茫的秋夜愁思，不知会落在谁处。“明明是自己在怀人，偏偏说‘秋思落谁家’，这就将诗人对月怀远的情思，表现得蕴藉深沉。似乎秋思唯诗人独有，别人尽管也在望月，却并无秋思可言。这真是无理之极，然而愈显出诗人情痴，手法确实高妙。在炼字上，一个‘落’字新颖妥帖，不同凡响，它给人以动的形象感觉，仿佛那秋思随着银月的清辉，一齐洒落人间似的。”（徐竹心）刘永济先生评曰：“三、四句见同一中秋月夜，人之苦乐各别。末句以唱叹口气出之，感慨无限。”俞陛云先生评曰：“自来对月咏怀者，不知凡几，佳句亦多。作者知之，故著想高踞题颠，言今夜清光，行门共见。《月子歌》所谓‘月子弯弯照九州，几家欢乐几家愁’。秋思之多，究在谁家庭院？诗意涵盖一切。且以‘不知’二字作问语，笔致尤见空灵。前二句不言月，而地白疑霜，桂枝湿露，宛然月夜之景，亦经意之笔。”

20.　行军九日思长安故园[①]

岑　参

强欲登高去，无人送酒来[②]。
遥怜故园菊，应傍战场开[③]。

【注释】

①天宝十四载(755)爆发了安史之乱，次年长安陷贼。至德二载(757)二月肃宗由彭原行军至凤翔，岑参随行。此诗当于是年重阳写于凤翔。诗人本为江陵人，已久居长安，故称长安为“故园”。②强欲：勉强。无人送酒：据《南史·隐逸传》载：陶渊明有一次过重阳节，没有酒喝，就在宅边的菊花丛中独自闷坐。后来太守王弘派人送酒来，才醉饮而归。这里既指没人来送酒助兴，也寓有战乱未平之意。③遥怜：远念。傍：靠着。战场：作者写这首诗时，长安还在叛军手中。

【赏析】

这首诗将个人忧思与国家动乱的时局结合起来表现，很有时代特征。诗人从重阳想到登高、饮酒、赏菊，再由故园之菊想到沦陷的长安城，构思谨严。首二句扣题写登高：今年重阳，适逢战乱，行军途中，勉强地按照习俗去登高；可惜战乱未平，无人送酒助兴。三、四句借助联想表达思乡之情：重阳登高赏菊饮菊花酒，尤为远念、怜惜长安故园的菊花；长安城中战火纷飞，血染天街，断垣残壁间，一丛丛菊花依然寂寞地开着。“不言思乡之深，而浓浓的乡思却透过纸背渲染了出来；不言人民遭受战火蹂躏，而对平息安史之乱的渴望，又在言语之外表现了出来。这样丰富的联想，深厚的意蕴，巧妙的手法，使诗的意境和韵味得到了升华。”(羊春秋)俞陛云先生评曰：“黄花三径，又发秋光，故少陵有丛菊故园之咏。复花发战场，感时溅泪，况未休兵，谁能堪此。嘉州尚有《见渭水思秦州》诗云：渭水东流去，何时到雍州。平添两行泪，寄向故园流。亦思家之作。心随水去，已极写思乡，而此作加倍写法，感叹尤深。”刘永济先生亦评曰：“此诗因登高而感于无人送酒，又因送酒无人而联想及故园之菊，复因菊而远思故园在乱中。所谓弹丸脱手(谢朓语王筠曰：‘好诗圆美流转如弹丸。’见《南史·王筠传》)于此诗见之矣。”

21.　春夜闻笛

李　益

寒山吹笛唤春归，迁客相看泪满衣[①]。
洞庭一夜无情雁，不待天明尽北飞[②]。

【注释】

①迁客：被贬谪的人。②“洞庭”二句：写群雁为笛声感动，连夜北飞。相传大雁秋冬南来，飞到湖南衡山回雁峰即止，栖息于湘江下游，入春则北返。

【赏析】

这首诗是诗人贬谪江淮时闻笛思归之作。一、二句写闻笛：在万籁俱寂的夜晚，突然传来吹笛声，那笛声的幽怨哀切，仿佛在呼唤着春回寒山；身居异地，迁谪失意的“迁客”，忽闻幽怨笛声，不禁触动思归情怀，他们相视而泣，泪湿衣衫，渴望立即回到中原的家乡。三、四句写群雁为笛声感动，连夜北飞：哀怨的笛声将春天唤来，也感动了洞庭湖上的无数大雁；不待天亮，一夜之间，群雁皆振翅北归。“与大雁相比，迁客却即使等到了春天，仍然不能北归。显然，这里蕴含着遗憾和怨望：迁客的春光——朝廷的恩赦，还没有随着大自然的春季一同来到。诗写南谪迁客的怨望，起兴别致有味；又借大雁春来北飞，比托迁客欲归不得，寄喻得体，手法委婉，颇有新意。而全诗构思巧妙，感情复杂，形象跳跃，针线致密。题曰‘春夜闻笛’，前二句却似乎在写春尚未归，所以有人‘吹笛唤春归’，而迁客不胜其悲；后二句一转，用回雁峰传说，想象笛声将春天唤来，一夜之间，大雁都北飞了。这一切都为笛声所诱发，而春和夜是兴寄所在，象征着政治上的冷落遭遇和深切希望。在前、后二句之间，从眼前景物到想象传说，从现实到希望，从寒山笛声到迁客，到洞庭群雁夜飞，在这一系列具体形象的迭现之中，动人地表现出诗人复杂的思想感情。它以人唤春归始，而以雁尽北飞结，人留雁归，春到大地而不暖人间，有不尽的怨望，含难言的惆怅。”（倪其心）孙琴安先生评曰：“雁群由南返北，迁客在北思南，却不能如雁一样返回，其思归的怨望可谓深矣。”（《唐人七绝选》）

22.

苏幕遮[①]

范仲淹

碧云天，黄叶地，秋色连波，波上寒烟翠。山映斜阳天接水[②]，芳草无情[③]，更在斜阳外。　　黯乡魂[④]，追旅思[⑤]，夜夜除非，好梦留人睡[⑥]。明月楼高休独倚。酒入愁肠，化作相思泪。

【注释】

①苏幕遮：原为由西域传入的唐教坊曲。“苏幕遮”是当时高昌国语之音译。宋代词家用此调是另度新曲。又名《云雾敛》、《鬓云松令》。双调，六十二字。②山映斜阳：“斜阳映山”的倒文，夕阳映照着山峰。天接水：“水接天”的倒文，长江

水一直延伸到天边与天相接。③芳草：指芳春时节原上的杂花野草。诗人词客常以春草喻离情。④黯(àn)乡魂：因思念故乡而黯然销魂伤神。江淹《别赋》："黯然销魂者，唯别而已矣。"黯然：内心凄怆的样子。⑤追：追随；萦绕。旅思(sì)：流浪漂泊的愁思。⑥好梦：回乡的梦。

【赏析】

这首写羁旅乡愁的词，亦为上景下情的传统抒情模式。上阕用碧云、黄叶、翠烟、斜阳等丽语，使水光山色交相辉映，绘成一幅意境壮阔、色彩斑斓的秋景图。一望无际的芳草，伸向遥远的天边，从而触发起游子的思乡之情。下阕直抒"乡魂"、"旅思"，叙写夜不能寐、月下登楼，借酒浇愁，而酒入愁肠，却化作了点点滴滴的相思之泪。上片渲染牵愁的秋色。起四句写秋空、秋陆、秋水：碧蓝的天空飘着几缕白云，金黄的落叶铺满大地，这一片秋色一直延伸到江面，水上笼着薄薄的雾霭。"山映"三句将秋空、秋陆、秋水构成一幅秋思图画：夕阳映照着山峰，浩渺的江水远远地与天相接，芳草没有人的情感，漫漫无际延伸到夕阳之外的地方。下片直抒游子的旅情。起四句写旅愁之极，别恨之极：对故乡的思念使人心神黯淡，羁旅的愁思萦绕不已，每天晚上除了做回家的美梦的片刻，别的时间总是难以成眠。"明月"三句自我告慰：月照高楼时不要独自凭栏远望。还是喝酒吧，但是酒入愁肠却化成了相思的泪滴纷纷滚落。"整个上片所写的阔远秾丽、毫无衰飒情味的秋景，在文人笔下是少见的，在以悲秋伤春为常调的词中，更属罕见。而悠悠乡思离情，也从芳草天涯的景物描写中暗暗透出，写来毫不着迹。这种由景及情的自然过渡，手法也很高妙……这首词上片写景，下片抒情。这本是词中常见的结构和情景结合方式，它的特殊性在于丽景与柔情的统一，更准确地说，是阔远之境、秾丽之景与深挚之情的统一。写乡思离愁的词，往往借萧瑟的秋景来表达，这首词所描绘的景色却阔远而秾丽。它一方面显示了词人胸襟的广阔和对生活、对自然的热爱，反过来衬托了离情的可伤，另一方面又使下片所抒之情显得柔而有骨，深挚而不流于颓靡。整个来说，这首词的用语与手法虽与一般的词类似，意境情调却近于传统的诗。这说明，抒写离愁别恨的小词是可以写得境界阔远，不局限于闺阁庭院的。"(刘学锴)唐圭璋先生评曰："此首，上片写景，下片抒情。上片，写天连水，水连山，山连芳草；天带碧云，水带寒烟，山带斜阳。自上及下，自近及远，纯是一片空灵境界，即画亦难到。下片触景生情。'黯乡魂'四句，写在外淹滞之久与乡思之深。'明月'一句陡提，'酒入'两句拍合。'楼高'点明上片之景为楼上所见。酒入肠化泪亦新。谭复堂评此首为'大笔振迅'之作。予谓此及《御街行》、《渔家傲》诸作皆然也。又此首曰'化作相思泪'，《御街行》曰'酒未到，先成泪'；《渔家傲》曰'将军白发征夫泪'，三首皆有'泪'，亦足见公之真情流露也。"

23. **长相思**[①]

纳兰性德

山一程，水一程，身向榆关那畔行[②]。夜深千帐灯[③]。　　风一更，雪一更[④]，聒碎乡心梦不成[⑤]。故园无此声。

【注释】

①此词牌原系唐教坊曲名，始见《全唐诗》。双调，三十六字，三平韵，一叠韵为正体。又名"山渐青"、"吴山青"、"长相思令"、"长思仙"、"青山相送迎"、"相思令"、"越山青"、"忆多娇"、"双红豆"。仄韵者名"叶落秋窗"。这首词作于康熙皇帝北上盛京（今沈阳）祭扫祖墓、祭祀长白山途中。对于作者而言，此行路途遥远、旅程辛苦倒在其次，关键是作者本来就不甚情愿去，因而在行程中情不自禁想家。这首词正描述了这种情形。②榆关：河北山海关。那畔：那边，指关外。③千帐：指宿营时侍卫皇帝的军营帐幕很多。④更：旧时一夜分为五更。这两句是说一夜风雪不断。⑤聒（guō）：喧扰，指风雪的喧嚣。乡心：思乡之心。

【赏析】

这首小令以具体时空推移过程及视听感受，既表现了景象的宏阔，也抒发了情思的深苦绵长。上片写行程与宿营。起二句写路途遥远，行程辛苦：一段山路，一段水路，跋山涉水，风尘仆仆。"身向"句点明行程方向：我随从皇帝向山海关外那边行进。"夜深"句写宿营：夜不能寐，直至"夜深"，走出营房，其时万籁俱寂，只见上千营帐都亮着过夜的马灯。下片写深夜不寐时的乡情。起二句写所闻：狂风呼啸，飞雪扑打帐篷，风雪肆虐，长夜不绝。"聒碎"二句写故园之思：嘈杂刺耳的风雪声阵阵传来，使人心碎，无法入睡，连做个回乡梦都办不到，在故乡是决不会有这种风雪声的。"说'聒碎乡心梦不成'，其实是乡心聒碎梦难成，情苦不寐，只觉得风声雪声，声声叩击心窝，难以承受，在'故园'时哪有这种令人痛苦之声响？将主观因素推诿客观，语似平淡，意更深沉。此类迁怒归咎于风雪声写法，心理情态被充分表现出。看似无理，反见情疾，愈是无理之怨，其怨愈显沉重。叠句和数字'一'、'千'的运用强化着视、听觉感受中的焦虑。怨怼、幽苦，亦是此词值得辨味的佳处。纳兰身为一等侍卫，却极厌烦'扈从'公差，于是构成传统羁旅题材的又一种类型。"（严迪昌）陈志明先生评曰："词的上片主要写'身'，下片主要写'心'。'身'在一步步远去，'心'却愈来愈执著于故园；'身'是奉命办事，欲罢不能，'心'是真情流露，魂牵梦萦。此词虽篇幅短小，所写的只是特定的一次行程，却不难从一滴水看世界，从中看出纳兰性德之为人，看出他深受身心矛盾的痛苦熬煎……此词的结构，大体上还是采用上景下情的习见格局。上片叙事写景，景中含情；下片抒情，同时带出相关的情事、景物。上下片的写法各有特色：上片说‘身’，主要诉诸视觉，在空间上展开。随着‘山一程’、‘水一程’，空间在变换，词人距离故园正愈去愈远。而与此同时，时间也在推移，从白天直至‘夜深’。下片说‘心’，主要诉诸听觉，在时间上展开。伴着‘风一更’、‘雪一更’，时间在推移，词人对故园的思念也变得愈来愈强烈。而与此同时，空间也在变换，在词人的凝想中，既有现实中的风雪，也有梦魂难到达的故园。总之上下片既各有特色，又互相映照，彼此勾连，全词给人一种整齐、对称的美感。用语白描，也是此词的一大特色。‘山’、‘水’、‘风’、‘雪’等实词，都是直说景物，不用一字修饰。‘身向榆关那畔行，夜深千帐灯’与‘聒碎乡心梦不成，故园无此声’，也无不是以最朴素、自然的口语直言所见、所闻、所感。用词的白描，归根结底在于其体验的深刻。元好问所谓‘豪华落尽见真淳’（《论诗三十首》之四），俗话所说的‘绚丽之极归于平淡’，说的正是这一道理。”

24. 【双调】·蟾宫曲

阿鲁威

理征衣鞍马匆匆。又在关山，鹧鸪声中①。三叠《阳关》，一杯鲁酒②，逆旅新丰③。　看五陵无树起风④，笑长安却误英雄。云树蒙蒙⑤，春水东流，有似愁浓⑥。

【注释】

①鹧鸪：即杜鹃鸟。②鲁酒：春秋时鲁国酿造的酒味薄，故称劣酒为鲁酒。③逆旅新丰：新丰，地名，在今陕西省临潼县东。唐初马周西游长安，宿于新丰旅店。店主人见其贫穷，不予理睬。马周要了一斗八升酒，一人自饮。见《新唐书》本传。④五陵：指西汉高祖长陵、惠帝安陵、景帝阳陵、武帝茂陵、昭帝平陵，皆在长安附近。⑤蒙蒙：犹濛濛。⑥“春水”二句：化用后唐李煜《虞美人》词：“问君能有几多愁，恰似一江春水向东流。”

【赏析】

这首小令写旅途中的景况和感受，抒发怀才不遇的苦闷。“理征衣”三句写行色匆匆：一次次地整顿行装远行，鞍马倥偬，长途跋涉，已使人劳顿不堪；关山重重，故乡遥遥，又陡生孤寂之感。深山之中，鹧鸪若远若近的啼叫，更令人黯然销魂。“三叠”三句倾吐内心的孤寂：同样是远行，当年元二奉命使安西，尚有挚友王维在逆旅为之赠诗，劝酒壮行色；眼下自己寓居逆旅，却客况孤寂，只好自斟自饮，借味薄的鲁酒浇愁，就像唐太宗时名臣马周一样，未遇时也曾旅居新丰客舍，受店主人白眼，独自借酒浇愁，但马周始穷而后达，而自己这一生恐怕不会有什么转机了。“看五陵”二句用工对，指出富贵误人的现实：当今已不是刘邦招揽“猛士”守四方的时代，生不逢时，可笑可叹英雄无用武之地，只好老死长安。“云树”三句以情染景，明点一个“愁”字：纵目极望，云雾茫茫，林木苍莽；春水浩渺，一泻千里；满腹愁绪，如连绵不断的云树，似奔腾不息的江流，弥漫天宇，不可收拾。作者巧妙化用前人名句，概括出当时知识分子的精神苦闷。谢真元先生评曰：“作者在小令中从多方面抒写出怀才不遇的感慨，用典贴切自然，既含蓄蕴藉，又酣畅淋漓。同时善于融化前人诗句，为己所用，语言华而不艳，曲折尽意，创造出独特的意境，包含了丰富的意蕴。对旅况中心情的描述，很有层次感，先触景生情，接着倾诉内心深处的苦闷和不平之慨，再揭示原因，结尾以情染景，层层渲染，用有形之物状无形之愁，与李煜的艺术手法有异曲同工之妙。”

25. 【中吕】·山坡羊

薛昂夫

大江东去，长安西去①，为功名走遍天涯路。厌舟车，喜琴书②，早星星鬓影瓜田暮③。心待足时名便足④。高，高处苦；低，低处苦。

【注释】

①“大江东去”二句：言足迹遍于大江南北，四处奔波。大江：长江。长安：古都。②“厌舟车”二句：言以羁旅为苦，以琴书为乐。舟车：指旅途奔走。琴书：指书斋生活。陶潜《归去来辞》：“乐琴书以消忧。”③早：已经。星星鬓影：形容鬓发花白。瓜田暮：汉邵平，本为秦东陵侯，秦亡后，在长安城东门种瓜，味甜美，也称“青门瓜”或“东陵瓜”。这句是说人事变化，功名难就。④待：诗词中往往作“将”解。辛弃疾《最高楼》：“待不饮，奈何君有恨；待痛饮，奈何吾又病。”

【赏析】

薛昂夫为官二十多年，身居高位，但他时有为功名所累的感慨，有宦海沉浮的忧虑，这支曲子表现了薛昂夫的这一思想情怀。起三句写自己一生宦游风尘奔波之累：沿着长江东下，向着长安西去，东走西奔，走遍天涯海角，为了当官求功名。“厌舟车”三句坦言自己的矛盾、苦衷：讨厌当官羁旅之苦，喜欢隐退弹琴读书；本无意功名，可是步入宦途就身不由己了，厌而难避，喜而不得，年华老大也不能引退。“心待”句写感慨：为了那个“名”，搞得一生扰扰攘攘，说到底还是心贪，若能如陶渊明那样知足，也就能“乐乎天命”了。末四句概括了处于不同境地的士人颇为近似的内心：身居高位而去国离乡，忧谗畏讥，官位高，有位高的苦处；贫士失职，终生不遇或沉沦下僚，亦有其难言的苦处。“作者以简洁明了的排偶，概括了处于不同境地的士人颇为近似的内心：高、低形式不同，但受制于‘名缰利锁’,都心怀苦忧而不安宁。当然作者是从‘高处’来体验的,他深谙个中滋味。这首小令道出了一个浮沉于宦海的知识分子的苦闷,虽然身居高位,还有许多特权,但他的精神是不自由的。”(汤华泉)俞为民、孙蓉蓉先生评曰:“薛昂夫的这首散曲与其他写归隐闲适题材的作品不同,他身在官场,因而不作所谓‘归隐’虚论,而是真实地剖析自己,将自己的矛盾、苦衷、惆怅、忧虑坦言相陈,这是难能可贵的。可以说,真、真实、真切、真挚,是此曲的最大特点。”

26.　　**除夜作**①

高　适

旅馆寒灯独不眠,客心何事转凄然②。
故乡今夜思千里,霜鬓明朝又一年③。

【注释】

①唐玄宗天宝九年(750)秋,诗人以封丘县尉的身份送戍卒至青夷军,事毕回到居庸关,正值旧历除夕,感而赋此。居庸关至封丘一千五百里,故有“故乡思千里”之句。除夜:即除夕。古人于此夜有全家人团聚共同守岁的风俗。②客心:怀念家乡的心情。客:作者自指。凄然:凄怆的情绪,冷落的感觉。③霜鬓:白发。

【赏析】

在众多的羁旅行役诗中,有一类诗作不是直接写自己如何思家,而是落笔对方,翻进一层,设身处地去悬想家人如何思念自己,以更好地表达自己的深厚感情。如王建“家中见月望我归,正是道上思家时”。这首诗写除夕夜思念故乡亲人,也是落笔对方,翻进一层。首句写眼前景、眼前事:除夕之夜,千家万户灯光通明,欢聚一堂,而自己却远离家人,身居客舍,独对孤灯,寒气袭人,夜不能寐。二句写此时情:客居异乡的游子为何如此凄怆、冷落?因为热烈浓厚的除夕气氛,把自己包围在寒灯只影的客舍之中,孤寂凄然之情油然而生。三、四句落笔对方,翻进一层:故乡的亲人在这个除夕之夜定是想念着千里之外的我,想着我今夜不知落在何处,想着我一个人如何度过今夕。由旧的一年又将“思”到新的一年,这漫漫无边的思念之苦,又要在霜鬓增添新的白发。三、四句“正是把双方思之久、思之深、思之苦,集中地通过除夕之夜抒写出来了,完满地表现了诗的主题思想。因此,就它的高度概括和精练含蓄的特色而言,是可以说收到了‘意尽’和‘添着一语不得’的艺术效果”(赵思钧)。俞陛云先生评曰:“绝句以不说尽为佳。此诗三、四句,将第二句何处凄然之意说尽,而亦耐人寻味。三句因除夜而怅故乡之不能团聚,或谓故乡亲友,在千里之处思我,意尤婉挚。四句因元旦,而有去日苦多来日少之感,语似说尽,而意仍不尽。若岑嘉州《在玉关寄长安主簿》

诗云：东去长安万里余，故人何惜一行书。玉关西望肠堪断，况复明朝是岁除。亦是因除夜感怀，而兼忆友也。高诗后二句，以流水对句作收笔，尤为自然。”

27. **渡荆门送别**[①]

李　白

渡远荆门外，来从楚国游[②]。
山随平野尽，江入大荒流[③]。
月下飞天镜，云生结海楼[④]。
仍怜故乡水，万里送行舟[⑤]。

【注释】

①此诗写于唐玄宗开元十三年(725)，当时诗人二十五岁，刚刚由四川穿过三峡、荆门，来到今湖北、湖南一带。荆门，即荆门山，在今湖北宜都西北的长江南岸，与江北的虎牙山隔江相对，形势险要。②渡远：指自己远远地从长江上游漂游而来。荆门外：指荆门山以西。楚国：泛指今湖北、湖南等一带地区，秦以前为楚地。③“山随”二句：湖北地势，大致西高东低，到荆门，地势逐渐平坦，长江流入江汉平原。大荒：广阔无际的原野。④飞天镜：指江中的月影，有如明镜从空中飞来。结海楼：指多变云彩，结成瞬息万变的“海市蜃楼”。⑤怜：爱。故乡水：指从四川流下来的长江水，李白为蜀人，故云。送行舟：指把自己的船由清溪送到了荆门山以东的楚地。

【赏析】

这首诗是李白由三峡出四川，沿江东下时途中写的。诗题“送别”，意指江水送自己离开四川。二十五岁的诗人朝气蓬勃，“仗剑去国，辞亲远游”。所谓“远游”，或曰“漫游”、“游学”、“宦游”、“游宦”，不仅仅是游玩山水，也是当时士子开眼界、长阅历、广结交，以求取声誉、达到仕进的手段。首联交代诗人的行踪去留：轻舟沿江东下，距离荆门已经越来越遥远；初次来到这久已向往的“楚国”，即将开始遍游这里的山水名胜。颔联写船出三峡、远渡荆门的特殊景色：渡出荆门，大江两岸的崇山峻岭便逐渐消失，展现在眼前的是一片广袤平坦的原野；江流渐缓，从荆门往远处望去，仿佛流入辽远的原野。颈联写昼夜变化远近各异的长江景色：夜航时，轻舟顺流东下，明月皎洁，倒映入水，犹如明镜从天飞下；昼行时，宽阔的江面上云气升腾，在阳光的照射下景象变幻无穷，仿佛海市蜃楼一般瑰伟奇妙。尾联落笔对面，不言自己留恋故乡的山水，却说故乡的江水不远万里为他送行，翻进一层：仍然热爱故乡的山水，江水恋恋不舍，依旧怀着深情厚谊，一路送诗人来到万里之遥的楚地。“诗人不说自己思念故乡，而说故乡之水恋恋不舍地一路送‘我’远行，怀着深情厚谊，万里送行舟，从对面写来，越发显出自己思乡深情。诗以浓重的怀念惜别之情结尾，言有尽而情无穷。”（何国治）俞陛云先生评曰：“太白天才超绝，用笔若风樯阵马，一片神行……此诗首二句言送客之地，中二联写荆门空阔之景，唯收句见送别本意，图穷匕首见，一语到题。昔人诗文，每有此格。次联气象壮阔，楚蜀山脉，到荆州始断；大江自万山中来，至此千里平原，江流初纵。故山随野尽，在荆门最切。四句虽江行皆见之景，而壮健与上句相埒。后顾则群山渐远，前望则一片混茫也。五、六句写江中所见，以天镜喻明月之光明，以海楼喻云之奇特。惟江天高旷，故所见如此。若在院宇中观云月，无此状也。末二句叙别意，言客踪所至，江水与之俱远，送行者心亦随之矣。近人凌霄诗：离情从此如春水，随着扁舟日夜生。意境与此略同，但李诗以简括出之，凌诗虽蕴藉多姿，而较弱矣。”林东海先生评曰：“自蜀入楚，舟出三峡，江流由急而缓，江面由窄而宽，山势由险而夷，所见形胜如此，古来唯高才能状之。其颔联‘山随平野尽，江入大荒流’，状荆门之平旷壮阔，真乃神来之笔。唯前陈子昂‘巴国山川尽，荆门烟树开’（《度荆门望楚》），与后杜子美‘星垂平野阔，月涌大江流’（《旅夜书怀》），足以当之。三人之诗无意牵合，不相依傍，各适与景会，率然成章，不可以优劣当论。沈德潜谓‘诗中无送别意，题中二字可删’（《唐诗别裁集》），殊不知结联‘仍怜故乡水，万里送行舟’，正含无限送别之情。”

28.　九月九日忆山东兄弟[①]

王　维

独在异乡为异客，每逢佳节倍思亲[②]。
遥知兄弟登高处，遍插茱萸少一人[③]。

【注释】

①九月九日：即重阳节。山东：指华山以东地区，诗人的故乡蒲州（今山西永济县）也包括在内，所以王维称他在家乡的兄弟为“山东兄弟”。②异乡：异国他乡，这里指诗人所在的长安。异客：他乡之客。佳节：这里指重阳节。倍思亲：指相对于平日，倍加思念亲人。③遥知：推想。登高处：登高的时候。茱萸：一种香草。古代风俗，重阳节这一天要折茱萸插在头上，认为这样可以去邪避恶，延年益寿。少一人：指只缺少诗人自己。

【赏析】

这首诗写重阳节身在他乡的游子对故乡亲人的思念。首句写自己眼前的处境：独自客居在举目无亲的异国他乡，人地生疏，孤孑无亲。二句写思乡怀亲之情：今天是重阳节，相对于平日，倍加思念亲人。三、四句落笔对面，写想象中“兄弟”佳节登高的情景：远在故乡的兄弟们今天登高，按照家乡的风俗，头上插上茱萸时，却发现“兄弟”中少了一人——“独在异乡为异客”的诗人自己。“好像遗憾的不是自己未能和故乡的兄弟共度佳节，反倒是兄弟们佳节未能完全团聚；似乎自己独在异乡为异客的处境并不值得诉说，反倒是兄弟们的缺憾更需体贴。这就曲折有致，出乎常情。而这种出乎常情之处，正是它的深厚处、新警处。杜甫的《月夜》‘遥怜小儿女，未解忆长安’，和这两句异曲同工，而王诗似乎更不着力。”（刘学锴）俞陛云先生评曰：“兄弟朋友，皆伦常之一。唐诗中忆朋友者多，忆兄弟者少。杜少陵诗‘忆弟看云白日眠’，白乐天诗‘一夜乡心五处同’，皆寄怀诸季之作。此诗尤万口流传。诗到真切动人处，一字不可移易也。”沈祖棻先生也评曰：“只用‘每逢’与‘倍’这三个字，就不但写出了佳节思亲，而是将平日无时不思之情也有力地暗示了出来。它以流畅的语调，传出了深挚的感情，写出了那个时代，那个社会，人人心中所有，想说出来，但又未能恰当地加以表达的话，所以成为脍炙人口的名句。”

29. 月　夜①

杜　甫

今夜鄜州月，闺中只独看②。
遥怜小儿女，未解忆长安③。
香雾云鬟湿，清辉玉臂寒④。
何时倚虚幌，双照泪痕干⑤。

【注释】

①天宝十五载(756)六月，安史叛军攻陷长安，杜甫携家逃至鄜州（今陕西富县）。七月，肃宗即位于灵武（今属宁夏回族自治区），杜甫前去投效，在途中为叛军所俘，困居长安。这首诗写的就是作者在长安月夜思念妻儿的心情。②闺中：女子的卧室，这里指诗人的妻子杨氏。③“未解”句：有两层意思：一指儿女幼小，还不知道怀念长安的父亲；二指儿女还不理解母亲思念长安的心情。长安：以被拘禁之地代指自己。④“香雾”句：夜雾因云鬟而香，云鬟因夜雾而湿。香雾：从头发里散发出来的膏泽香味。云鬟：指女子的发髻。清辉：指月亮的光辉。玉臂：指洁白如玉的手臂。言诗人遥想妻子久立月下，定会感到秋夜的寒意。⑤虚幌：薄而透明的帷幕。“虚”字极言其薄。双照：指二人一起看月。泪痕干：指高高兴兴地团聚在一起，不再为伤别而落泪。

【赏析】

本来是自己见月思妻，却不言自己身陷贼中、生死未卜的苦闷，不言自己举头望月、低头思亲的心绪，而是从对方落笔，写妻子对自己的处境如何焦虑，会由看到月圆而想到人缺，由月明而想到人晦，想象得愈细腻，愈显得思念之深，这是“深一层”的写法。首联从对方着笔，写妻子为自己的处境担忧：中秋前后的月亮圆且明亮，远在鄜州的妻子今夜独自看着月亮，一定在怀念远在长安、失去自由、生死未卜的丈夫。颔联由怀念妻子转到想念家中的“小儿女”：小儿女陪妻子看月，他们既不懂得父亲在长安处境的危恶，更不理解母亲是怎样牵肠挂肚地怀念他们远在长安、身陷贼手的父亲。颈联写妻子月下久立的形象：妻子对月念远，思情深，看月久，她那梳成环形的头发被秋夜的雾露沾“湿”了，她那洁白如玉的手臂也被清冷的月光映“寒”了。尾联兼含“回忆”与希望：将来什么时候，夫妇二人能共倚薄幔，同庆团圆，共诉离情，让月亮的光辉映照着我们泪痕已干的笑脸呢？渴望故土收复，家人团聚，足见伉俪情深，相思如渴。“题为《月夜》，字字都从月色中照出，而以‘独看’、‘双照’为一诗之眼。‘独看’是现实，却从对面着想，只写妻子‘独看’鄜州之月而‘忆长安’，而自己的‘独看’长安之月而忆鄜州，已包含其中。‘双照’兼包回忆与希望：感伤‘今夜’的‘独看’，回忆往日的同看，而把并倚‘虚幌’（薄帷），对月舒愁的希望寄托于不知‘何时’的未来。词旨婉切，章法紧密。如黄生所说：‘五律至此，无忝诗圣矣！’”（霍松林）前人评曰：“公本思家，偏想家思己，已进一层；及念及儿女不能思，又进一层。鬟湿臂寒，看月之久也；月愈好而苦愈增，语丽情悲。末又想到聚首时对月舒愁之忧，词旨婉切，见此老钟情之至。”（《杜臆》）程千帆先生也评曰：“本是诗人对月怀念妻儿，但诗中所写主要的却是妻子对月怀念丈夫，和孩子由于年龄太小还不知道怀念爸爸的情形，通过这样一种巧妙的构思，就不仅使得自己的怀念之情更加突出，而且整个诗篇也由自己单独的抒情变为夫妻两人共同的抒情了。”（《古诗今选》）林东海先生评曰：“为人贵直，为诗贵曲。如此诗，即施补华所云‘可谓无笔不曲’（《岘佣说诗》）也。不说己之思念妻室，而说妻室望月思君；不说己之思念儿女，而说小儿女未解思父。一层曲似一层，均从对面写出。即浦起龙所谓‘心已驰神到彼，诗从对面飞来，悲婉微至，精丽绝伦。又妙在无一字不从月色照出也。’（《读杜心解》）末句以‘双照’回应前之‘独看’，藉以慰心，而益增相思也。本是双看双照，是所以用‘独’者，乃谓小儿女不解望月思亲也，鄜州之月‘只独看’，指此。极尽委婉曲折之能事。”

30.　　　　　　　　**邯郸冬至夜思家**[①]

白居易

邯郸驿里逢冬至，抱膝灯前影伴身。
想得家中夜深坐，还应说着远行人[②]。

【注释】

①邯郸驿：驿站名，今河北邯郸县境。冬至：二十四节气之一，每年公历的十二月二十二日或二十三日为冬至。唐人对冬至极为重视，朝廷放假，民间互贺，衣新食肥，团聚尽欢，和元旦相似。②远行人：远游在外的人，此诗人自指。

【赏析】

这首表现羁旅思家情怀的小诗，抒写作者在邯郸驿中碰上冬至佳节，举目无亲、形影相吊的寂寞心境。首句叙客中度节：诗人远离故乡，客居驿站，更令人难堪的是客中适逢冬至佳节。二句写客店过节：冬至之夜，独自一人抱膝枯坐在孤灯前，相伴的只有自己的影子。三、四句，正面写思家，却从对面落笔：夜深时分，家人大约同样还没有睡，围坐在灯前，念叨着远游他乡的诗人是如何度过冬至佳节的。周啸天先生评曰："本篇写佳节思亲，由自己的夜深不寐，推想家人夜深不寐；由自己思家推想家人同样思念自己。这样写把思家的情绪表达得更深、更迫切，表现出亲人之间那种心心相印的深厚感情。手法与王维《九月九日忆山东兄弟》相近，而措语较为直白。"羊春秋先生也评曰："范晞文《对床夜语》卷三却说：'乐天"想得家中夜深坐，还应说着远行人"，语颇直，不如王建"家中见月望我归，正是道上思家时"，有曲折之致。'不知曲折是美，率直也是美，关键在于真情至性，白氏以直率的语言，状出难言之情；王氏以曲折的手法，表达羁旅之感。两者都是出于口吻，流自肺腑，正不必有所抑扬也。"

31.

踏莎行

欧阳修

候馆梅残①，溪桥柳细，草薰风暖摇征辔②。离愁渐远渐无穷，迢迢不断如春水③。　寸寸柔肠，盈盈粉泪，楼高莫近危阑倚④。平芜尽处是春山⑤，行人更在春山外。

【注释】

①候馆：古代接待宾客的馆舍。②薰：香草，也指花草的芳香。辔(pèi)：驾驭牲口的缰绳，这里指坐骑。③迢迢：形容路途遥远而绵长。④危阑：高楼的栏杆。⑤平芜：平坦的草地。

【赏析】

这首词写的是早春南方行旅的离愁。上片写天涯游子在旅途中的离愁。首三句以乐写愁，托物兴怀：一位孤独的行人，骑着马儿离开了旅馆，望着已经凋落的梅花，走过溪上的小桥，拂掠那岸边的柳丝，迎着东风踏向那散发着芳香的草地。四、五句写离愁：行程越远，离愁越是无穷无尽，就像春水一样长流不断。下片写想象中的闺中思妇的离愁。首二句写少妇相思：思妇登楼远望，柔肠寸断，妆泪盈盈。三句写行者的叮咛：你不要登楼去靠着那高高的栏杆痴望。末二句回答：你凝视的平原绿草，其尽头便是春山，可是我还远在春山之外呢！明明自己思念妻子，却从对面着笔，设想闺中思妇如何思念自己，这便使感情更进一层。“今夜鄜州月，闺中只独看”，“香雾云鬟湿，清辉玉臂寒”（杜甫《月夜》），就是采用这种“设身处地”的写法。诗人望月思家，却想象妻子望月思念自己的情景。这首词的下片也是采用这种手法，极尽委婉之至。在章法上，这首词的突出特点是从居者和行者两面兼写。俞陛云先生评曰：“唐宋人诗词中，送别怀人者，或从居者着想，或从行者着想，能言情婉挚，便称佳构。此词则两面兼写。前半首言征人驻马回头，愈行愈远，如春水迢迢，却望长亭，已隔万重云树。后半首为送行者设想：倚栏凝睇，心倒肠回，望青山无际，遥想斜日鞭丝，当已出青山之外，如鸳鸯之烟岛分飞，互相回首也。以章法论，‘侯馆’、‘溪桥’言行人所经历；‘柔肠’、‘粉泪’言思妇之伤怀，情同而境判，前后阕之章法井然。”

32.　【双调】水仙子·夜雨

徐再思

一声梧叶一声秋。一点芭蕉一点愁①。三更归梦三更后。落灯花棋未收②，叹新丰逆旅淹留③。枕上十年事④，江南二老忧⑤，都到心头。

【注释】

①“一点芭蕉”句：意谓雨点落在芭蕉上的声音，引发人的愁思。一点：指雨点。②落灯花棋未收：赵师秀《有约》诗：“有约不来过夜半，闲敲棋子落灯花。”③“叹新丰”句：暗用马周在新丰被店主冷落的故事。此以唐初大臣马周自比。（详见阿鲁威【双调】《蟾宫曲》注③）④枕上十年事：言伏枕回忆往事。⑤“江南”一句：言在江南的双亲为他飘零异乡而担忧。二老：指双亲。

【赏析】

这支曲子写客中夜雨，乡思倍增。起二句触景生情：深秋之夜，梧叶在秋风秋雨中纷纷飘落，雨打芭蕉，恰似打在心上，千愁万苦，如雨点密集而下。“三更”句写归梦难成：午夜梦醒，归梦难成，辗转枕上，夜不能寐。“落灯花”句写从梦中回到现实：梦回初醒，只见一炷残灯纷纷落下的灯蕊余烬与凌乱的棋局。“叹新丰”句抒写对穷愁潦倒生活的不满：像当年的马周备受冷落一样，而今自己也孤身在新丰旅馆羁留。“枕上十年”三句概写心头愁苦的具体内容：伏枕回忆平生悲欢成败的经历，心潮起伏，再也不能入睡，功名无成，久客不归，远在故乡的父母时刻为自己担忧，千愁万绪，齐上心头。“这里用了传统诗词中从对面落笔的手法，不写自己如何思念双亲，而写二老为游子忧愁，遂令文意更加婉曲，读来令人回肠荡气。‘都到心头’四字戛然而止，含无限悲慨。‘枕上’三句具体写了作者的心理活动，着墨不多，却已道尽客中孤怀与平生浪迹四方，郁郁不得志的愁苦。”（王镇远）俞为民、孙蓉蓉先生评曰：“全曲语言清丽流畅，蕴藉有味。对仗工巧，开头三句两两相对，并用重叠字，构成了鼎足对，既工整，又自然，增强了音律美。”

33. 江陵使至汝州[①]

王　建

回看巴路在云间，寒食离家麦熟还[②]。
日暮数峰青似染，商人说是汝州山。

【注释】

①江陵：即荆州，唐升江陵府。使至：出使回到。汝州：唐属河南道，治所在今河南省汝州市。汝州是作者归途离家最近的一个站头。②巴路：通向江陵、巴东之路，指鄂西、川东一带。寒食：节令名。（见韦应物《寒食寄京师诸弟》注①）

【赏析】

这首诗是作者在一次奉使江陵归途中行近汝州时写的。与羁旅行役诗常抒发的孤苦、哀伤的情感不同，本诗字里行间流露出许多欣喜之情。首句写回望来路：回望巴路，只见白道如丝，一直向前蜿蜒伸展，最后渐渐隐入云间天际。二句计算归期：寒食离家，郊原还是一片嫩绿，回家的时候，田间垅上却已是一片金黄了。三、四两句转写前路所在地的景色：傍晚时分，前面出现了几座青得像染过一样的峰峦，同行的商人说，那就是汝州附近的山了。三、四句“微妙地传出旅人在当时特定情况下一种难以言传的心境。这个特定情况，就是上面所说的归程即将结束，已经行近离家最近的一个大站头汝州了。这样一个站头，对盼归心切的旅人来说，无疑是具有很大吸引力的，对它的出现自然特别关注。正在遥望道路之际，忽见数峰似染，引人注目，不免问及同行的商人，商人则不经意地道出那就是汝州的山峦。说者无心，听者有意，此刻在诗人心中涌起的自是一阵欣慰的喜悦，一种兴奋的情绪和亲切的感情。而作者没有费力地去刻画当时的心境，只淡淡着笔，将所见所闻轻轻托出，而自然构成富于含蓄的意境和令人神远的风调。”（刘学锴）俞陛云先生评曰：“诗言行役巴江，迨东返汝州，已三月之久。遥见暮山横黛，商人指点，知已到汝州。凡游子远归，未见家园，先见天际乡山一林，若迎客有情，为之色喜，宜文昌之欣然之咏也。”

34.　　逢入京使[①]

岑　参

故园东望路漫漫，双袖龙钟泪不干[②]。
马上相逢无纸笔，凭君传语报平安[③]。

【注释】

①唐明皇天宝八载(749)，安西四镇节度使高仙芝奏调岑参为右威卫录事参军，充节度使掌书记，这首诗是诗人赴安西时途中所作。②故园：故乡。岑参的老家在南阳，长安也有住所，都在东方，故下文说“东望”。漫漫：长远貌。龙钟：涕泪横流的样子。③凭：托付。

【赏析】

这首写于赴边塞途中的诗，抒发了作者远离家园后的眷怀依恋之情。一、二句写旅途遥远，乡愁难遣：离开长安好多天了，回头一望，只觉长路漫漫，尘烟蔽天；远离故园，远离亲人，言念至此，不禁泪水纵横，连两只衣袖都擦湿了。三、四句点题：正在沙漠中艰难行进的诗人，遇见从安西回到长安的使者，想捎封家书回去，却没有纸笔，只好请使者传话给远在长安的家人，自己尽管尚未到达任所，倒是一路平安的。既流露出相思依恋的柔情，又表现出对前途自信、乐观的态度，展示了诗人广阔的胸襟和不平凡的抱负。周啸天先生评曰：“这首诗作于天宝八载(749)赴边塞西行途中。诗在马背上哼成，于后二句点题，写赴边塞途中遇到入京使者，委托捎口信的情况。因为走马相逢，没有纸笔，捎口信只能简而又简，作者撇开一切，单拈‘平安’二字，这正是家人最期盼的两个字，曲尽人情，所以为妙。诗的前后两部分感情不一致：前半冲动，后半平和；前半缠绵，后半豪爽。这正表现出什么也动摇不了作者赴边的信心和决心，反映了他对前途充满自信、乐观的态度。马背吟诗，自有横槊气象。”

35.　　水调歌头[①]

苏　轼

丙辰中秋，欢饮达旦，大醉，作此篇。兼怀子由[②]

明月几时有？把酒问青天[③]。不知天上宫阙[④]，今夕是何年。我欲乘风归去，又恐琼楼玉宇[⑤]，高处不胜寒[⑥]。起舞弄清影，何似在人间！　　转朱阁[⑦]，低绮户[⑧]，照无眠[⑨]。不应有恨，何事长向别时圆？人有悲欢离合，月有阴晴圆缺，此事古难全。但愿人长久，千里共婵娟[10]。

【注释】

①大曲《水调歌》的首段，故曰“歌头”。双调，九十五字，平韵。②丙辰：宋神宗熙宁九年(1076)，词人年方四十周岁，在密州(今山东诸城县)任太守。子由：轼弟苏辙，字子由，此时在齐州(今山东济南)任掌书记。③“明月”二句：李白《把酒问月》：“青天有月来几时，我欲停杯一问之。”二句从李诗化出。④天上宫阙：指神话传说中的月宫。阙：古代宫殿、祠庙和陵墓前的楼观。⑤琼楼玉宇：形容精美瑰丽的建筑物，这里是指月宫。⑥不胜(shēng)寒：经受不住(月宫)寒冷。⑦朱阁：朱红色的楼阁。⑧绮(qǐ)户：彩饰、雕花的门窗。此句意谓月光下射，照进雕花的窗户。⑨无眠：指此夕难眠的自己。⑩婵娟：美好貌，也指美女。这里是以月中仙子嫦娥代指月亮。

【赏析】

这首词是中秋咏月的千古绝唱，词以想念弟弟为情感源头又不局限于怀人，而是将主题扩展到对宇宙人生的思考，很能表现苏轼旷达洒脱的品性和超迈积极的人生态度。上片对月欲仙。起二句问月的来历：明月是什么时候才有的呢？我端着酒杯询问青天。“不知”二句问月中的年月：不知道月中的宫殿里，今晚是哪一年？“我欲”三句写欲归而不敢归：我想要乘着清风到天宇中寻求归宿，又怕月中广寒宫太高，经受不了那里的寒冷。“起舞”二句从欲仙回到现实：对月起舞，清影随人，天上何如人间？下片对月怀人。“转朱阁”三句写舞毕回房：月光转动，照遍了华美的楼阁，又低低地透进雕花的门窗里，照着无法入眠的人。“不应”二句点明“无眠”之因：月亮既然圆了，便不应该再有什么遗憾了，但为什么月亮偏偏要趁着人们离别的时候圆满呢？“人有”三句由恨月而为月开脱、对月同情：人有悲欢离合，月有阴晴圆缺，人间万事自古就没有绝对美满的时候。“但愿”二句藉月盟心，情深意厚：但愿人们之间纯真的感情永远存留，相隔千里也是共有一轮美好的月亮。“人间亦不亚于天上，在野亦不次于在朝。而但愿人间年寿延长，兄弟感情加倍，‘共婵娟’三字，见词人豁达的胸怀和乐观的人生。”(郭伯勋)“词以天仙化人之笔，勾勒出一种皓月当空、美人千里、孤高旷远的境界氛围，抒发了自己外放无侣的孤独情怀。作者俯仰古今变迁，感慨宇宙流转，厌倦宦海风波，揭示睿智的人生理念。词的上片因月而生奇想，借月而喻清高，反映了作者在‘退’与‘进’、‘仕’与‘隐’抉择上的徘徊困惑的心态。下片因月而感人间离情。作者由月的圆缺想到人的离别和团聚终不可避免，而自慰自解。结句藉月盟心，情深意厚。全词挥洒自如，不假雕琢，而浩荡之气，超凡绝尘。”(谭新红、王兆鹏)唐圭璋先生评曰：“此首中秋词，上片因月而生天上之奇想；下片，因月而感人间之事实。挥洒自如，不假雕琢，而浩荡之气，超绝尘凡。胡仲任谓中秋词，自此词一出，余词尽废，可见独步当时之概。起句，破空而来，奇倔异常，用意自太白'青天有月来几时，我欲停杯一问之'化出。'不知'两句承上意，更作疑问，既不知月几时有，故亦不知至今天上为何年也。'我欲'三句，盖因问之不得其解，乃有乘风归去之愿。'我欲'与'唯恐'相呼应。'琼楼玉宇，高处不胜寒'，就本意说固高妙，就寓意说亦极蕴藉。'起舞'两句，仍承上来，落到眼前情事，言既不得乘风归去，唯有徘徊于月下。自首至此，一气奔放，觉有天风海雨逼人之势。换头，实写月照人无眠。以下愈转愈深，自成妙谛。'不应'两句，写月圆人不圆，颇有恼月之意。'人有'三句一转，言人月无常，从古皆然，又有替月分解之意。'但愿'两句，更进一解，言人与月既然从古难全，唯有各自善保千金之躯，藉月盟心，长毋相忘。原意虽从谢庄《月赋》'隔千里兮共明月'句化出，然坡公加'但愿'二字，则情更深，意更厚矣。"

36.

闺　怨[①]

王昌龄

闺中少妇不知愁，春日凝妆上翠楼[②]。
忽见陌头杨柳色，悔教夫婿觅封侯[③]。

【注释】

①闺怨：指少妇在闺房中的哀怨之情。用这种体裁写的诗叫"闺怨诗"，一般多是描写多愁善感、悲哀哭泣的女性的作品。②不知愁：一作"不曾愁"。凝妆：严妆，盛妆，指精心梳妆、打扮。翠楼：漂亮的楼阁。③陌头：路边。杨柳色：这里有双重含义：第一，杨柳春天发青，春天应该是闺中欢乐的季节，看见杨柳色就会意识到生活中的孤独之感；第二，古代风俗，离别时折柳以赠行人，"柳"谐"留"音，寓有留恋之意，因此柳色又会勾起回忆，触动别离之愁。（马茂元《唐诗选》）觅封侯：指从军出征。古人以立功万里、取得封侯的爵赏，为人生的极大荣幸。

【赏析】

与羁旅愁思、游子思乡之情对应的，是闺中思妇的幽怨之情。"伤离者莫甚于从军，故唐人闺怨，大抵皆征妇辞也。"（唐汝询《唐诗解》）这首诗展现了一位天真活泼的少妇在初春季节登楼远眺时的突发的心理变化，表现了一种难耐的寂寞怀人之情。首句点出"不知愁"：小康之家的闺中少妇哪里知道愁的滋味。二句证实"不知愁"：在明媚的春天，着意打扮的闺中少妇，悠然自得地登上自家的高楼观赏春色。三、四句触景生情，春色惹起一腔幽怨：登楼眺望，忽然看到路边杨柳已经抽青，这才后悔不该让丈夫离家远去，追求封侯做大官。"本来要凝妆登楼，观赏春色，结果反而惹起一腔幽怨，这变化发生得如此迅速而突然，仿佛难以理解。诗的好处正在这里：它生动地显示了少妇心理的迅速变化，却说不出变化的具体原因与具体过程，留下充分的想象余地让读者去仔细玩味。”（刘学锴）俞陛云先生评曰：“诗谓少妇天怀憨稚，未解闲愁。弧矢四方，乃男儿所当务。值春风扇和，依然扫黛凝妆，登翠楼而凭眺。忽见陌头柳色青青，春光容易，始悔令浪游夫婿，轻挂离帆，贪觅封侯之印，致抛同梦之诗，凡闺侣伤春，诗家所习咏。此诗不作直写，而于第三句以‘忽见’二字，陡转一笔，全首皆生动有致，绝句中每有此格。刘永济先生也评曰：此写少妇春怨也。‘不曾’本作‘不知’。作‘不曾’与凝妆上楼，忽感春光，顿觉孤寂，因而引起懊悔之意，相贯而有力。‘忽见’，则本无愁者亦愁矣。曰‘悔教’，有悔不该让其去求幻想之富贵，而失现前之室家之乐之意。诗人笔下活描出一天真‘少妇’之情态，而人民困于征役，自在言外，诗家所谓不犯本位也。”

37. 寄夫

陈玉兰

夫戍边关妾在吴①，西风吹妾妾忧夫。

一行书信千行泪，寒到君边衣到无②？

【注释】

①戍：驻守，屯扎。吴：指今江苏南部、浙江北部一带。②衣：指所寄寒衣。无：否，未，相当于现代汉语中的“么”。

【赏析】

这是一首思妇诗。丈夫在边关守戍，秋来风起，妻子由寒风联想到了寒冷的边地，寄衣传语，表现了妻子对丈夫的无限关心和体贴之情。首句以对比重叠结构，以相距之遥，衬相思之切：你离乡背井，远戍边关，我留在吴，长年守望在闺中。二句仍用“句中对”的写法，表现了妻子对丈夫体贴入微的惦念之情：秋风阵阵，身在江南吴地的妻子尚且感受到了秋的凉意，那么远在北方边关的丈夫不是更冷吗？三句仍用句中对比，刻画出一个和泪修书的女性形象：提笔修书，泪如泉涌，一封短信，浸渍了千行热泪。末句以疑问的口气写出妻子内心的焦虑和不安：当严寒袭来时，你是否会收到我寄去的寒衣呢？“末句既揭示出‘忧夫’的具体内容，也生动地展现了妻子急丈夫之所想、忧丈夫之所需，时刻为丈夫的冷暖而挂怀的内心世界。而且，由于采用的是内心独白的表现手法，就更使这种‘展现’显得亲切、真挚，令人回味不已。在遣词造句上，这首诗有两个显著特点：一是每句话都采用了‘句中对’的写法，这在唐诗中是并不多见的；二是较多地运用复字，四句话中用了三个'妾'字、两个'夫'字和一个'君'字。而且第二句一句当中就连用了两个'妾'字。这种层层转折、不避重复的写法，造成了诗句回环往复、一唱三叹的独特艺术效果，不仅使诗的音节更加和谐优美，也使诗的抒情更显强烈。而这些手法在诗中运用得又是那样巧妙自然，毫无斧凿之痕。难怪黄叔灿在《唐诗笺注》中称赞此诗道：'情到真处，不假雕琢，自成至文，且无一字可易，几于天籁矣。'"（刘耀业）羊春秋先生评曰："通过念夫、忧夫、寄寒衣与夫等一系列的心理刻画，一个善于关心人、体贴人的少妇形象，便栩栩如生地展现在读者眼前了。"

38.　　　　　　　　**秋夜曲**

张仲素

丁丁漏水夜何长，漫漫轻云露月光①。
秋逼暗虫通夕响②，征衣未寄莫飞霜。

【注释】

①丁(zhēng)丁：拟声词，这里形容漏声。漏：古代铜制计时器，因水从叠置的壶中逐层滴漏，以浮标刻度计量时间。漫漫：遍布的样子。②秋逼：秋天的寒气逼得。暗虫：只闻其声、不见其形的昆虫。

【赏析】

这首诗写思妇对久戍不归的征夫的思念。前三句营造环境，烘托末句：长夜漫漫，"丁丁"的计时漏壶的滴水声，声声敲击着思妇的心，她百无聊赖地把目光投向天空，天幕上无边无际的轻云在缓慢地移动，月亮时而被遮住，时而又露了出来；思念征人，彻夜难眠，深秋寒气逼得暗处的秋虫通宵鸣叫着，该是给丈夫准备寒衣的时候了。末句写思妇的内心独白：老天爷啊，你不要飞霜吧，我还没有为他送寒衣呢！从这天真的出语中可以窥见她对丈夫的无限深情。"全诗婉转情深，前三句写景，描绘了思妇从滴漏声到云散月露，从蟋蟀的彻夜鸣叫，可以看出这个征妇的通夜未眠，最后用寒衣未送，进一步表达他们夫妇情深。张仲素反复为征妇而歌唱，表现了他诗歌的人民性。"（何林天）陈志明先生评曰："这首诗采用了画龙点睛的写法，前三句虽然是以情取景，但若没有末一句点题，读者既无法领会景中之情，也不可能知道全诗主要抒写什么感情，诗中的主人公又是谁。最后一句响起思妇情浓意深的一片心声，使人恍然大悟：原来诗人在《秋夜曲》中所要弹奏的，不是别的，而是思妇心上的那根悠思绵绵的情弦。"

张仲素写了不少征妇思夫诗，录三首以备考。

春闺思

张仲素

袅袅城边柳，青青陌上桑。
提笼忘采叶，昨夜梦渔阳。

刘永济先生评曰："'梦渔阳'，闺人之夫方戍渔阳，备契丹也。"

秋闺思二首

张仲素

其一

碧窗斜月蔼深晖，愁听寒螀泪湿衣。
梦里分明见关塞，不知何路向金微。

其二

秋天一夜静无云，断续鸿声到晓闻。
欲寄征衣问消息，居延城外又移军。

俞陛云先生评曰："二诗咏秋闺忆远，皆以曲折之笔写之。第一首秋夜怀人，形诸梦寐，常语也。诗乃言关塞历历，已见梦中，迨欲身赴郎边，出门茫茫，何处是金微之路。刚入梦徒然耳。第二首言欲寄相思，但凭尺素，亦常语也。诗乃言秋夜闻雁声，感雁足寄书之事，方欲裁笺，而消息传来，本住居延，又移军他去。寄书不达，情益难堪矣。唐人集中，多咏征夫思妇，宋以后颇稀，殆意境为前人说尽矣。"刘永济先生评曰："两诗首二句皆写秋，三、四句皆写闺情。"

39. 闺　情

李　端

月落星稀天欲明，孤灯未灭梦难成。
披衣更向门前望，不忿朝来鹊喜声[①]！

【注释】

①不忿：恼恨，厌恶。唐人口语。鹊喜：鹊声报喜，古代关于瑞应的一种说法。

【赏析】

这首诗描写了一位少妇盼夫不至，迁怒于喜鹊的气恼情态。首句写室外天宇：月落星稀，东方欲晓。二句写室内思妇：天将明，室内孤灯闪烁，思妇辗转反侧，彻夜未眠，连一个好梦亦未做成。三句写思妇动作：门外传来一阵喜鹊声，少妇一跳而起，兴冲冲地披衣赶到门外，倚门而望。末句写思妇的失望与恼恨，日夜思念的远游的丈夫并没有回来，黎明报喜的喜鹊声并不灵验，实在令人恼恨。责骂喜鹊无端地诓人空欢喜了一场。这个责骂喜鹊的镜头生动形象地表现了少妇如梦如疾地思念丈夫的情态。周锡韦复先生评曰："'不忿朝来鹊喜声！'这不仅是对一只鸟儿的恼恨，这里凝聚着的是对丈夫痴恋的深情、多年来独守空房的痛苦以及不能把握自己命运的无望的怨叹。这首诗末一句写得特别出色。它不仅带着口语色彩，充满生活气息，而且在简洁明快中包容着丰富的情韵。诗人作了十分精练的概括，把少妇起床和后来恼恨的原因都略去不提，给读者留下思索的余地。诗意就变得含蓄隽永，耐人寻味了。"

40.　望夫词

施肩吾

手爇寒灯向影频，回文机上暗生尘①。
自家夫婿无消息，却恨桥头卖卜人。

【注释】

①爇(ruò)：点燃。向影频：身影在后，不断回头，顾影自怜。回文机：织回文诗的织锦机。《晋书·窦滔妻苏氏传》载：前秦时秦州刺史窦滔妻苏惠，曾在锦上织回文诗寄给被流放的丈夫，倾诉思念之情。

【赏析】

这也是一首别具一格、蕴藉含蓄、耐人寻味的征妇思夫诗。首句写思妇彻夜未眠：行人久望不归，思妇点燃孤凄的寒灯，孤灯映着只影，思妇不断回头，几番顾影，彻夜不眠。二句用典表达思夫深情：思妇苦苦思恋，无心织布，回文机上已落满灰尘。三句交代不眠、不织的原因：原来自己出征在外的丈夫经年都没有一点音信。末句迁怒于卖卜人：望夫心切，曾到桥头卜卦，可恨的是，桥头卖卜人的卦象并不灵验。周啸天先生评曰："前两句写不眠、不织，都含有一个'待'字，但所待何人，并没有点明。第三句才做了交代，女子彻夜不眠，无心织作，原来是因'自家夫婿无消息'的缘故。诗到这里似乎已将'望夫'的题意写足，但并不够味。直至末句引进一个'卖卜人'的角色，全诗的内容才大大深化，突出精彩……问卜，可见盼夫之切；而卖卜人欺以其方，一旦夫不归时，不能恨夫，不恨卖卜人恨谁？不过'却恨桥头卖卜人'于事何补？但人情有时不可理喻。思妇之怨无处发泄，心里骂两声卖卜人倒也解恨。这又活生生表现出莫可奈何而迁怒于人的儿女情态，造成丰富的戏剧性。"

41. **春 怨**

金昌绪

打起黄莺儿，莫教枝上啼。
啼时惊妾梦，不得到辽西[①]。

【注释】

①辽西：今辽宁锦州市东北境，泛指北边边塞征战之地。

【赏析】

这是一首描写少妇思念远方征人的诗，通过女主人公生气责怪搅碎了她会夫美梦的黄莺这样一个逗人的镜头，巧妙地表现了少妇思念远戍辽西丈夫的急切心情。这首诗通篇词意连属，篇法圆紧。每句诗都令人产生一个疑问，一句扣一句，一气呵成。首句巧设悬念：少妇恼怒地从床上起来，赶打门外的黄莺。二句说明“打起黄莺”的原因：因为不愿意黄莺在树枝上啼鸣。三句说明“莫教枝上啼”的原因：因为黄莺的啼鸣惊扰自己的梦境。四句揭开谜底：思君情切，渴望能在梦中前往辽西同戍边的丈夫团聚，而黄莺的啼鸣却搅碎了思妇到辽西会夫的美梦。“如果从思想意义上看，它看来只是一首抒写儿女之情的小诗，却有深刻的时代内容。它是一首怀念征人的诗，反映了当时兵役制下广大人民所承受的痛苦。”（陈邦炎）前人评曰：“望辽西，情也，欲到辽西，情急矣。除是梦中可到辽西，又恐莺儿惊起，使梦不成，须于预先安排莫教它啼。夫梦中未必即到辽西，莺儿未必即来惊梦，无聊极思，故至若此，较思归望归者，不深数层乎？”（清·马鲁《南苑一知集》）

鉴赏评析实践

一、归纳分析羁旅行役诗中常见的意象。

二、阅读下面几首诗歌，然后回答问题。

1. **日暮倚杖水边**

【金】王 寂

水国西风小摇落，撩人羁绪乱如丝。
大夫泽畔行吟处，司马江头送别时。
尔辈何伤吾道在，此心惟有彼苍知。
苍颜华发今如许，便挂衣冠已慢迟。

【注】此诗为王寂被贬官至河南蔡州时所作。

(1)此诗颔联以 ________ 和 ________ 两位被贬异乡的古人自况，用典精当，对仗工整。

(2)指出“羁绪”在全诗中的具体内容，并简要赏析首联在写法上的特点。

2.

闻王昌龄左迁龙标遥有此寄

李　白

杨花落尽子规啼，闻道龙标过五溪。
我寄愁心与明月，随风直到夜郎西。

龙标野宴

王昌龄

沅溪夏晚足凉风，春酒相携就竹丛。
莫道弦歌愁远谪，青山明月不曾空。

【注】龙标：古地名，今属湖南黔阳。

两首诗都有一“愁”字，但在诗中的含义和所起的作用各不相同，请简要分析。

3.

与浩初上人同看山寄京华亲故

柳宗元

海畔尖山似剑芒，秋来处处割愁肠。
若为化作身千亿，散向峰头望故乡。

登崖州城作

李德裕

独上高楼望帝京，鸟飞犹是半年程。
青山似欲留人住，百匝千遭绕郡城。

【注】两诗写作之时，作者都是贬谪之身，正值壮年的柳宗元被贬为柳州刺史，曾任宰相的李德裕在垂暮之年被弃置崖州。从诗中看，两人的处境与心境是有所不同的。

(1)两诗都着一“望”字。李诗之“望”在首句，实写登楼，引领全篇，既表达了对君国的眷念与向往，又蕴含了对“帝京”遥不可及的感伤。柳诗之“望” ________________________________。

(2)两诗都写到了“山”。李诗曰“青山留人”，是面对群山阻隔欲归不能的自我安慰。诗人运用拟人和象征手法，抒发了看似平静超然、实则深沉悲凉的情

感。柳诗曰“尖山似剑”____

____。

4. **邯郸冬至夜思家**

白居易

邯郸驿里逢冬至，抱膝灯前影伴身。

想得家中夜深坐，还应说着远行人。

【注】冬至：二十四节气之一，唐朝时是一个重要节日。

(1)简析“抱膝灯前影伴身”一句，并说出作者当时怀有一种什么样的心情。

(2)作者是怎样写“思家”的？语言上有什么特点？

5. **鹧鸪天**

【元】魏初

室人降日[①]，以此奉寄

去岁今辰却到家，今日相望又天涯。一春心事闲无处，两鬓秋霜细有华。

山接水，水明霞，满林残照见归鸦。几时收拾田园了，儿女团圞[②]夜煮茶。

【注】①室人降日：妻子生日。②团圞：形容月圆。

(1)诗的前两句表达了作者怎样的思想感情？第二句中的“又”字用得好，好在哪里？

(2)“满林残照见归鸦”一句，在表达技巧上有什么特点？请略加分析。

(3)有人认为词的最后两句写得极为感人，请谈谈你的看法。

6. **葛溪驿**

王安石

缺月昏昏漏未央，一灯明灭照秋床。

病身最觉风露早，归梦不知山水长。

坐感岁时歌慷慨，起看天地色凄凉。

鸣蝉更乱行人耳，正抱疏桐叶半黄。

(1)本诗首联描绘了一幅画面，请为这幅画面拟一个小标题。

(2)诗人的心绪集中体现在“乱”字上，全诗是怎样表现的？请简要分析。

露一手过把瘾

中秋望月，思乡怀人，是中国古典诗歌最常见的主题。中秋节快到了，远离故乡的你也尝试写一首中秋望月、思乡怀亲的古诗，力求翻出新意。

参考答案

一、(略)

二、1.(1)屈原、白居易。(2)内容：①漂泊的旅思；②谪官的愁思；③秉道直行的信念和内心不被理解的苦闷；④年华易逝的伤感；⑤宦海浮沉的厌倦。特点：①触景生情，以萧瑟凄清之景引发诗人的纷乱愁思；②以"羁绪"领起全篇。

2.李白诗中的"愁"是怀人之愁；它是全诗的"诗眼"，作者以此统摄全诗。王昌龄诗中的"愁"是远谪之愁；作者以"愁"衬托自己不以远谪为念、寄情山水的旷达之情。

3.(1)柳诗之"望"在末句，虚写置身峰头，收束全篇。既表达了对故乡的思念，更表达了对"京华亲故"的急切期待。(2)柳诗曰"尖山似剑"，表达的是在草木变衰的秋天，思念家国愁肠如割的痛楚。诗人在运用比喻手法的基础上展开想象，直接抒发了奔涌而出的强烈感情。

4.(1)"抱膝"二字生动地勾画出作者默默呆坐的神态，用"灯前"自然引出"影"，而"伴"字又将"影"和"身"联系起来，抱膝枯坐的"影"陪伴抱膝枯坐的"身"，显得形影相吊。这充分反映出作者思家时的一种孤寂心情。(2)①作者主要通过一幅想象的画面，即冬至夜深时分，家人还围坐在灯前，谈论着自己这个远行之人，以此来表现"思家"的。②诗的语言朴实无华(平易通俗)。

5.(1)表达作者漂泊中深切思念家中亲人之情。"又"暗示作者不止一次浪迹天涯，饱含愁苦和无奈。(2)这里以鸦归巢与人不能归家对比，运用的是反衬手法。(3)作者企盼与家人一起自食其力，共享天伦之乐。语言朴素平实，亲切动人，能唤起读者强烈的共鸣。

6.(1)驿站秋夜难眠图。(2)本诗以"乱"为诗眼，情景交融，抒写了诗人的家国之思。首联借残月、滴漏、昏暗的灯光暗写诗人心烦意乱。颔联直写身体之病、羁旅之困、怀乡之愁，点明"乱"的部分原因，为进一步写"乱"蓄势。颈联转写忧国之思，以天地凄凉的色彩加以烘托，使烦乱的心情更推进一层。尾联用衬托手法，借疏桐蝉鸣将诗人的烦乱渲染到极致。

主要参考文献

1.艾治平:《诗美思辨》,学林出版社,1996.9。
2.傅庚生:《中国文学欣赏举隅》,北京出版社,2003.3。
3.周振甫:《周振甫讲古代诗词》,江苏教育出版社,2005.11。
4.吴小如:《古典诗词札丛》,天津古籍出版社,2002.10。
5.霍松林:《历代好诗诠评》,中国社会科学出版社,2000.1。
6.周啸天:《欣托居鉴赏四书》(1～4册),四川人民出版社,2003.2。
7.张云风等:《中国著名山水诗评注辞典》,陕西人民美术出版社,1992.8。
8.游光中等:《中国古代哲理诗译注》(上、下),四川大学出版社,1997.10。
9.葛晓音:《唐诗宋词十五讲》,北京大学出版社,2004.3。
10.程郁缀:《唐诗宋词》,北京大学出版社,2003.12。
11.莫砺锋:《莫砺锋说唐诗》,凤凰出版社,2008.9。
12.姜亮夫等:《先秦诗鉴赏辞典》,上海辞书出版社,1998.12。
13.乔力等:《先秦两汉诗精华》,广西师范大学出版社,1996.3。
14.张玉穀:《古诗赏析》,上海古籍出版社,2000.12。
15.余冠英等:《古诗精选》,江苏古籍出版社,1995.9。
16.吴小如等:《汉魏六朝诗鉴赏辞典》,上海辞书出版社,1996.5。
17.陈贻焮等:《增订注释全唐诗》(1～5册),文化艺术出版社,2001.5。
18.萧涤非等:《唐诗鉴赏辞典》,上海辞书出版社,1989.5。
19.贺新辉等:《全唐诗鉴赏辞典》,中州古籍出版社,2006.5。
20.潘百齐:《全唐诗精华分类鉴赏集成》,河海大学出版社,1995.9。
21.俞陛云:《诗境浅说》,北京出版社,2003.3。
22.马茂元:《唐诗选》,上海古籍出版社,2000.12。
23.霍松林:《唐诗精选》,江苏古籍出版社,2002.9。
24.羊春秋:《唐诗精华评译》,岳麓书社,1999.4。
25.刘士林等:《唐诗阅读笔记》,济南出版社,2005.5。
26.林东海:《唐人律诗精华》,人民文学出版社,2003.3。
27.刘永济:《唐人绝句精华》,人民文学出版社,1998.3。
28.沈祖棻:《唐人七绝诗浅释》,中华书局,2008.8。
29.周啸天:《历代名家绝句评点·唐》,汕头大学出版社,2001.4。
30.隋慧娟:《〈唐诗宋词〉导读》,北京大学出版社,2004.1。

31. 唐圭璋等:《唐宋词鉴赏辞典》(上、下),上海辞书出版社,1990.7。
32. 刘永济:《唐五代两宋词简析》,中华书局,2007.10。
33. 夏承焘:《唐宋词欣赏》,北京出版社,2003.3。
34. 唐圭璋:《唐宋词简释》,上海古籍出版社,1999.5。
35. 吴熊和等:《唐宋词精选》,江苏古籍出版社,2002.9。
36. 王兆鹏:《唐宋词名篇讲演录》,广西师范大学出版社,2006.3。
37. 谭新红等:《唐宋词名篇导读》,长江文艺出版社,2005.9。
38. 朱德才等:《增订注释全宋词》(1~4 卷),文化艺术出版社,1997.12。
39. 陈匪石:《宋词举》,江苏古籍出版社,2002.4。
40. 沈祖棻:《宋词赏析》,陕西师范大学出版社,2005.4。
41. 喻朝刚等:《宋词观止》(上、中、下),大众文艺出版社,2002.1。
42. 郭伯勋:《宋词三百首详析》,中华书局,2005.11。
43. 洪亮:《宋词阅读笔记》,济南出版社,2005.5。
44. 宋绪连等:《宋词艺术技巧辞典》,吉林文史出版社,1998.1。
45. 缪钺等:《宋诗鉴赏辞典》,上海辞书出版社,1992.8。
46. 程千帆:《宋诗精选》,江苏古籍出版社,2002.9。
47. 陶文鹏等:《宋诗精华》,广西师范大学出版社,1996.1。
48. 张仲谋:《历代名家绝句评点·宋》,汕头大学出版社,2001.4。
49. 蒋星煜等:《元曲鉴赏辞典》,上海辞书出版社,1992.2。
50. 俞为民等:《新编元曲三百首》,江苏古籍出版社,1996.7。
51. 黄天骥等:《元明清散曲精选》,江苏古籍出版社,2002.9。
52. 钱仲联等:《元明清词鉴赏辞典》,上海辞书出版社,2002.12。
53. 严迪昌:《金元明词精选》,江苏古籍出版社,2002.9。
54. 钱仲联等:《元明清诗鉴赏辞典》(上、下),上海辞书出版社,1997.4。
55. 钱仲联:《明清诗精选》,江苏古籍出版社,2002.9。
56. 王英志:《历代名家绝句评点·元明》,汕头大学出版社,2001.4。
57. 王英志:《历代名家绝句评点·清》,汕头大学出版社,2001.4。
58. 陈伯海等:《唐诗汇评》(上、中、下),浙江教育出版社,1996.5。
59. 韩兆琦:《唐诗选注汇评》,北岳文艺出版社,1998.1。
60. 王兆鹏等:《唐宋词汇评》(唐五代卷),浙江教育出版社,2004.12。
61. 吴熊和等:《唐宋词汇评》(两宋卷 1~5 册),浙江教育出版社,2004.12。
62. 程千帆等:《古诗今选》引文转引自《唐诗选注汇评》;俞陛云:《唐五代两宋词选释》引文转引自《唐宋词汇评》;【日】吉川幸次郎《宋诗概说》、【日】前野道彬、【日】石川忠久《中国古诗名篇鉴赏辞典》等引文均转引自《宋诗精华》。